曾文正公手寫日記

（六）

同治八年七月

初一日

未明即起，至城外送李雨亭赴晉，歸，早飯後清理文件，坐見之客三次，出門拜傅檉楷、振邦，歸，倦甚，小睡。王小蓮來久坐，午初二刻閱漢書賈誼傳廿二葉，中飯後閱本日文件，小睡片時，申正核科房批稿簿，傍夕寫李雨亭信，未畢，燈後寫畢，又核改信稿一件，閱古文類纂蘇氏策論十八葉，二更四點睡。是日劉道枋堂自天津歸，呈所為漕務鹽務各略節一本，時為繙閱

初二日

早飯後清理文件，旋坐見之客四次，立見者一次，倦甚，小睡，巳正將賈誼傳閱畢，閱爰盎鼂錯傳凡三十葉，中飯後閱請王曉蓮、王霽軒小酌，申初移散，閱本日文件，旋核科房批稿簿，小睡，核信稿數件，傍夕又睡，燈閱蘇子由策

論書說類數首二更四點睡

初三日

早飯後清理文件 王曉蓮霞軒來辭行久談程黃門至二更送行 歸 坐見之客二次 午正小睡 巳刻添寫李少泉信二葉約二百餘字 寫李眉生信一葉約二百餘字 坐見之客一次 閱漢書張馮汲鄭傳十四葉 中飯後畢閱本日文件 改信稿二件 核鹽務稿 將覆吏部文十條也雅核科房批稿 是日內人目疾 午刻請醫用針挑擦 申刻接澄沅兩弟信 知紀官姪之婦歐陽氏於五月廿八日去世六月初四日病故 近年家中人口不旺 深為焦慮 傷久小睡檢閱古文類纂書說類二十葉 二更四點睡

初四日

早飯後清理文件 至內籤廳道 看籤廳五員 坐見之客二次 立見者一次 核批書案十二起 小睡半時 閱此學編將作勸

學之告直隸士子也 中飯後閱本日文件 作勸學篇百餘字 申刻核批稿各簿 酉初剃頭一次 寫扁三方 又作勸學篇百餘字 傍夕小睡 夜作文二百餘字 二更四點睡 共作五百餘字

初五日

早飯後清理文件 見司道一次 談甚久 因有議獄事也 旋坐見之客三次 辰正二刻小睡 巳正始起 將作文而不果 旋寫澄沅兩弟信 約四百數十字 中飯後閱本日文件 作勸學篇數行 申正核批稿各簿 旋核廿八日以立狀各批 傍夕小睡 夜作文三百餘字 二更四點睡

初六日

早飯後清理文件 坐見之客一次 立見者二次 小睡頗久 巳正作勸學篇百餘字 中飯後閱本日文件 又作文二百許字 作手約千四百字 覆視甚淺 殊不足觀 申正核科房批稿

簽酉刻批閱紀澤所作文稿至燕申府一談傷夕小睡夜閱
姚惜抱文集二更四點睡

初七日

早飯後清理文件旋坐見之客三次立見者二次旋閱惜抱
軒集小睡頗久巳正閱賈山等傳數葉黃靜軒來久談至
午正又閱賈鄒傳二十葉至中飯後三刻畢閱本日文
件將昨日所作之文細閱將刪改而不采趙惠甫李佛生先
後久談申末刻閱科房批稿簽傷夕小睡夜改昨日所作
文二更後閱古文書說類六葉四點睡

初八日

早飯後清理文件旋見客坐見者三次小睡片刻又坐見之客
一次巳正閱漢書枚路等傳竇田灌韓傳凡三十一葉至
中飯後二刻畢閱本日文件閱朱子學案明辨之屬申
正核批稿各簽酉刻坐見之客一次小睡頗久夜將初三

日日二呈狀批稿細核一遍二更後閱古文書說類朗誦數任

始書四更點睡

初九日

早飯後清理文件坐見之客三次閱國史文苑傳小睡片刻

巳正閱漢書景十三王傳於閱李廣傳五葉至中飯後二

刻畢閱本日文件兩司來見久談核科房批稿簿倦甚

畢小睡旋閱古文書說類中韓文數首二更四點睡近以

衰老日逼學問無成日日憂懼若無地自容者細思聖

人發憤忘食樂以忘憂二者並進固未嘗偏於憂懼窮年

戚戚也今余一無所得亦當求所謂樂者以自適上而孔顏之

樂次而周程邵朱之樂又次而陶白蘇陸之樂勉而企焉以擴

吾之襟抱且憤且樂以終吾身猶愈於終日憂悶者乎

初十日

早飯後清理文件坐見之客二次小睡片刻閱先正事略

巳正閱李陵蘇武傳 衛青傳至中飯後二刻畢 閱本日文件 陳作梅來久談小睡片刻申正核批稿各牘傍夕畢 至祖先位前行禮即吾鄉所謂接老客者 檢閱戴氏聲韻考於溫韓柳書讀數首二更四點睡

十一日

早飯後清理文件 坐見之客三次立見者一次 至內箭道看弓箭二員已初小睡巳正閱霍去病傳董仲舒傳至三十五葉至中飯後二刻畢 閱本日文件 旋閱古韻標準小睡申正核科房批稿各牘 至室中徘徊 將出題明日考書院又將作對聯壽湖廣會館並鄉人之請也良久乃成 旋溫古文贈序類二十二葉二更四點睡

十二日

是日為 慈安皇太后萬壽早至公所率屬行禮歸飯後清理文件見客一次辰正二刻至書院考試發課歸小睡

半時許巳正閱漢書司馬相如傳三十七葉中飯後閱本日文件坐客中宴生臣久申正核批稿各簿稍閱梁茝林楹聯續話燈下復閱之二更後溫韓文贈序類十葉四點睡

十三日

早飯後清理文件坐見之客二次旋又看楹聯叢話巳初以睡巳正閱漢書司馬相如傳畢閱公孫弘卜式兒寬傳張湯傳至中飯後二刻畢閱本日文件傳旋閱范文正公傳司馬溫公傳草草繙閱申正贊林鹿樵來一談核科房批稿各簿未畢傍夕小睡旋將批稿簿核畢又核初八日呈詞批二更後閱韓歐贈序至四點睡

十四日

早飯後清理文件坐見之客二次將戲輔蒙宕圖与洪志一對批校三局旋閱楹聯叢話巳正閱漢書張安世傳杜周傳

二十六葉中飯後率閱本日文件 倦甚閱楹聯叢話小
睡申正核批稿各簿 看燒石邑雷雨交作陰霾不克治
事 傍夕小睡 粗閱古文贈序類 詔令類二十葉二更四
點睡

十五日

早間隨從人等叩賀飯後 立見之客三次 坐見之客四次 清
理文件 將洪志與方圖一對已正小睡片刻旋閱漢書張
騫李廣利傳十三葉中飯後閱本日文件 倦甚小睡
見客一次 劉蓋臣之弟徐壽衡之弟過此久談申正核科房
批稿各簿 酉初寫對聯六付 傍夕小睡 粗閱詔令類傳狀
類二十葉二更四點睡

十六日

早飯後清理文件 坐見之客三次中有二客談最久 立見者
一次 至幕府一談 已正坐堂審案十二件 午正閱漢書

司馬遷傳〇廿二葉　中飯後閱本日文件　李勉林來久坐　寄鄭意臣信一　專派劉韞齋信二葉　申正核科房批稿簿　傍夕寫澄沅兩弟信　未畢　燈後寫畢　閱古文傳狀類十四葉　二更三點睡

十七日

早飯後清理文件　坐見之客二次　將書院課卷繙閱　僅能看閱十之一　批不能多　看諸生之文　殊自愧其草率　巳正小睡　旋閱漢書王吉傳　巳初派彭雪琴信一葉　將洪志與方圖一對　中飯後閱本日文件　天氣燥熱　小睡良久　申正核批稿各簿　傍夕（李紱生來久坐）又睡　閱近來又因日久不雨　田禾枯槁　近省一帶尤甚　為之焦灼憂懼　又以學問之事一無所成　愧恨憂戚　已核摺稿一件　閱古文傳狀類碑誌類八葉　二更三點睡

十八日

早飯後清理文件 旋坐見之客三次 小睡片刻 已初將洪志與
方圖一對 已正閱漢書嚴朱吾丘嚴終王賈傳 三十四葉 中飯
後閱本日文件 陳作梅來久談 申正核科房批稿簿畢 吳
摯甫來一談 寫扁一方 對聯五付 傍夕至幕府一談 在
溫韓文碑誌類上十四葉 二更三點睡 近日每見紀澤手
瘡 孫兒小疾 無以家中八口為慮 又惦念南中諸弟各家
竟日營營擾擾 俯思咸豐八年四月葛畢山扶乩 即已
預知有是年十月三河之敗 溫甫之變 天下方多 皆有數
定 絲毫不能以人力強求 紛紛思慮 亦何補耶 嗣後每日
當從樂天知命四字上用功 治事則日有恒課 治心則純
任天命 兩者兼圖 終吾之身而已

十九日

早飯後清理文件 旋坐見之客二次 擬作金陵水師昭忠祠
碑記 久不能下筆 而神思昏倦 小睡片刻 中飯後閱本

日文件，擬作記數行。申正核科房批稿簿，又作記數行。酉正久睡，醒又作記數行，核片稿一件。二更四點睡。作記共三百餘字，全無是處，心如廢井，竟不可汲，深以為愧。

二十日

早飯後清理文件，坐見之客四次，立見者一次。擬小睡片刻，擬作文而久不能成。午正見客一次，談頗久。中飯後閱本日文件，擬作記數行，約二百餘字。申正核批稿各簿。酉刻寫岳父祭幛一幅，將寫挽聯而久不能撰就。傍夕小睡。在明日將發摺，將各摺片細細一對。二更後又作記兩三行，四點睡。

二十一日

早飯後清理文件，立見之客一次，坐見者二次，劉子務談甚久。坐堂審訊十二案。寫朱修伯信一葉。午刻作記數行。中飯後閱本日文件，又作記兩行，章約共八百字，全

不稱意　中正核科房批稿　傍酉刻作聯挽外舅歐陽福田公　寫年又寫對四付　傍夕小睡　夜將十三日至詞細核批稿　溫古文碑誌類下編十六葉　二更四點睡

二十二日

早飯後清理文件　將洪志与方圖一對　旋坐見之客二次　立見者一次　小睡片刻　巳正將昨日所作之記核改潤色　閱漢書賈捐之傳　東方朔傳　凡三十一葉　中飯後閱本日文件　旋閱先正事略一卷　又閱朱子文集一卷　中正核科房批稿各信　見客一次　剃頭一次　傍夕小睡　夜溫碑誌類十九葉　二更四點睡

二十三日

早飯後清理文件　將洪志与方圖一對　旋坐見之客二次　立見者一次　出門至城外拜劉子務　又至馬隊營中　午初二刻歸　惠甫來一談　中飯後閱本日文件　內有送鹿忠節諸書　因將

其四書說約閱數十則中多警闢之論小睡片刻申刻
核科房批稿各簿細核司詳二件又閱四書說約校核
十八日呈詞批稿二更後温韓文碑誌類十六葉四點睡紀澤
牙疼已久日見消瘦殊以為慮

二十四日

早飯後清理文件將洪志與方圖一對校坐見之客四次小睡
片刻已正閱孫高陽車戰百八叩數葉校閱漢書楊惲
傳閱楊胡朱梅云傳共二十四葉中飯後閱本日文件小睡
出城迎接鄭小山司馬渠自山西進京也歸署晡刻鄭即來
拜談及天黑始去小睡片刻校核科房批稿簿畢温歐陽
公碑志十五葉二更四點睡

二十五日

早飯後清理文件坐見之客三次衙門期也出門拜鄭小山久談
午初始歸寫信一件另寄小山信渠屬我親筆一寫也

閱漢書霍光傳六葉 未初請鄭尚書小宴 酉初始散 談甚
暢 閱本日文件 傍夕李佛生來一談 小睡片刻 核批稿各
簿 二更後溫歐陽公碑志三篇 四點睡

二十六日

早飯後出城送鄭小山尚書 歸 清理文件 見客 坐見者三次
立見者一次 坐書審十二葉 小睡片刻 閱漢書霍光金日
磾傳 竟 共二十葉 中飯後閱本日文件 陳作梅來久坐
閱歷史節四書說約 寫澄沅兩弟信 申正核科房批稿
各簿 傍夕小睡 夜核信稿三件 溫歐陽公碑志四篇 課
兒背禮記 二更四點睡 念老年讀書 如旱苗葉已枯 而
汲井以灌溉 雖勤莫益 古人所以戒時過而後學也 然果能
灌溉不休 則禾稼雖枯 而菜蔬或不無小補乎

二十七日

早飯後清理文件 立見之客一次 將洪志與方圖一對 五聯於

閱四書說約添季雨亭信二葉小睡片刻趙惠甫來久談巳正三刻閱漢書趙充國辛武賢傳二十一葉中飯後閱本日文件閱朱子文集箴銘之屬蕭廉甫自京來久談申末核批稿各件因閱直隸練兵摺寄諸津要所不悅於中痛加駁斥心緒作惡傷夕小睡夜溫歐王碑志類數篇二更後眼蒙殊甚閱近思錄數葉取其字大而書熟也四點睡竟夕不甚成寐

附記

与司商劾一大十一吏

二十八日

早飯後清理文件畫見之客三次立見者一次將洪志与方圖校對五翻小睡片刻巳正三刻閱漢書傅介子等傳二十四葉中飯後閱本日文件小睡片刻至幕府久談申正蔣蓉者來久談旋核批稿信稿未畢孫雨農來一談倦夕小睡夜將

近日兩兄州縣履歷一為清理溫王介甫碑志類十三葉二更四點睡

二十九日

早飯後清理文件擬開一單將姚案劾款員傳兩司來一商小睡片刻巳正二刻閱漢書雋不疑等傳又閱王吉傳共二十四葉中飯後閱本日文件寫羅研生信三葉閱近思錄十餘葉申正核批稿各簿酉初寫對聯三付弄孫一刻許傍夕小睡燈後將應保各員開一單二更後閱近思錄數葉四點睡困乏之至未及四更即醒

八月初一日

早飯後清理文件坐見之客三次司道等談甚久小睡片刻巳正見客一次談頗久午刻將應劾之員開單注考中飯後閱本日文件擬又注考再查履歷申正核批稿各簿酉初寫對聯四付至幕府久談燈後將應保之員開

單潛考 二更後課兒背書 閱王介甫碑志十二葉 二更四點睡

初二日

早飯後清理文件 坐見之客三次 立見者二次 閱四書說約 小睡片刻 李佛生來久談 午刻閱漢書貢禹兩龔傳十三葉 中飯後閱本日文件 李勉林來久坐 申中正核批稿簿 旋坐見之客二次 談頗久 酉刻批稿簿 核單 傍夕小睡 夜核十三日呈詞批二件 二更後課兒背書 溫古文碑志類 雜記類十二葉 四點睡 日月如流 倏已秋分 學業既一無所成 而德行不修 尤悔叢集 自顧竟無湔除改徙之時 憂愧曷已 是日閱匡稷所作毛詩異箋 尚書伏馬鄭等書 蓋山東學者 流寓此間 此書久已送來 而未一寓目 矣可愧耳

初三日

早飯後清理文件坐見之客一次立見者二次改摺稿一件寫一信与首府小睡片刻已正閱漢書鮑宣等傳八葉午初出城接賀雲湖学政率屬恭請聖安歸來中飯後閱本日文件作片稿一件申正核批稿各簿未畢有廣西刑部主事劉有斜來見一談再核批稿畢傍夕小睡夜核七月廿六日呈詞批二更後溫韓柳雜記類十二葉四點睡

初四日

早飯後清理文件兩司來見久談又坐見之客一次立見者一次擬作苗先路墓志銘因將渠所著說文聲訂說文聲讀表毛詩韻訂建首字讀等書細閱一遍摘錄少許以便采擇入文中飯後閱本日文件又閱苗君所著集韻經存說文聲讀考二種皆未刻其申正核批稿各簿坐見之客一次又閱苗君所刻詩片傍夕小睡夜閱顧氏音學五書審其与苗

君美同之處摘錄一二備采擷 二更四點睡

初五日

早飯後清理文件 出見之客二次 立見者一次 因送談甚久始散

復稿二件 巳正小睡片刻 午初陳作梅來久談 中飯後閱本

日文件 閱音學五書 申正核科房批稿各簿 又閱音學五

書畢 傍夕小睡 夜添寫黃鵝皆倭臣筆記共五葉約五百

字 閱古音標準 將考諸家音學之得失以便作苗君先生

志銘 二更四點睡

初六日

早飯後清理文件 出見之客二次 立見者一次 巳刻清理審案

十二起 旋閱段茂堂六書音均表 午刻會客一次 中飯後

閱本日文件 又閱孔巽軒詩聲類 王懷祖古音廿一部

天氣燥熱 昏昏欲睡 趙惠甫 賀麓樵 吳摯甫諸人來

久談 核科房批稿簿未畢 傍夕小睡 夜將批稿核畢

旋擬作苗君墓志銘，未果動筆。二更後課兒背書，四點睡。是日未刻發摺片九件。

初七日

早飯後清理文件，見之客一次，旋作苗仙麓墓志，午刻畢，見之客二次。中飯後閱本日文件，又作墓志，申正核科房批稿簿。酉刻寫扁一方、對聯五付，傍夕小睡。夜又作墓志，是日共作八百餘字，未畢。二更後課兒背書。紀澤作書寄君約，近五千字，於考古及審音二者均有所得，為之一慰。三點睡。

初八日

五更三點起，至文廟丁祭，黎明率屬行禮，歸。早飯後清理文件，見之客二次，小睡片刻，巳正作苗君墓志，中飯後閱本日文件，旋又作墓志，申正核科房批稿各簿。酉刻將墓志銘作畢，細閱竟無一字是處。昔余往年未動筆作文，而自度能知古人之堂奧，以為將來為之

必有可觀不料今年試作數首乃無一合於古人家法
媿赧何極傍夕小睡燈閱呻吟語因賀雲湖新送呂
新吾全集也二更四點睡

初九日

早飯後清理文件坐見之客二次立見者一次小睡片刻巳
正二刻閱韋賢元成傳魏相傳中飯後閱本日文件
繙閱朱子全集數首將紀澤所作音學考批點一遍申
正核科房批稿是日天氣細雨微涼酉正眼蒙已深日
漸短矣傍夕小睡燈核初三日呈詞各批二更後課兒
背書閱古文雜記類十六葉二更四點睡

初十日

早飯後清理文件坐見之客三次司道談頗久巳正四刻核復
丁中丞信稿午初閱漢書丙吉傳眭孟兩夏侯京房傳中
飯後閱本日文件小睡閱呂新吾集翁叢吾來久談核

科房批稿各件 傍夕至幕府一談 在臨寫丁中丞信二葉
閱歐曾文雜記類 二更後課兒背書 四點睡

十一日

早飯後清理文件 坐見之客三次 小睡片刻 午初坐見之客
一次 閱孟英李尋瑞傳 中飯後閱本日文件 旋閱呂新
吾集 小睡片刻 坐見之客二次 申正核批稿各簿 酉刻
剃頭一次 是日客有自河南來者 言大順廣旱災甚重 又
有自雄縣等處歸者 言滹沱河水業已改路 夂大雄任饒陽
安平一帶水災甚重 深為焦灼 忝任封圻 坐視斯民之安阽
不能稍為補救 愧悔何極 夜閱古文雜記類 蘇王各家廿
七葉 二更後課兒背書 四點睡

十二日

黎明率屬詣○關帝廟歸署
早飯後清理文件 見客坐見者三次 立見者一次 閱皇朝經
世文編中畿輔水利數篇 小睡片刻 巳正二刻閱漢書

趙廣漢尸翁歸張敞韓延壽傳廿三葉中飯後閱本日文件擬作覆題楊忠愍公遺疏草手卷而不果趙惠甫薛季懷先後來久談旋核科房批稿簽傍夕賀麓樵來一談旋作楊椒山疏稿覆四言詩二十四句二更後課兒背書閱古文雜記類倦甚四點睡

附記

書覆　賈叢米　議河芝

改信稿

十三日

早飯後清理文件坐見之客五次兩司談頗久寫楊忠愍公遺疏覆於手卷字極劣閱之生憎小睡片刻閱漢書王莽王章傳十四葉中飯後閱本日文件坐見之客二次范楣生坐頗久改信稿四件李佛生來一談核批稿各簽未畢傍夕小睡夜又核批稿簽畢核初八日呈詞批二更後

倦甚閱呂新吾呻吟語三點睡

附記

○勇賴摺　練兵摺　○竹莊信論買書

蔣芑青署了片　滹沱河大概情形片　雜說

十四日

早飯後清理文件趙宗道來一談銘軍馬隊中營三哨恐其統領陳鳳樓剋扣餉項帶勇數十人申訴來轅因傳三哨官面詢一切又傳營務處張臬司處斷此事坐見之客四次立見者一次旋坐查審案十二起有兵丁施添盛懸火槍劫之案極口呼冤又將全卷細閱一遍小睡片刻午初閱漢書諸葛豐等傳十五葉中飯後閱本日文件蔣養吾來久坐又小睡片刻申正核科房批稿簿傍夕至蓉帥府一談旋見張臬司等將勇丁申訴事辦了又見客一次溫古文雜記類箴銘類頌贊類凡二十二葉二更後

課晃背書閱誦離騷經二編四點睡

十五日

早起署內人等叩節行禮飯後清理文件閱經世文編中鐵輔水利 敬篇幕友等來叩節賀喜余旋至各幕四候一談小睡片刻已正二刻閱漢書蕭望之傳十七葉中飯請幕友小宴未末散閱本日文件旋見客一次談頗久小睡片刻申正核批稿各簿核信稿未畢傍夕小睡 在核信稿二件溫古文辭類纂中歷宗各篇二更四點睡

附記

程若谿河帥 此方水利亦不便

十六日

早飯後清理文件坐見之客二次立見者二次閱經世文編中鐵輔水利三十餘葉已正小睡片刻旋閱漢書馮奉世傳十餘葉中飯請幕友刑錢等小宴未末散閱本日文件

申正核批稿各件 添寫吳竹莊信二葉 未半 傍夕小睡
夜添寫竹莊信一葉 又寫李少泉信二葉 改摺稿一件 二
更四點睡

十七日

早飯後清理文件 兩司來見 久坐 又坐見之客二次 立見者一次
閱經世文編中畿輔水利十餘葉 閱漢書宣元六王傳
巳午間坐見之客二次 中飯後閱本日文件 將宣元傳閱
畢 核信稿十餘件 申正核批稿各件 酉刻寫對聯八付
傍夕小睡 夜溫古文辭類 二更後課兒背書 四點睡

十八日

早飯後清理文件 坐見之客三次 立見者一次 閱經世文編
中水利數篇 繙尋直隸通志中記碑各文 巳正閱
漢書匡張孔馬傳 王商史丹傳 中飯後閱本日文件 旋
又閱傅喜傳 是日共閱三十九葉 小睡片刻 作梅來久

談申正核科房批稿各件將改滹沱河摺稿而不果
倦甚小睡 夜核十三日呈詞批二更後溫古文敘跋類揚
馬各篇三點睡 疲倦殊甚

十九日

早飯後清理文件 見之客三次將改擬修治滹沱河摺稿
先將直隸河渠志等書一閱中飯後閱本日文件 又將
滹沱河各案牘等件一閱李佛生來久談 閱核科房批
稿各件未畢倦甚小睡 夜將批稿核畢 改滹沱河摺
約四百字未畢二更四點睡

二十日

早飯後清理文件 見之客三次司道坐甚久 擬改滹沱河
摺稿將畿輔通志等書一翻 午初賀雲甫學政來久
談中飯後閱本日文件 旋至蓮花池與司道府縣等公
請學政 未正上席 直至燈時始散 歸 核科房批稿各件

二更後課兒背書，旋將摺稿改畢，約改千餘字。四點睡。是日在席中愀然不樂，念生平所作多錯謬甚多，久居高位而德行學問一無可取，後世將譏議交加，愧悔無及。

廿一日

早飯後清理文件，旋見客一次，談頗久。巳刻坐查審十二案，旋將改直隸練軍章程摺，沈吟久之，未能下筆。中飯後閱本日文件，出門拜賀雲甫，久談，歸改（作）摺稿數行。申正核科房批稿各簿，酉刻寫對聯三付，傍夕小睡，夜作摺稿約四百字。二更後課兒背書，四點睡。

廿二日

早飯後清理文件，旋見客，坐見者二次，立見者一次。辰正出城送李梗，歸後作摺稿百餘字。曹鏡初來久談。中飯後閱本日文件，旋又作摺稿，申正核科房批稿簿，旋又作摺稿，粗又作摺。二更後課兒背書，四點睡。是日作摺約八百字，未畢。

廿三日

早飯後清理文件 旋坐見之客一次 立見者一次 丞蕃芝考試三
負 旋將昨日摺稿作畢 共約千六百字 小睡片刻 改信稿十
餘件 中飯後閱本日文件 李勉林來久談 小睡片刻 申正
核科房批稿各簿 昨日接沅弟信 本日又接澄弟信 又見
瑞宦兩姪與兒輩信 知紀九姪府試長案第二 甚以為慰 至
美帥府兩處久談 粗核呈詞批一件 溫古文辭類揚班各
篇 四點睡

廿四日

早飯後清理文件 旋坐見之客二次 立見者二次 小睡片刻 閱近
思錄數葉 巳正閱漢書薛宣朱博傳 中飯後閱本日文
件 旋又閱近思錄 改片稿一件 申正核批稿各簿 偏多 小
睡 粗閱張平子兩京賦 眼蒙殊甚 疲倦不堪 天氣已短而疲
困若此 蓋老景摧頹甚矣 二更三點睡

二十五日

早飯後清理文件 坐見之客四次 立見者一次 同黃及作梅談頗久 客散已巳正矣 將昨日摺稿再核一遍 午初閱漢書翟方進傳 中飯後閱本日文件 坐見之客一次 核信稿一件 寫澄沅兩弟信 又坐見之客一次 核科房批稿簿 天黑未畢 小睡 旋將批稿簿核畢 又核天津青縣京控案 二更後課兒背書 旋溫上論子罕鄉黨 四點睡

二十六日

早飯後清理文件 坐見之客一次 旋坐堂審案十二件 繙閱先正事略數篇 小睡片刻 李佛生來一談 已正三刻閱漢書谷永傳二十葉 中飯後閱本日文件 坐見之客二次 作梅談頗久 申末核批稿簿 暝時畢 中將核信稿一件 傍夕小睡 旋對客摺明日將發者十一件 二更後課兒背書 旋溫古文辭賦類二首 四點睡

二十七日

早飯後清理文件，坐見之客四次，立見者一次，將本日應發摺片檢點一番，京信亦加校對，自寫吳摯甫信一葉，巳正睡片刻。午初閱漢書杜鄴傳、何武傳，中飯後閱本日文件，旋閱張文端聰訓齋語，寫李雨亭及申夫信各添二葉。申正核批稿各簿，傍夕至幕府久談，夜核批稿二件，溫古文辭賦類、哀祭類，二更後課兒背書，又溫古文數葉，三點睡

二十八日

早飯後清理文件，坐見之客四次，閱經世文編中直隸水利二葉，巳正三刻閱漢書王嘉傳、師丹傳、又揚雄傳七葉，凡二十五葉。因內人病勢加重，屢次省視，中飯後閱本日文件以家中瑣事不順，心緒鬱悶，室中徘徊甚久之，核改信稿二十餘件，申正核科房批稿各簿，傍夕小睡，燈後閱古文

哀祭類。二更後與紀澤久談。四點睡。

二十九日

早飯後清理文件，坐見之客三次，立見者二次。閱經簡編中識輔差後敘幕。小睡片刻。巳正二刻閱揚雄傳上。黎蓴齋等自京來，久談。中飯後閱本日文件，寫何子貞信，擬行未竟。惠甫來診脈，久談。申正核科房批稿各簿，倦甚小睡。燈後將古文哀祭類溫習。閱近思錄首卷道體四十八葉。二更後課兒背書。四點睡。

九月初一日

早飯後清理文件，坐見之客一次，立見者三次。又京官來見者頗久。內人病勢加重，屢次看問。小睡片刻。午初閱漢書揚雄傳下。閱儒林傳六葉。中飯後閱本日文件，將何子貞信寫畢，添寫李筱泉信二葉。申正核科房批稿各簿。酉刻剃頭一次。燈後閱近思錄第二卷四十二葉，添寫王闓運信一

葉二更後課兒背書四點睡

初二日

早飯後清理文件 清見之客三次 立見者一次 薛季懷黎蒓齋等談甚久 坐堂審案十二件 小睡片刻 閱漢書儒林傳 午中飯後閱本日文件 寫樹堂信一封 申正核批稿各簿 賀麓樵進來一談 傍夕小睡 燈閱放翁七絕 恬吟密咏之 二更後課兒背書 閱近思錄第二卷 二十葉半 二更四點睡

初三日

早飯後清理文件 清見之客四次 立見者一次 錢調甫談最久 丞內籌餉道閱簡三頁 小睡片刻 內人病勢增重 常入看問 閱漢書循吏傳 酷吏傳未畢 凡廿五葉 中飯後閱本日文件 旋寫澄沅二弟信一件 叶亭甥信一件 申正核批稿各簿 傍夕與幕客等一談 燈閱近思錄第五卷半 又閱

第三卷本看得草草不甚仔細二更四點睡

附記

王養壽 優

王茂壎

朱錫慶

勇 徐本衡

李傳馨 北南四

鄭衍恒 南北三 徐之親

蔡鐸 前署南八下汛把總 又署南岸千總 現署北岸協備善於鎖

瑩

初四日

早飯後清理文件畢見客三次立見者一次談話甚久將作湘鄉縣昭忠祠記小睡片刻午初起久不下筆中飯後閱本日文件心緒鬱悶圍棋二局申正核批稿各件天氣日短稿未畢已瞑黑矣傍夕見客一次小睡稍作昭忠祠記約五百字二更後課兒背書四更點睡內人病勢甚重通夕不寐

初五日

早飯後清理文件 坐見之客三次 司道談甚久 摺差回 閱京信京報等件 巳正小睡 午初坐見之客一次 將作昭忠祠記而不果 中飯後閱本日文件 閱新買之聲讓集 白沙集 添黃曉岱信一葉 申正核科房批稿簿 傍夕小睡 夜作昭忠祠百餘字 甚不稱意 二更後課兒背書 四點睡 日內因內人病重 心緒鬱悶

初六日

早飯後清理文件 坐見之客三次 立見者一次 江良臣談甚久 旋作昭忠祠記數行 小睡片刻 午刻又作祠記 中飯後閱本日文件 是日發摺差 摺片八件 旋又作祠記 林方伯之壻來久談 核科房批稿簿未畢 傍夕小睡 夜將批稿簿核畢 旋將昭忠祠記作畢 約千餘字 二更後課兒背書 四點睡

初七日

早飯後清理文件 坐見之客三次 畫審案十二件 小睡片刻 午初將昨日所作記文沈吟刪改 出門拜客一次 中飯後閱本日文件 將記文再一刪改 閱鄧子韻集 中正核科房批稿簿 暝時畢 夜核改信稿二件 二更後與紀澤兒一談 課紀鴻背書 閱近思錄第四卷未畢 四點睡

附記

永定河摺

練軍章程

鹽務摺

初八日

早飯後清理文件 坐見之客二次 小睡片刻 巳刻陳作梅來久談 午刻坐見之客一次 核改信稿十餘件 中飯後閱本日文件 將金陵兩淮書應行分送者開一清單 寄南中 正核批稿簿未畢 傍夕小睡 夜將稿核畢 二更後與

能澤一洗雅温古文識度之屬四點睡內人病勢日重

竟夕呻吟深為焦灼

初九日

早飯後清理文件 坐見之客一次 將核改練軍章程而不果

閱擊壤集小睡片刻 巳正閱漢書酷吏傳畢 閱貨殖

傳 共二十葉 中飯後錢調甫 蔣養吾先後來久坐 閱本日文件

申刻核批札稿各簿 酉刻張振軒等來久坐 檀閱近思錄兩

卷 二更後課兒背書 三點睡

初十日

早飯後清理文件 坐見之客二次 立見者一次 閱擊壤集小睡

片刻 巳正二刻閱漢書貨殖傳畢 游俠傳 佞幸傳俱畢

共二十五葉 中飯後閱本日文件 閱擊壤集 見客一次 申正

核批稿各簿 傍夕小睡 檀閱近思錄一卷 餘眼蒙殊甚

二更後課兒背書 温孟子公孫丑下 滕文公上 四點睡

十一日

早飯後清理文件，旋見之客二次。因內人病重，而官事如練軍、治河俱難著手，在室中徘徊久之。旋小睡片刻。巳正閱《佞幸傳》畢，閱《匈奴傳》，共二十六葉。中飯後閱本日文件，閱練軍卷，欲另立章程而不果。李佛生來一談。核科房批稿簿，未畢。燈後核畢。傍夕與鄧良甫一談。核改練軍章程，至二更四點未畢。睡，四更後醒，不復成寐。

十二日

早飯後清理文件，旋將練軍章程再一核改。巳初小睡。巳正趙惠甫、薛叔耘、賀蕨樵、黃靜軒來一坐。午將陳作梅來一坐。閱《匈奴傳》，僅三葉。中飯後閱本日文件。趙惠甫、薛叔耘來久坐。申正核批稿各簿。酉傍夕小睡。內人病重，甚為焦灼。旋將練軍章程核改粗畢。二更後課兒背書，旋溫古文氣勢之屬。四點睡。

十三日

早飯後清理文件 見客二次 丁樂山談甚久 書壘富案子二件 小睡片刻 巳正閱漢書匈奴傳十七葉 中飯後閱本日文件 雅借閱楞嚴經 竟不能入 又閱邵子詩集 申正見客一次 談甚久 核科房批稿簿未畢 植閱核畢 又核練軍章程畢 二更後閱放翁七律 閱近思錄末二卷畢 四點睡 內人病日沉重 焦慮之至

十四日

早飯後清理文件 見客二次 調甫談甚久 小睡片刻 張振軒來坐頗久 巳正二刻閱匈奴傳十二葉 中飯後閱本日文件 核改信稿十餘件 又改復莫子偲信 申正核批稿各簿 傍夕小睡 夜將作永定河摺稿 沉吟久之 尚未下筆 核新收呈詞批 二更後課兒背書 溫古文論著類 四點睡

十五日

早飯後清理文件　是日止院不見客　客惟饒陽紳士五人來
見一次　旋出門拜客　至錢調甫、史繩之兩處一談　歸閱匈奴
傳畢　凡二十一葉　中飯後閱本日文件　又一閱匈奴傳　申正核
料房批稿簿未畢　傍夕小睡　夜將批稿簿核畢　核改
永定河搶工摺稿　二更後課兒背書　又改摺稿未畢　四點
睡　昨日接沅弟及紀瑞姪信　知瑞姪、官姪俱取一等　瑞並
取古學　官可補廩　紀湘姪進學　本房廖七亦進學　深
為欣慰　本日又接歐陽牧雲信　請余作墓志銘　寄到節
略也

附記
派員辦洋務

十六日
早飯後清理文件　坐見之客三次　立見者一次　小睡片刻　巳初二刻
寫對聯七付　巳末閱西南夷南越王傳　十八葉　中飯後閱本

日文件 惠甫來一談 添寫莫子偲函二葉 張振軒 費芳亭 未久談 核批稿各簿 傍夕小睡 核作永定河摺稿 片稿 二更後課兒背書 又作片稿 共作千三四百字 未畢 四點睡 漸覺用心太過 不甚成寐

十七日

早飯後清理文件 坐見之客一次 將昨核永定河片稿改畢 小睡片刻 巳初寫對聯八付 巳正二付 閱漢書東越朝鮮傳 西域傳共閱二十葉 中飯後閱本日文件 旋翻閱白樂天 歐陽公兩家詩 申正核批稿各簿 傍夕至幕府一談 核 核改信稿一件 旋溫古文氣勢之屬 二更後課兒背書 與紀澤一談 又溫古文數首 四點睡

十八日

早飯後清理文件 坐見之客二次 立見者二次 在室中徘徊良久 午初閱漢書西域傳十三葉 中飯後清理閱本日文件

坐見之客二次作梅談甚久申正核批稿各簽未畢倦甚小
睡夜核稿簽畢核改應覆摺片各件閱韓歐二家碑志
文二更四點睡是日內人病重余因憶生平愆尤叢集
悔不勝悔而精力疲憊自問更無晚蓋之方焦灼無已

十九日

早飯後清理文件坐見之客一次立見者三次坐查審案十二件
又坐見之客一次將作唐鏡海先生墓志久不下筆因近日每
悔往事因乃作一聯云莫苦悔已往愆尤但求此日行為無愧
神明休預怕後來災禍只要暮年心氣感召祥和午
初小睡中飯後閱本日文件坐見之客一次將作墓志而
不克下筆在室中徘徊久之申正核批稿各簽未畢晡時
小睡夜核批稿簽畢 將作墓志而仍未下筆二更後
課兒背書四點睡

二十日

早飯後清理文件 見之客六次 已巳正矣 擬寫對聯四付
扁一方 午初核改信稿二件 小睡片刻 中飯後閱本日
文件 擬作墓志而不果 改信稿二件 申正核科房批
稿 傍夕 對明日應發摺件 李佛生來一談 核作唐公墓
志約三百餘字 二更後課兒背書 四點睡

二十一日

早飯後清理文件 見之客一次 立見者二次 曹鏡初信二
葉 巳初 法國主教白振鐸來見一談 又見之客一次 午初小
睡 作墓志數行 中飯後閱本日文件 繙閱理學宗
傳 作墓志數行 申正核批稿各簿 傍夕至幕府一談
核又作墓志 是日共作五六百字 二更後課兒背書 四
點睡

廿二日

早飯後清理文件 見之客三次 略閱理學宗傳 小睡片刻

午前作墓志數行中飯後閱本日文件又作墓志數行
核科房批稿各簿傍夕小睡旋作銘詞二更三點作畢深
覺無一是處乃知吾昔年自詫為知文而曾不一動筆者
之全不可恃也天下事知得十分不如行得七分非閱歷何由
大明哉四點睡是日家中寄到羅羅山集略一繙閱

二十三日

早飯後清理文件坐見之客三次繙閱羅山全集小睡片
刻午初欲改昨日所作墓志而不果中飯後閱本日文件
閱羅山集稍改昨所作墓志大局平庸雖改字句無
益乎申刻唐莞來久談即確慎公之子也旋核本日
批稿各簿傍夕小睡旋核十八日呈狀批二更後溫古文
情韻之屬四點睡

二十四日

早飯後清理文件坐見之客二次立見者三次又閱羅山集

寫對聯六付　午初閱漢書西域傳畢　計十一葉　中飯後
閱本日文件　旋見之客二次　談均久　申正核科房批稿　傍
未畢　傍夕小睡　燈後核批稿畢　將長蘆鹽務部議考
核一番　二更後課兒背書　溫孟子　朗誦至公孫丑下　止四
點睡　內人病勢日重　殊以為慮

二十五日

早飯後清理文件　坐見之客三次　立見者二次　倦甚　小睡　午初
閱漢書外戚傳三十三葉　未畢　中飯後閱本日文件　閱羅
山集中人極衍義　小睡　申刻陳小帆來久談　核科房批稿
傍夕畢　燈後核畢　閱王荊石刻本韓文　二更後與兒子
談處逆境之道　惟西銘無所逃而待烹　申生其恭也　勇於
從而順令者伯奇也等句最為親切　再閱韓文數首　四點
睡　不甚成寐

廿六日

早飯後清理文件 立見之客一次 坐見者一次 添彭雪琴信二葉 巳初寫對聯五付 巳正閱漢書外戚傳畢 計廿一葉 中飯後閱本日文件 核信稿十餘件 申正核批稿各簿 傍夕小睡 旋閱理學宗傳 程 邵 朱 陸各家 二更後課兒背書 旋溫論語顏淵第十二至衛靈公止 四點睡

二十七日

早飯後清理文件 坐見之客一次 立見者二次 王蔚道考驗一員 圍棋二局 寫日記 巳正二刻閱漢書元后傳王莽傳十葉 凡二十九葉 中飯後閱本日文件 小睡片刻 核信稿一件 申正核批稿各簿 傍夕小睡 旋添吳竹如信二葉 閱姚姬傳文集二十餘葉 二更後課兒背書 閱理學宗傳中董江都 王仲淹諸家 四點睡

二十八日

早飯後清理文件 坐見之客三次 立見者二次 圍棋二局 寫日記

午初閱王莽傳二十六葉中飯後閱本日文件 小睡片刻又
改信稿一件約改四百字申正剃頭一次傍夕小睡核
批稿各信二更後閱姚春木所選國朝文錄四點睡內
人病重殊為焦灼

二十九日

早飯後清理文件坐見之客二次旋坐堂審案十二起巳正寫董
慢寫日記午初坐見之客一次閱王莽傳十一葉中飯後閱
本日文件趙惠甫來一談閱姚春木國朝文錄申正核批
稿各信傍夕至幕府一談旋閱國朝文錄旋溫所抄詩經
八十篇二更後課兒背書溫詩經數十篇四點睡

三十日

早飯後清理文件坐見之客四次李勉林談甚久添孫琴西函
省三信各二葉午刻坐見之客一次閱王莽傳十一葉中飯後
陳作梅來一談閱本日文件 小睡片刻又坐見之客一次核批稿

簽未畢 因內人病重焦慮殊甚 傍夕小睡 燈後將批稿核畢
核廿三日呈狀批 閱國朝文錄數首 旋溫書經堯典舜典 二更
後課兒背書 四點睡

十月初一日

是日止院內客 早飯後清理文件 旋寫澄沅兩弟信 近日因
等候湖南摺差久不寫信矣 旋閱國朝文錄 巳正二刻閱王
莽傳二十八葉 中飯後見客一次 閱本日文件 倦甚小睡 申正
核批稿各簽未畢 傍夕小睡 燈後將批稿簽核畢 閱國
朝文錄 二更後課兒背書 又閱國朝文錄 四點睡

初二日

早飯後清理文件 旋坐見之客二次 立見者一次 許緣仲談最久
閱國朝文錄數篇 巳正二刻閱漢書王莽傳尢葉 中飯後
閱本日文件 旋閱國朝文錄中朱梅崖文數首 小睡片刻
申正核斗房批稿 傍夕小睡 燈後閱羅忠節公人遂

衍義一遍。溫孟子自盡其心章至孟於齊而德衰章

止，恬吟密詠，略有所得。二更後，課兒背書。四點睡。

初三日

早飯後清理文件，旋坐見之客二次，立見者三次，陳小蒲談最久。至

內閣道考試貢。閱國朝文錄，巳正二刻閱王莽侍郎將王

懷祖雜志一對。中飯後閱本日文件，閱國朝文錄。申正核批

稿各簿。傍夕筆核。又閱國朝文錄志銘傳誌二類。二更後

溫韓文十餘首。四點睡。

初四日

早飯後清理文件，坐見之客三次，立見者一次，旋坐重審案十二件。

午後擬作羅忠節公神道碑，將其年譜又閱一遍。中飯後

閱本日文件，旋又閱忠節公所著人極衍義等書。申正核

批稿各簿。傍夕小睡。燈後又閱忠節公所著讀孟子劄記。

擬作碑，而沈吟未下筆。四點睡。內人病重，竟夜咳嗽，余亦竟

夕不寐

初五日

早飯後清理文件 請見之客三次竟見者一次 旋寫扁一方對五付 又請見之客一次 閱倭艮峯道光二十七年日記 擬作羅忠節碑文 而不果 中飯後閱本日文件 請見之客二次 申刻核批稿各簿 傍夕小睡 燈請見之客一次 旋作羅公碑 二百餘字 二更四點睡

初六日

早飯後清理文件 請見之客五次 客散已午初矣 作碑文僅一二行 中飯後閱本日文件 旋寫澄沅兩弟信 因摺差遲走也 酉見客一次 申正核批稿各簿 傍夕作碑文二三行 燈作碑文數行 是日共作三百餘字 燈添澄沅兩弟信一葉 二更後課兒背書 四點睡 內人病 垂本日頭上腫一大包 醫云風火也

初七日

早飯後清理文件 竟見之客一次 坐見者二次 旋作碑文數行 中飯後閱本日文件 坐見之客二次 作梅談頗久 申正核批稿各簿 作碑文數行 燈後又作數行 是日共作五百字 二更後課兒背書 作碑 至五點方睡

初八日

早飯後清理文件 坐見之客四次 竟見者二次 江良臣談頗多 午刻又坐見之客一次 作碑文數行 中飯後閱本日文件 陳小帆來久談 旋核科房批稿 簿未畢 傷夕小睡 燈後作碑文 點至二更四點畢 約一千三百字 睡不甚成寐

附記

○復吳信　○上告呈批　○清鹽卷帶

歐陽狀帶　馬隊章帶

初九日

早間以蒸還 先大夫八十一歲冥誕 率兒輩行三跪九叩禮 飯

後坐見之客三次，立見者一次，清理文件，坐堂審案十二件，又坐見之客二次，黃靜軒坐甚久，中飯後閱本日文件，坐見之客二次，吳摯甫自京歸，與談甚久，核科房批稿簿，傍夕至幕府一談，旋將批稿簿核畢，核信稿一件，核呈詞，批閱國朝文錄，料理瑣事，明日將出門也，二更後課兒背書，四更睡

初十日

五更三點起，至萬壽宮朝賀　慈禧皇太后壽辰，歸署，早飯後坐見之客二次，家人因余今日出門，爲余預祝明日生日，稍料理，起行，至北關外，司道等送行，小坐，午正二刻登舟，開船，中飯，飯後又行三十五里至固城鎮住宿，坐見之客二次，是日在轎中閱畿輔水利稿案二案三案，旋將稿案二案酌加題識，二更三點睡，不甚成寐

十一日

是日為余五十九生日 自嗟老大無所成就 早飯後行三十里
比河打尖 清理文件 將畿輔水利三葉酌加題識 中飯後行四十里
至新城縣住宿 在轎中看水利四葉 復將四葉酌加題識 未
畢 申正見客一次 二更三點睡

十二日

早飯後行四十里至新立庄打尖 清理文件 將水利四葉酌加題識 尖
後行十餘里至彭村打一茶尖 又行二十五里至固安縣住宿 是日
午前在轎閱水利四葉 午後閱水利附錄 申正後見客二次
黃子壽自湖南來 在此久談極、 至子壽店內 與談 寄紀澤
信一件 閱永定河合龍而未閉氣 甚為焦灼 將衙門包封
公事略為料理 二更三點睡

十三日

早飯後清理文件 因北四下汛合龍後未經閉氣 心為焦灼 在
固安聽信 料理封摺發摺等事 閱吳彤雲所刻栗福建鹽

志略午初中飯，飯後出門至北四下汎行至中途閱本日邑刻
已閱氣矣至石佛寺渡河北岸復至合龍處所見工程尚
屬認真到處審視復至工次附近五里許之曹各莊住宿
覺之客二次擬將署中包委公事粗了寥紀濟泾一等
復辦此鹽務覆奏摺僅此數則三更四點睡

附記

再給九百金　係於搶險項下省二千九百　存報銷費

一千　費項六百金省二百　前南上存款九千金

此次又有存款

李桁可署鹼缺

十四日

早飯後由曹各莊起行至北下四合龍處所再一細看復過河
由南岸行直順引河而下看中泓新挖之處即擬中所
稱張家坟一帶中洪也原河極為灣曲今皆挖為直河約二十

里許沿河驗看至午初走南五工十四号汛署內打尖坐見之客二次清理二件中飯後起行順道看南六頭号及号裁灣工行三十七里至小惠莊宿是日共行七十里許看中泓引河各工均屬可靠傍夕小睡夜前養吾未久出又出見之客一次作鹽務摺三條二更三點睡三更末早醒竟夜小雨淅瀝幾年旅夜聽雨淒清甚難為懷

十五日

早間雨雪不止前道甚泥力阻本日不宜看工遂在小惠莊住一日早飯後清理文件見客二次談甚久作鹽務摺二條中飯後至南七大堤看工酉初後回小惠莊住宿剃頭一次夜寫兒子信一件核衙門色書文件又改鹽務摺三條二更四點睡

十六日

五更二點起飯後起行六里許始天明走南七六号看坑塘

即前此之廢河，昨日所看新灭堤之後身也。又行十餘里至
龍王廟拈香行禮，又行十餘里至南七二十七号，看新改挖
之河，亦截灣取直之工也。巳正至陶河打尖，凡行五十里。見
客二次。尖後又行四十里至雙口宿，天津縣境也。本擬看竇
店窪等處工程，因被水所隔，不得去。運司及道府等來雙
口迎接，見客，坐見者四次。出門看永定河入鳳河匯流之處。
歸，又見客一次。寫紀澤信一件。標署中信封文件。改鹽
務摺一條，此摺作草。二更四點睡。

十七日

未明起，早飯後黎明登舟，順永定河而下，行十餘里與大清河
相匯。崇地山侍郎厚來舟次迎接，與之久談。至船頭同看與
北運河相匯，旋又與子牙河相匯，入天津之圩圍，又與客入船
一坐。旋至望海樓，與南運河相匯，兩河同向北流，名曰海河，入
海河四點許登岸。先拜崇侍郎，久談，旋至公館，已未初矣。

中飯後立見之客七次，倦甚，小睡。核飯後寫錢調甫信
一件、紀澤等信一件。閱迴瀾紀要。將鹽務摺再一核改。

二更四點睡。

十八日

黎明起。早飯後見客，坐見者三次，立見者五次。巳正出門拜客，
拜會者四家，親拜者五家。旋至鹽關看遇制軍之處，又至鹽坨看
改捆之處。午正三刻至崇地山處赴宴，陪客為德蔭亭、景
融、前奉天府府尹酉裕。散歸。立見之客一次，坐見者一次。燈後
將鹽務摺稿再改數行。閱古文辭類纂。二更四點睡。核
寫紀澤信一件。核改告示稿。

十九日

早飯後至南門外看操洋槍、洋砲隊，千五百餘人，甚為整齊。
又天津鎮標步隊七百餘人，馬隊三百餘人，共二千五百餘人。巳
正操畢。回寓立見之客一次，坐見者一次。閱迴瀾紀要。中飯

後坐見之客五次出門至崇侍郎處辭行歸在飯後坐見之客二次看本日包封公事家信一件二更後温古文辭類纂四點睡

二十日

早飯後黎明自天津起程回省出城出圩之此閱崇侍郎在西沽送行二十里許司道府縣在琉璃口送即在該處渡大清河也又行四十里許至王慶坨打尖係武清境坐見之客二次中飯後未初起行々五十里至信安鎮住宿係永清及霸州管轄共行一百一十里在轎中擬作歐陽福田先生墓志銘而不果温古文辭類纂十餘首在寓兩日々記擬作墓志沈吟久之未能下筆二更三點睡

廿一日

早飯後黎明起行々五十里至霸州打尖坐見之客一次午刻又行四十里至扎家馬頭住宿在轎中閱古文辭類

纂串正學紀譯 傍料理邑封文件 小睡片刻 植儿
歐陽福田先生墓志三百餘字 二更四點睡

廿二日

早飯後黎明起行行三十五里至白溝河打尖容城所
轄地也午前中飯後又起行行三十里至容城縣住宿進
城拜謁楊椒山孫夏峯兩處祠堂移至南門公館僅未
正午在轎中思作墓志而不果下半天將墓志作畢
植儿墓銘十餘句未畢 二更三點睡

附記

查宋歐賑濟之例 定鹽摺

合龍摺 寄各府信令出案考

廿三日

早飯後黎明起行行四十里至安肅縣打尖首府縣及中軍
在此迎候 飯後午初又起行行 五十里至省在途次撰作銘辭

久不能就申初至城司令在此關外迎接一談入署後見幕府諸人申正倦甚小睡旋至西東兩幕府一談植因有人送蘇詩集成翻閱良久二更後將鹽務摺再一核改旋將歐陽福田先生墓志銘作畢四點睡

二十四日

早飯後清理文件 出見之客八次中如方存之呂庭芷坐均甚久不能復作他事矣中飯後閱本日文件 又出見之客一次李佛生來談甚久傍夕請蔡竹船為余診脈植核批稿各件二更後畢 旋溫古文辭類纂數首四點睡

廿五日

早飯後清理文件 出見之客五次立見者一次 如司令及向先渚等談均甚久旋將各屬班車札府稿一核中飯後閱本日文件 閱四庫書簡明目錄 幕中友二人來一談小睡片

刻見客一次 申正核科房批稿信 未畢 傍夕小睡
燈 將批稿信核畢 核班東札 府稿 二更後課兒背
書 溫古文識度之屬 二更四點睡

廿六日

早飯後清理文件 坐見之客四次 立見者一次 再將班東札稿一核
未畢 中飯後閱本日文件 出門拜李鐵梅山長 久談 歸 申正
核批稿各信 傍夕粗畢 燈 再核班東稿 未畢 溫詩經
節南山至巧言六篇 續閱注疏 二更四點睡 稚竹船言內人
脈息大有起色 而病症卻 毫退 殊以為憂

廿七日

早飯後清理文件 見客二次 談均甚久 又立見之客一次 將班東
札稿核畢 核信稿十餘件 核傳梅村信 約改三百字 中飯
後閱本日文件 寫黃惕室日記 申正核批稿各信 未畢
傍夕小睡 燈 再核批稿信 溫書經夏書 商書 禹貢起

至郯子止二更後課兒子背書四點睡四更未醒

廿八日

早飯後清理文件寫無慢室日記書見之客三次立見者二次巳正二刻閱漢書敘傳至申刻畢凡五十二葉中飯後閱本日文件書見之客二次核班車札稿核信稿申正核科房批稿各簿傍夕至蔡竹舲房中一談核信札稿等件閱理學宗傳中羅念庵王陽明兩卷雅閱杜詩五古古人妙處只是造句之法變幻無窮故終身無一複句猶之毛詩無相襲之調也昔嘗以作古文宜用杜詩造句之法近來久未溫習及此矣二更四點睡

廿九日

早飯後清理文件寫無慢室日記書見之客三次旋坐堂審案十二件午初見客一次閱漢書表二葉未正中飯後閱本日文件倦甚小睡片刻核對各摺明日將拜發申

刻核批稿各簿傍夕小睡旋即批稿核畢寫澄沅兩
弟信又料理明日應發摺件二更後課兒背書温古
文論著類四點睡四更未醒

十二月初一日

早飯後清理文件是日止院內絶諸客寫對憬室日記直至
巳正始畢旋閱漢書表三卷中飯後閱本日文件坐見之
客一次申正料理發摺凡摺件十二件核科房批稿各簿
傍夕馬介推來一談夜温古文氣勢之屬識度之屬二
更五點睡

初二日

紀澤三十一歲生日衣冠前來叩 日月易邁兒壯而余老矣
早飯後清理文件 見客坐見者三次立見者一次寫對憬
室日記巳正二刻閱漢書表二卷方存之來久談中飯
後閱本日文件 坐見之客一次申正核批稿各簿傍

夕小睡枉閱周易傳義音訓二更後閱溫第章下告
子上下三篇課兒背書五點睡

初二日

是日恭逢 先妣江太夫人八十五歲冥誕率兒輩行禮未定
禮節僅三跪九叩而已早飯後清理文件寫並惕盦日記已
刻晴見之客二次午刻閱漢書百官公卿表中飯後閱本日
文件又晴見之客二次郎抄中有四川查辦各件閱之良久天
氣甚短未治一事已暝矣內人病重深為焦慮極核批稿
各簽旋溫韓文二十餘篇二更五點睡

初四日

早飯後清理文件 出門至城外閱銘軍操演自辰正起
至巳正三刻閱畢至戴楚漢吏滿源兩鍊軍壁內一閱
旋至丁樂山壽昌壁內渠留吃便中飯三年未至進
城至栖流所一閱二三十人共屋一間屋寬方丈實不足

以客去歸閱本日文件 坐見之客一次 核科房批稿

各簿 傍夕小睡 檢新買京城書店書目一編 閱

閱張曲江集 將千秋金鑑錄閱一過 倦甚 二更四

點睡

初五日

早飯後清理文件 坐見之客二次 立見者二次 新買書有宋元

學案略一編 閱 擬作 王考星岡府君墓表而不果為 中

飯後閱本日文件 坐見之客三次 談頗久 核科房批稿簿 閱

宋元學案 燈下又閱宋元學案 至二更二點 課兒背書 三

點後略作 王考墓表數行 五點睡

初六日

早飯後清理文件 閱宋元學案 巳刻李鐵梅山長來久談

因早飯嘔吐 體中小有不適 閱學案時 渴睡殊甚 擬

作墓表而不果為 中飯後閱本日文件 添寫馬穀山信

一葉又閱宋元學案申正核科房批稿各信 內人病重
珠秀進憲植作星岡府君墓表二百餘字 二更後課
兒背書五點睡

初七日

早飯後清理文件 坐見之客三次 立見者四次 至內籤道閱
馬步射二名 閱宋元學案 擬作莪士表 而久不能下筆 讀
宋元學案 澀至渴睡 幾成寐矣 中飯後閱本日文件 未
畢 蔣養吾 應敏齋先後來久談 又立見之客一次 申
正核科房批稿各信 傍夕核廿八日呈詞批 植作莪士表
二百餘字 皆敘事多 閱之無一字當意者 二更後課兒背
書五點睡

初八日

早飯後清理文件 坐見之客二次 立見者一次 方存之來久坐
吳彤雲送所作詩文集 閱宋元學案中朱子一卷 坐重雷

案十二件　中飯後閱本日文件　閱吳彤雲集　李佛生來久坐　申正核科房批稿各條未畢　在旁閱核粗畢　作星岡府君墓表粗畢　竟無一字可用　愧汗無似
更五點睡

附記

○雨亭抄簽考　○台龍正摺
○李柯換吳鳳標　○鹽務減科則摺
○漕糧史司摺

初九日

早飯後清理文件　竟　見之客一次　閱宋元學案　巳正二刻閱漢書律曆志　中飯後閱本日文件　坐見之客二次　申未閱核科房批稿　信　未畢　倦甚　小睡　在核批稿　條　畢　溫古文氣勢之屬　更後託數首朗誦　不能成聲　亦氣不足之故
更後課兒背書　五點睡

初十日

早飯後清理文件 覺々寒二次竟其二頁 寫黄惕室
日記 午刻閱漢書律曆志全葉兩餘怱々涉獵而已
中飯後閱本日文件 寶名堂書店送書二車來
余略爲繙閱 本日請李佛生吳摯甫等一看 會客
一次談甚久 核科房批稿各件未畢 檢閱核畢將
作鹽務減科則摺至二更五點未畢睡

十一日

早飯將畢嘔吐特甚 良久乃稍平 後清理文件 不願治
事 閱朱文正公年譜 午初閱漢書禮樂志 中飯後畢
閱本日文件 疲倦殊甚 閱戶部則例中蠲卹事宜 申
正核批稿各件 傷久小睡 核改鹽務減科則摺 二更五
點畢即睡

十二日

早飯後清理文件 坐見之客二次立見者一次 改批一件約三百餘字 改信稿一件約百餘字 閱漢書刑法志未畢 中飯後黃靜軒來久談 又坐見之客一次 閱本日文件 申正核批稿各簿 傍夕小睡 夜改摺稿二件 二更後課兒背書 溫古文雜記類 燈下添寫錢調甫信二葉 五點睡

十三日

早飯後清理文件 坐見之客二次 樂亭縣舉人史夢蘭著閎淹博來談甚久 旋考驗武職弓馬一員 寫望暘室日記 午初閱漢書刑法志畢 閱食貨志數葉 中飯後閱本日文件 坐見之客一次 倦甚 眼蒙 小睡片刻 剃頭一次 天氣奇短 已將黑矣 傍夕小睡 夜核本日批稿各簿 作摺稿一件約三百字 改信稿一件 二更後閱杜韓五言古詩 五點睡 偶作韵語以自儆云 心術之罪 上與天通 補救莫術 日幾一道 窮省躬痛改 順命勇毅 注成湯之禱 申生之恭 資質之

陋魏然自美眾所指視何（胡）不知恥詭奮遺忘補續（眾注）文史
且憤且樂死而後已

十四日

早飯後清理文件坐見之客四次寫豐暢室日記約四百字
閱漢書食貨志啟葉陳作梅來一坐中飯後閱本日文
件坐見之客二次李勉林來久坐接沅弟信澄弟勸送
眷屬回籍沅弟以晚如許大家皆有恥切頤恤之意久在
行外疾病相尋如舟行海中不得停泊此料理日內莊櫃（惟兄弟謂內及親難莫之）
事件核核科房批稿各信二更後溫古文識度之屬五
點睡

十五日

早飯後清理文件是日止院而絕諸客將寶名畫送來之
書畫量一番將分別或買或否寫李雨亭信二葉陳作
梅方存之先後來談寫豐暢室日記午正請游子岱方

客三等便飯申初散閱本日文件閱梅伯言文集其
子新送來坐見之客一次傍夕小睡植坐見之客一
次核科房批稿各簿二更後課兒背書溫古文聲
調籑序跋類五點睡內人病勢日增殊爲焦灼

十六日

早飯後清理文件坐見之客一次立見者二次出門至城外
閱中軍所統保定練軍兩營操演午初始歸祝爽
亭來久坐中飯後閱本日文件旋寫扁一方對三付改
信稿一件核科房批稿簿未畢傍夕至幕府一談
植核批稿簿畢核信稿一件二更後課兒背書溫
古文奏議類五點睡

十七日

早飯後清理文件坐見之客三次談甚久立見者一次閱梅伯
言文集午刻坐見之客一次閱漢書食貨志十五葉中飯後

閱本日文件　眼蒙殊甚　小睡片刻　將明日應發摺件校對一過　申正核批稿各簿未畢　傍夕與縣竹林一談　旋將批稿簿核畢　閱梅伯言文集　酌選古文碑誌類

二更五點睡

十六日

早飯後閱寶名重選來之書分別應買應退　旋清理文件　坐見之客三次　立見者一次　閱朱子全書　坐重審簽十二件　午刻坐見之客一次　中飯後閱本日文件　添寫倭中堂信二葉　吳摯甫來一談　又坐見之客一次　核科房批稿各簿未畢　傍夕小睡　旋核各簿畢　又將各書料理應買與否　旋閱李二曲集中悔過自新說學髓等皆將買之書也　二更後溫論語自述而至憲問　五點睡

附記　史夢蘭所述

王立柱　撫寧秀才　崔　寶　昌黎舉人

晴

十九日

寧亭舉人
跋全史宮詞 瀾潤草 樂亭摩生
雲甫所贈

早飯後清理文件 唯見之客三次 竟見其一次 料理發摺子件 閱漁洋精華錄以新買書中有此一種也 眼蒙特甚 似因前二夜吃酒之故 不能治事 小睡片刻 中飯後閱本日文件 李佛生來一坐 閱漁洋詩 眼蒙 小睡 申正核科房批稿 儔未華 夜間核畢 擬將五月所作金陵官紳昭忠祠記大為刪改 編尋原稿不可得 因思另作一首 將杜小舫所作江南大營紀事本末又閱一編 摘錄要者 以便屬文 二更五點睡

廿日

是日冬至節 未明至萬壽宮率屬行禮 歸署後會向衆客 不見 閱王漁洋精華錄 眼蒙殊甚 已正見客一次 因敬書之來談頗久 又摘錄江南大營紀事本末 將作記而不果

中飯後閱本日文件將上半年所作之記原稿尋出將加修改眼蒙不能治事小睡片刻申刻溫核科房批稿簽瞑時手核作昭忠祠記四百餘字二更五點睡

二十一日

早飯後清理文件坐見之客二次司道談甚久看書貞箭二名閱梅伯言集作昭忠祠記數行中飯後閱本日文件眼蒙殊甚閱姚惜抱集中正核批稿各簽手核作昭忠祠記二百餘字手首尾皆用五月原稿餘係添改昔年本未能用功老年心鈍氣耗全不能入二更後課兒背書五點睡

二十二日

早飯後清理文件坐見之客一次立見者一次閱姚惜抱集眼蒙小睡片刻已正閱戶部則例中兵餉馬乾表午刻閱漢書食貨志郊祀志二十五葉中飯後閱本日文件閱英郎

王筠菉友所著說文釋例說文句讀二種友人新送之書也眼蒙小睡改信稿二件申正核科房批稿各簿畢復將昨日所作記文又核一過二更後課兒背書溫古文趣味之屬 五點睡

附記

趙永祥 勝擎

趙鏡海 守備 均府來

二十三日

早飯後清理文件 出見客二次眼蒙殊甚閱惜抱軒集陳作梅來一談午後閱漢書郊祀志二十四葉至中飯後止閱本日文件 眼蒙小睡旋改信稿申正核批稿各簿備夕至幕府一談復將所作昭忠祠記羅忠節碑再一核改二更後溫古文情韻之屬 五點睡

廿四日

早飯後清理文件，見客坐見者一次，立見者一次，閱南雷文
約。閱宋元學案。午刻閱漢書郊祀志畢。中飯後閱
本日文件，將宋元學案目錄抄寫名字。費功亭等
畫滹沱河埽，久談。核科房批稿簿，未畢。核張振軒
等來久坐。將批稿簿核畢。二更後課兒背書，溫古
文氣勢之屬，疲倦殊甚。二更五點睡。

二十五日

早飯後清理文件，見客坐見者五次，司道談甚久，王壽祺談
之久繙閱宋元學案。午刻閱漢書天文志。中飯後閱本
日文件，見客立見者二次，眼蒙殊甚，小睡片刻。申正核批稿
簿，未畢。又小睡。核將批稿閱畢。將六月所作李忠武公
碑銘再一核訂。二更後溫論語衛靈公篇，溫孟子
梁惠王上下篇。五點睡。

二十六日

早起見雪將成寸大為歡慰 是日下至巳正止共厚二寸許
早飯後坐見之客二次 立見者一次 旋看箭 考驗者三員
寫蓋[?]惕室日記 眼蒙殊甚 閱紀批蘇詩十餘葉 因新
買書中有此書也 午刻閱漢書天文志十五葉未畢
中飯後閱本日文件 坐見之客二次 次青[?]霞軒寄來王
少鶴詩集一部 涵通樓文鈔一部 略一繙閱 核科
房批稿簿未畢 夜間核畢 又閱涵通樓文鈔二
更後溫古文趣味之屬 五點睡

二十七日

早飯後坐見之客二次 旋清理文件 寫蓋[?]惕室日記 閱
涵通樓文鈔 午刻閱漢書天文志五行志廿[?]五葉 中飯後
閱本日文件 坐見之客一次 談頗久 小睡片刻 申正核科
房批稿簿未畢 傍夕小睡 夜核批稿畢 又核呈詞批
二更後溫古文情韻之屬 朗誦數十首 五點睡

二十八日

早飯後清理文件。見之客一次，坐見者二次，談均久。寫芝愕日記。江南寄到新刻刷之兩漢書，繙閱良久。午刻閱漢書五行志十八葉。中飯後閱本日文件。眼蒙神倦。張武曾來久談。畢文先生之孫求作茗柯文集序，許之。小睡片刻。核信稿一件，約改二百字。核科房批稿簿未畢。傍夕小睡。夜核批稿簿畢。閱茗柯文數十首。二更後溫古文氣勢之屬。五點睡。

二十九日

早飯後清理文件。坐見之客二次，立見者一次。寫沅、澄兩弟信，未畢。巳正坐堂審案十二件，午正畢。又寫兩弟信。中飯後閱本日文件。陳作梅來一談。旋將兩弟信寫畢。核批稿各簿未畢。傍夕小睡。夜核批稿各簿，核畢。二更後紀鴻兒將所閱儀禮與之一談。夜溫古文識度之屬。五點睡。

附記

改文六首　李　李　唐　湘　歐　星

拜摺三件　溥淮　賑濟　清訟

京信十八件

三十日

早飯後清理文件　两司來見久談　陝西两主考來見一談　又坐見之客二次　立見者一次　核寫蕢暢寫日記　午刻閱漢書五行志二十六葉　中飯後閱本日文件　寫扁四方　小睡片刻　申正核科房批稿各簿　未畢　燈後核畢　改羅忠節碑銘　二更後鴻兒來談　儀禮　雜閱惜抱軒文集　五點睡

十二月初一日

早飯後清理文件　核寫蕢暢寫日記　眼蒙殊甚　小睡片刻　午初閱漢書五行志廿五葉　中飯後始畢　午正史緝之來

一談中飯後出城迎接庫克吉泰渠由西安將軍新調熱河都統也歸閱本日文件坐見之客一次申刻庫仁
奮都統來此久坐吳摯甫來一坐傍夕小睡核科房批稿各件二更後眼蒙竟不能看書治事即閉目靜坐默溫下論五點睡

初二日

早飯後清理文件坐見之客三次立見者二次閱梅伯言集午刻司道府來見議獲盜正法事閱漢書五行志十葉中飯後閱本日文件出門至城外拜庫都統久談歸坐見之客一次庫都統又來辭行談又坐見之客一次立見者一次傍夕李佛生來一談夜飯後核科房批稿各件二更後與紀鴻略談儀禮旋將羅忠節碑再一核改溫韓文數首五點睡

初三日

早飯後清理文件 出門 至城外送庫 都統寄請 聖
安摺 坐見之客一次 立見者一次 寄澄沅兩弟信 賀陳
兩道来一談 中飯後將兩弟信寫畢 閱本日文件 李
勉林 黃靜軒 未久談 薛煥耘来一談 申正核科
房批稿各簿 傍夕小睡 燈後將批稿核畢 閱學案
周子大程子雜錄 李忠武公碑 核改 二更五點睡 是日
將宋元學案目錄寫畢

初四日

早飯後清理文件 坐見之客四次 立見者一次 閱宋元學案
十餘葉 閱漢書五行志二十四葉 中飯後閱本日文件
坐見之客二次 又閱漢書五行志地理志二十四葉 核科房
批稿簿未畢 傍夕小睡 燈將批稿簿核畢 又閱宋
元學案數葉 核改唐公墓志 二更五點睡

初五日

早飯後清理文件 坐見之客二次 巳正閱漢書溝洫志 今年自六月初二日起 因五禮通考難看 改看漢書 五日看一編始 午中飯後閱本日文件 目光蒙甚 小睡 旋改信稿二件 賀麓樵來一談 秦淡如來一談 核科房批稿各簿 未畢 傍夕小睡 旋將批稿核畢 又核河工批一件 至寫批數件 二更後与紀鴻略講儀禮 旋思改唐公墓志銘 良久而不能下筆 改一字 五點睡 五更醒 自覺衰憊已甚 不能服官 亦不復能從事於學矣

初六日

早飯後清理文件 將真西山全集略一繙閱 看文章正宗十餘篇 立見之客二次 坐見者二次 午刻核改信稿十餘件 中飯後閱本日文件 眼蒙殊甚 小睡 申刻核科房批稿 傍夕未畢 內人病重 焦灼之至 与穆竹舫久坐 夜飯後將批稿核畢 閱文章正宗內之古詩 因泛覽朱子

王全書中之論文論詩　二更後　兒子一談　頗思改唐公墓誌久不能成　心如廢井　汲之甚難　愧悚何極　五點睡

初七日

早飯後清理文件　坐見之客三次　立見者一次　巳正坐寫之當稟十二件　午初改信稿一件　中飯後閱本日文件　小睡片刻　又改信稿五件　坐見之客一次　核科房批稿簿未畢　傍夕小睡　極將批稿核畢　將唐公墓誌略一核改　是日屢閱本蘇軾詩　二更後又閱本五古及歐公七古　五點睡

附記

王仁寶　朱同保　均王義仁壽所稱

常善　恩泰　趙浚

侯國鈞　鄭裕齡　楊沛澤　均張錫蕃所訾

初八日

早飯後清理文件見客坐見者二次立見者三次因日來眼蒙特甚小睡良久午刻改信稿一件中飯後閱本日文件又因眼蒙久睡申正核科房批稿簿未畢傍夕又小睡夜將批稿簿核畢請閱梅伯言文集核改李勇毅公墓碑銘改數十字大致庸冗如故二更三點即睡因眼蒙不敢久坐也

初九日

早飯後清理文件坐見之客二次巳正坐堂審案十件午初二刻畢旋將王耕喆王聯棻之供再看一遍中飯後閱本日文件因眼蒙小睡頗久申正核科房批稿各簿未畢傍夕又小睡夜將批稿簿核畢改李勇毅碑銘二更後與紀鴻一談旋閱中庸上論倦困殊甚三點即睡

初十日

早飯後清理文件 坐見之客二次 衙門期也 核寫草榜 寫日記 閱勸戒六錄 近人梁恭辰撰 皆錄近時善惡禍福之報 中飯後閱本日文件 眼蒙 小睡 改信稿三件 申正核科房批稿 傍夕至幕府一行 核又核批稿 核改滹沱河摺稿 未畢 二更四點睡

十一日

早飯後清理文件 核坐見之客一次 立見者二次 陳荔秋所抄賑荒要語二十餘葉 細閱標識 寫信與李勉林 令其摘取數條 爲大順廣賑荒之用 核又閱勸戒六錄 中飯後閱本日 舉甫來一談 文件 作梅來一談 寫對聯六付 申正後核科房批稿 傍夕小睡 核核批稿各簿 眼蒙殊甚 二更後改滹沱河摺稿 五點畢 即睡

十二日

早飯後清理文件巳正出門至蓮池書院月課歸小睡片刻對摺片各件將以日內拜發中飯後閱本日文件擬寄李勉林秉王對聯八付申正剃頭一次核科房批稿各簿擬改所作歐陽蓮士志湘鄉昭忠祠記至五點粗畢即睡

十三日

早飯後清理文件坐見之客三次巳正核科房批稿各簿向於申正後始核天黑未畢改於巳正核之中飯後閱本日文件坐見之客三次史繩之談甚久寫對聯五付扁一方傍夕小睡夜將昭忠祠記再一核改眼蒙殊甚閉目小坐旋溫古文序跋類二更四點睡

十四日

早飯後清理文件坐見之客三次立見之客二次是日派二弁進京一進摺一送炭金眼蒙殊甚不能作多日盼午刻

核科房批稿各館中飯後閱本日文件 閱理學宗傳
中朱子數葉眼蒙欠睡坐見之客一次湖北書局寄來
各種書籍繙閱良久傍夕又小睡 旋閱湖北所刻
之經典釋文又閱牧令書二更五點睡

十五日

早飯後清理文件 旋閱牧令書中之籌荒是日共閱廿
三葉午刻坐見之客一次核科 房批歐稿各館中飯後閱本
日文件 至城隍廟接水行祈雪禮傍夕至藩府一談 旋
閱籌荒條款未畢 眼蒙殊甚閉目小坐 旋温古文氣
勢之屬二更四點睡

十六日

早飯後清理文件 至城隍廟求雪歸坐見之客三次 立見者
二次閱籌荒條款是日至夜共閱四十三葉將牧令書中籌荒
二卷閱畢 中飯後閱本日文件 眼蒙殊甚核科 房批

稿各簿，小睡。養目，溫古文情韻之屬。二更後月蝕，初
虧行救護禮，二更五點食甚行禮，三更三點還元行禮
畢，入內睡。

十七日

早飯後至城隍廟求雪，歸，清理文件，見客，坐見者三次，立
見者一次，推核科房批稿簿，午刻閱目少坐，中飯後
閱本日文件，擬作南二府請賑卹摺，久未下筆，將會
典各例一閱，與鄧良甫一談，核改摺稿約三百餘字，二更
後溫古文趣味之屬，四點睡。

十八日

早飯後至城隍廟求雪，歸，清理文件，見客，坐見者二次，立見
者二次，推核科房批稿簿，午刻閱目少坐，中飯後閱本
日文件，賀麓樵來，一談，申刻改摺稿數行，傍夕小睡，核
將摺稿作畢，二更後溫韓文韓詩，五點睡。是日接

灣弟信來家起造書房七間而用錢至三千餘串
亦多錢彭芳六辦可矣太荒唐深可嘆恨吾鄉人貴料
貴六錢兆無居樂業之地也

十九日

早飯後清理文件　坐見之客一次已刻清畫案十二件午
刻李勉林來一坐核科房批稿簿申午正閉目小睡申
飯後閱本日文件寫郭意誠信一封約五百餘字核改
請晉慶去祺摺久未下筆申正至幕府久談口占一函
寄錢調甫核將改摺以此稿与十一月初一所發請蠲緩
摺稿一對處處重複且有矛盾之處因逐條簽出請幕中
友另擬一稿直至二更五點始了　簽畢即睡眼蒙殊甚
不堪再竊高位矣

二十日

早飯後清理文件　坐見之客二次司道談頗久於核科房

批稿簽押未竟，巳正至藩司署，午峯署內搬庫，庫存銀六十万兩有奇，余坐堂抽查五匣，共彈兌一万九千兩，旋即退出。午峯留吃中飯，同席者張雅軒、楚芳亭。飯畢便道一拜菊養，至因渠二十日內連殤二孫一孫女，往唁之也。申初三刻回署。閱本日文件，未畢，蓉友來一談，接沅甫及劉霞仙、郭意城各信，與鄧良甫一談，核將本日文件閱畢，核昨日批稿各簽稿。二更後閱陸象山集，五點睡。

二十一日

早飯後清理文件，坐見之客一次，立見者一次，巳刻核科房批稿各簽，午初封印行禮，旋閱陸象山集，中飯後閱本日文件，菊養吾來久坐，賀雲林來一坐，代錢調甫改謝恩摺稿，不過數句，而久不能下筆，心如廢井，無一可汲，殊可愧歎。傍夕小睡，核將調甫摺改畢，又改太順廣賑卹摺。二更後與紀鴻一談，旋温孟子養氣章，至祥

行筆五點睡

二十二日

早飯後清理文件旋清見之客二次倦閱孫退谷庚子銷
夏記巳正核科房批稿各簿午初三刻畢黃軒靜磨
星來久坐中飯後史繩之來一坐又坐見之客一次閱
本日文件閱庚子銷夏記及四庫簡明目錄傍夕至
節府一談核眼蒙殊甚閱四庫書目溫古文氣勢之
盛莫盛於李杜韓蘇之七古因溫誦七古良久二更
五點睡日內思古來聖哲名儒之所以彪炳宇宙者無
非由於文學事功然文學則資質居其七分人力不過三
分事功則運氣居其七分人力不過三分惟是盡心養性
保全天之所以賦於我者若五官則完其膚又推謀聖之量
五倫則盡其親義序別信之分充無欲害人之心而仁足
充無穿窬之心而義足此則人力主持可以自占七分人生

着力之處皆非自占七分然竭勉求之而非僅占三分之文學之功則姑置為緩圖而庶好名爭勝之念可以息絢外為人之私可以日消乎 老年衰髦 百無一成書此聊以自警

廿三日

早飯後清理文件 閱四庫書目良久 已正核科房批稿各條 午刻方存之來久坐 中飯後核對明日應發摺件 旋閱本日文件 眼蒙殊甚 閉目久坐 旋又閱四庫書目 傍夕與幕友一談 燈下仍閱四庫書目 旋料理瑣事 摺差明日進京 略有信件等也 閱史記平原君虞侯等傳 二更五點睡 每日治事極少 悠悠忽忽 深可愧也

廿四日

早飯後清理文件 旋坐見之客二次 立見者一次 王立勳

談甚久巳正出坐審案十二件午初二刻畢閱科房批稿各簿中飯後閱本日文件眼蒙而神甚倦小睡頗久旋見客一次閱事（核呈詞批）論偏夕又小睡植差弁自京歸接閱京信十餘件二更後与紀鴻兒一談溫古文趣味之屬五點睡

廿五日

早飯後清理文件旋出見之客三次衙門期也巳正核科房批稿各簿午刻核信稿十餘件中飯後閱本日文件閉目小坐竟見之客一次陳作梅來一談申正寫對聯六付旋小睡良久植將苗仙麓墓碑一閱寫沅弟信二更後改余所作仙麓墓志銘五點睡

廿六日

早飯後清理文件出見之客三次巳正核科房批稿各簿午初二刻畢眼蒙甚於朦朧中閱四庫書目一本中

飯後閱本日文件　將苗仙簏銘詩改畢　寫對聯六付
打辮　小睡　夜飯後李佛生來小坐　溫古文情韻之屬
二更五點睡

廿七日

早飯後清理文件　見客四次　核科房批稿各簿　閱方
存之文集　中飯後閱本日文件　坐見之客二次　立見之客
二次　又閱方存之文集　寫對聯六付　偏夕小睡　夜又閱
存之文集　接家信　內澄沅兩弟各一件　又有紀壽
姪一件　余離家時姪猶是四歲小兒　今已十有五歲　文
理清順　字亦圓秀　紀兒漸有成立　且慰且悲　溫古文識
度之屬　溫孟子公孫丑篇　二更五點睡

廿八日

早飯後清理文件　坐見之客四次　李鉄梅坐甚久　核科房批
稿各簿　眼蒙不能治事　悶之至　中飯後閱本日文件　閱

方擾〻〻、氣集眼蒙閉目久坐蓉甫友來一敘偶夕余至蓉甫府
一談極愜愜然稿三件極溫古文氣勢之屬二更五點睡

廿九日

早飯後清理文件摺差自京歸閱各批件閱張清恪
公道統錄圍棋二局午刻閱目小坐中飯後閱本日文件
李勉林來辭歲因留其吃中飯閱伊洛淵源錄申刻剃頭
一次偶夕至蓉甫府一談極溫古文趣味之屬二更四點睡
甚〻又閱本年一年之事咸悔恨叢生古人所謂老大徒傷悲
至言也睡後聞兒婦郭氏將分娩內人以月分未滿為慮
久不成寐至四更聞生一孫係新年正月初二日丑時頗以為
慰四更末乃成寐

同治九年歲在庚午

正月初一日

未黎明起至萬壽宮率屬行朝賀禮畢更衣至 文廟拈香西署在祖先堂前行禮早飯後司道及文武各官前來賀年均在二堂行禮計文員一百廿二人武員六十六人旋往幕府賀年至上房家人叩禮試筆作字添李雨亭信一葉因眼蒙閉目久坐閱四庫書目經類中飯後與黎竹舲一談閉目久坐申正翻閱宋元學案中之朱子呂成公兩案眵霧殊甚在室中私禱傍夕小睡申初寫惕室日記 夜温將古文情韻温詩經二南邶鄘衛五國風二更五點睡

初二日

早飯後清理文件 巳刻出門拜客藩司臬司僅入一談餘親拜 賀年 歸見客一次改信稿二件 中飯後閱本日文件閉目久坐改摺稿一件核公牘稿數件 幕友來一坐 在室中私

禱求雨雪偏夕小睡 檢溫詩經王鄭齊魏唐五國風 恬吟密詠
二更五點睡

初三日

早飯後清理文件 當見之客一次 偶翻明史兵志一閱 遜
華一卷已正黃靜軒來久坐 午刻擦兒湯餅之期 敬神
行禮 中飯後閱本日文件 閉目小坐 於當見之客 一次
至室私禱雨雪至刑名幕 一談 偏夕小睡 檢溫詩經秦
陳檜曹豳五國風 二更五點睡

初四日

早飯後清理文件 當見之客一次 出門至城外拜丁樂山彭紀南
兩處一談 歸 山東一曹姓本家母來拜久談 西安將軍克蒙額
來拜久談 午正三刻請幕友中飯 飯後閱本日文件 又出城
回拜克公 未晤 歸 私禱雨雪至錢穀幕 一談 偏夕小睡
檢胡作儀禮釋官序 雜閱 國史儒林傳 先正事略等

書，久未下筆。二更五點睡。靜中細思孟子之萬物皆備，張子之為天立命，王文成之拔本塞源，厯忠節之禮理程綱目，○聖祖庭訓之仁厚，張文端公家書之和平，每日念咀吟詠，自有益於身心。

初五日

早飯後清理文件，見之客二次，衙門期也。於續唐確慎公所編朱子集中朋輩類，閱十餘葉。午正三刻請幕中友中飯。飯後閱本日文件，閱目小坐，又閱朱子朋輩類中諸文十餘葉。陳荔秋來一談，李蓉舟來久談。在室私禱雨雪。傍夕小睡。旋將胡匡衷所作儀禮釋官閱一本有餘，並將為之作序，未能下筆也。二更五點睡。

初六日

早飯後清理文件，見之客四次，李蓉舟談甚久。閱儀禮釋官。圍棋二局。中飯後閱本日文件，見之客一次，又閱儀禮釋

官眼蒙特甚一面看書一面渴睡蓋昏倦衰憊之氣
不能自振也擬將書中緊要關鍵抄出一紙備夕小
睡檢作儀禮釋官序約四百餘字未畢二更五點睡
不甚成寐內人病又有變症深以為慮

初七日

早飯後清理文件 閱朱子集中明辨之類巳正檢科
房批稿各篇擬作儀禮釋官序畢約五百餘字 中
飯後閱本日文件 閱朱子文集渴睡殊甚申正寫
澄沅兩弟信未畢備夕小睡檢將澄沅信寫畢溫
誦經小雅五檢如何其止二更五點睡 申末貴州主考郭懷
仁來拜談甚久

初八日

是日恭逢 王考星岡公九十七冥誕率兒輩行禮 中飯
蔣辦酒席率內外男婦等行禮 辰刻出見之客三次 李藻
舟談甚久 出門拜貴州主考郭 居久談擬 拜游子岱歸

核科房批稿各營未畢中飯後閱本日文件核批稿營畢覽之客二次閱朱子集答呂伯恭各書傍夕小睡桓寄鼎三姪信約五百餘字二更後与紀鴻一談核溫詩經洒水至雨並正二更五點睡

初九日

早飯後清理文件核覽之客三次劉子務談甚久巳正核科房批稿營午正出門至湖北会館司道府縣公請音樽至酉初歸天津運司及道來久談桓飯後閱本日文件核作年終密考清單未畢二更五點睡二更後忽閱近省二十餘里有土匪突起約四五十騎肆行搶劫殊為焦慮

初十日

早飯後清理文件覽之客四次司道談甚久閱近省土匪之說係屬謠傳為之一慰午初正核科房批稿各營中飯後

閱本日文件畫見之客一次閱顧亭林文集傍夕與蔡竹舫
一談於閱顧亭林集於將密考單核章又將密考摺
改章 二更五點睡

十一日

早飯後清理文件 閱朱子文集答呂子約各書 辰正畫見之
客三次中有前藏堪布達木曲條入京進貢照例來此一見
巳正出城至營拜劉子務來見 歸 拜客三家至作梅處久
談 歸 中飯後閱本日文件 於核科房批稿簽 申正後封辦
一次 傍夕閉目小坐 於振軒作 梅來一坐 改信稿一件 作信
稿一件 二更後溫小晏至鼓錘五點睡

十二日

早飯後清理文件 畫見之客五次 立見者二次 運司等談頗久
午初坐堂審案十二起 中飯後閱本日文件 畫見之客一次
餞紀鴻與客圍棋一局 於核科房批稿各簽 核改信稿

二十餘件 傍夕李佛生來久坐 夜飯後添寫馬穀山信
二葉 眼蒙手顫竟毋不成字 旋溫詩經楚茨至小雅之末
二更五點睡

十三日

早飯後清理文件 坐見之客四次 閱宋元學案中呂東
萊卷 中飯核科房批稿各簿 中飯後閱宋元學案
薛艮齋陳止齋卷 接郭意城信 知其姪孫永於十二
月初四日去世 余第四女之婿也 為之感愴久之 接沅弟
信 又見紀瑞紀官兩姪與紀澤信 字跡秀勁可愛
為之一慰 第四女於二十四歲出痘 痂未落而遭此大
變 憂傷之至 身體亦甚羸憊 旋在室私禱雨雪 傍
夕小睡 夜閱戚元敬紀效新書四十葉 旋又溫詩經自文
王至泂酌 二更五點睡

十四日

早飯後清理文件 坐見之客兩次 旋核科房批札稿件 又閱紀效新書 即昨在所閱者 老年記性愈壞 掩卷茫然 故再看一徧 中飯後閱本日文件 方存之來久談 又坐見之客一次 閱紀效新書 傍夕小睡 孔繡山憲彝之子送其父所作詩四卷 已刻古文兩本 未刻本日屆 閱其古文 燈後閱其詩集 二更後与兩兒講孟子舜發於畎畝章 旋溫詩經民勞至桑柔篇 五點睡

十五日

早起至文廟拈香 歸飯後清理文件 寫郭雲仙信四葉 惠甫信三葉 閱紀效新書 疲倦殊甚 晝寢半刻 已微寐矣 午正三刻請劉下務 丁樂山及司道四人便飯 申正散 閱本日文件 至室私禱雨雪 傍夕小睡 旋將明日應發摺片校對一遍 又將各要件料理一番 二更後溫詩經雲漢至召旻 五點睡 近來常以五更出汗

即睡，不復成寐，而白晝清坐往往成寐，蓋衰老之徵也

十六日

早飯後清理文件　坐見之客四次　立見者二次　寫李少泉信六葉約六百餘字　又核科房批稿各簽　中飯後閱本日文件　檢點舊摺及京信各件　坐見之客二次　接郭雲仙信寄其近日所作詩文等　請余為銘　余讀之不勝感愴　閱紀效新書十餘葉　立窗私禱　雨雪偏夕　小睡　極困　紀澤小疾　系念不已　溫詩周魯商頌　每年溫詩經一遍乎　二更五點睡

十七日

早飯後閱才存之文集　清理文件　坐見之客二次　核科房批稿各簽　閱紀效新書　中飯後閱本日文件　坐見之客一次　閱紀效新書十餘葉　疲困殊甚　閱才存之文集　私禱　雨雪偏夕　小睡　極閱才存之所著書　讀雅　溫古文辭賦

類添趙惠甫信一葉約二百餘字二更五點睡

十八日

早飯後清理文件 坐見之客三次 陳作梅談頗久 閱方存之文集 坐堂審案十二件 核科房批稿信 中飯後方存之來談甚久 閱本日文件 坐見之客一次 圍棋二局 料理發各處信 私禱雨雪 傍夕小睡 枉借王白田朱子年譜一閱 二更後溫古文辭賦類相如子雲等篇 五點睡 又夢在於平陸行舟 向來好作此夢 蓋身世艱難窒礙難行之象乎

十九日

早飯後清理文件 坐見之客一次 閱紀效新書 午初閱印行禮經 核科房批稿各信 閱朱子年譜 中飯後閱本日文件 向先 寄到羅仙舫詩集略一編閱 又寄嚴秋農甲子年所寄一書約四千字 至今始到 秋農死已五

年矣。閱紀效新書。剃頭一次。私禱雨雪。傷夕小睡。夜擬作郭氏壻依永墓志，以塞雲仙之意，構思已久，未能下筆，此心有如枯井，無所可汲，衰憊可傷。二更五點睡。

二十日

早飯後清理文件。坐見之客三次，立見者一次。同道談甚久。核科房批稿各簽。巳午刻坐見之客三次。劉子務談頗久。中飯後閱本日文件。倦甚，在坐次假寐。旋寫對聯一幅，扁一方，對四付。核信稿四件。私禱雨雪。傷夕小睡。夜作郭氏壻墓志，至二更五點僅作三四行許，庸冗之至。二更後與紀鴻一談。五點睡。

廿一日

早飯後清理文件。加寫何小宋信二葉，李雨亭信一葉。至內簽道考驗武弁七人。旋坐見之客一次。核科房批稿各簽。倦甚不能治事，因在位如渴睡。近日巳午間每昏昏欲睡，蓋衰象

也中飯後閱本日文件核信稿二十餘件所改甚多旋
寫對聯七付在室私禱雨雪寫澄沅兩弟信未畢傍
夕小睡旋將弟信寫畢約四百餘字作郭依永墓志
約三百餘字未畢二更五點睡

廿二日

早飯後清理文件見之客七次李道及阮汀進均久談
散盡時巳午正一刻矣核科房批稿簽未畢中飯後
閱本日文件又核批稿簽仍有二稿未了寫扁一方對
聯六付王霞軒寄來王少鶴所纂歸方評點史記合筆
繙閱數葉將作郭壻墓志而不果下筆酉刻吳摯甫
來久談核改信稿一件作郭壻墓志百餘字閱歸方
評點史記二更五點睡

廿三日

早飯後清理文件旋添寫張廉卿信二葉見之客一次

圍棋二局。核科房批稿各簿。作郭埥菴先生志銘，辭未竣。句久不成。中飯後閱本日文件，將銘辭作畢，全不合古人家法，深為愧悚。寫對聯八付。核改馬隊營制。在室私禱雨雪。傍夕小睡。夜溫古文辭賦類班、張、左思等篇。二更五點睡。

廿四日

早飯後清理文件。坐見之客四次，首府談頗久。旋坐堂審案十二件。核科房批稿各件。午正眼蒙，小睡。中飯後閱本日文件。閱歸方評點史記。又小睡片刻。改清訟完竣摺，約四百字。旋又改信稿二件。在室私禱雨雪。傍夕小睡。夜溫古文辭類潘岳至唐宋各篇。又溫杜詩五古，愛其句法瘦勁變化，通於古文造句之法，惜吾能知之而手不能為之耳。二更五點睡。

二十五日

早飯後清理文件坐見之客二次立見者一次衙門期也旋閱
歸方評點史記核科房批稿簿午刻閱紀效新書疲
倦而眼目又蒙遂至渴睡蓋衰象也中飯後閱本日
文件旋閱宋元學案胡安定一卷未申正後寫對
聯七付至室私禱雨雪偏夕小睡燈溫五言古詩陶
杜兩家眼蒙殊甚閉目靜坐兩次二更五點睡

廿六日

早飯後清理文件坐見之客三次江小帆同年國霖之堂
姪送小帆詩集繙閱十餘葉核科房批稿各簿巳正恩
守來一坐黃靜軒硻恩來久坐彭楚漢來一談中飯後
閱本日文件坐見之客二次陳作梅談甚久添丁雨生
信二葉閱邸抄本年京察余有襃辭交部從優議敘
殊以為愧閱江小帆詩集至室私禱雨雪偏夕小睡燈
閱小帆館課詩賦溫杜詩五古二更五點睡

廿七日

早飯後清理文件 閱練兵實紀數十葉 倦甚眼蒙 閉目久坐 閱核科房批稿各件 午刻小睡 中飯後閱本日文件 旋因眼蒙 兩次登床小睡良久 閱江小帆詩 申正寫對聯六付 在室私禱雨雪 傍夕至幕府一談 夜溫杜詩五古 又溫韓公五古 二更四點夢在場中考試 枯澀不能下筆 不能完卷 焦急之至 驚醒 余以讀書科第 官躋極品 而於學術一無所成 亦不能完卷之象也 媿嘆無已

二十八日

早飯後清理文件 旋見之客一次 坐見者一次 出門拜李鐵梅 視爽亭 坐頗久 歸 核科房批稿各件 眼蒙甚 閉目久坐 中飯後閱本日文件 旋又閉目久坐二次 閱朱子年譜附錄 為學切要語 傍夕與鄧良甫一談 夜核改州縣留支銀

而不知四成摺未畢二更五點睡因內人病又反覆紀澤病
已半月焦慮殊深

廿九日

早飯後清理文件 閱朱子年譜為學切要語於坐堂審
案十二件將昨日所核萬氏文不知四成摺改畢核科房
批稿各簿午刻閱朱子年譜為學切要語中飯後閱
本日文件核摺稿一件眼蒙閉目久之於閱程學宗傳
中之朱子陸子薛子王子四家涉獵繙視不能細也至室私
禱雨雪傍夕小睡夜溫杜工部及蒙山牧之七律二更五
點睡

卅日

早飯後清理文件請見之客一次立見者一次將留夫摺稿與
幕友一商閱練兵實紀思作查辦單福泰摺久不能下筆
核科房批稿簿中飯後閱本日文件旋作查單福泰

改稿一件，又作崔福泰開缺摺稿一件。在室私禱雨。傍夕小睡。夜閱史記三篇，於温東坡七律。二更四點睡。

二月初一日

黎明至文廟，丁祭率屬行禮。歸，飯後清理文件。旋閱練兵實紀。旋將昨日所作摺片酌改。黃靜軒來久談。核科房批稿各簿。眼蒙，閉目一坐。中飯後閱本日文件。眼蒙，閉目久坐，又登床一睡。閱朱子年譜。在室私禱雨雪。傍夕至幕府一談。夜温史記張蒼酈食其等傳二篇。二更五點睡。

初二日

早飯後清理文件。旋坐見之客二次，立見者一次。游子岱談甚久。閱練兵實紀。近來聰明大減，閱書遲鈍異常。屢閱練兵實紀，均茫然若墮入霧中。巳正核科房批稿簿。午初同鄉張壽榮、鄒隆炳來見，皆新化人，官四川引見出京者。旋請客吃飯，李鐵梅山長及司道史繼々等四人自未初來，直至酉初方散。旋寫對聯五付。私禱雨雪。傍夕小睡。燈後閱本日新到文件。旋閱史記傅靳蒯成傳、劉敬叔孫通傳、季布欒布傳，將歸氏圈點一遍；閱袁盎傳，未遍圈點。二更五點睡。

初三日

早飯後清理文件。司道來見，談甚久。旋又坐見之客一次。閱練兵實紀。衰年閱書，動輒渴睡。核科房批稿各簿。中飯後閱本日文件，知劉壽卿軍門松山於正月十五日在金積堡中鎗子傷陣亡，失此忠勇名將，關係大局甚重，不勝悲愴。旋倦甚，小睡。改信稿二件。寫對聯七付。在室私禱雨雪。傍夕小睡。燈閱袁盎鼂錯傳、張釋之馮唐傳、萬石君傳、田叔傳、吳王濞傳，傳田竇傳未畢。二更四點睡。

初四日

早飯後至 關帝廟萬壽宮屬行禮歸飯後清理
文件於閱練兵實紀渴睡殊甚巳正核科房批稿
各簿 午初閱練兵實紀中 飯後閱本日文件於圍
棋二局思覆霞仙信另紙題單而久不能下筆寫對
聯八付酉刻李佛生來久談燈後又於閱朱子年
譜中辨漢學陸學及戊申封事各條於作霞仙信
而不果二更後看放合子燈中軍所送也 三點畢於
又閱朱子年譜五點睡

初五日

早飯後清理文件 坐見之客三次衙門期也倦甚小睡巳正
核批稿各簿批老湘營諸將公案斟酌久之 擬作霞
仙信稿而未下筆中飯後閱本日文件坐見之客一次小
睡片刻酉刻作復信稿百餘字燈後又作三百餘字二更
五點睡內人病勢又翻徹夜呻吟

初六日

早飯後清理文件 出城至教場看銘軍馬隊操演 巳正看畢歸署 核科房批稿各件 午正倦甚 閉目少坐 申飯後閱本日文件 吏繩之來久談 旋作覆霽仙信稿 傍夕小睡 燈後又作霽仙信稿 至二更五點未畢 本日計作七百餘字而一字無是處 睡後內人病勢頗重 燈接澄沅兩弟正月十六日信 各宅平安 靜臣姪婦女病愈 為之一慰

初七日

早飯後清理文件 立見之客一次 坐見者一次 倦甚 目蒙 小睡 看重審案十二件 核科房批稿各件 午刻小睡片刻 申飯後閱本日文件 丁樂山陳作梅來久坐 小睡片刻 因眼蒙不能治事也 旋將霽仙信稿寫畢 約一千四五百字 傍夕小睡 燈將霽仙信稿修改一編 二更五點畢 睡不甚成寐

初八日

黎明五龍王廟率屬祭祀歸早飯後清理文件嘗見之客四次戌午前談甚久巳正核科房批稿各簿午刻閱鈺傳益涵商所著近言首已未年曾在余幕近在湖北孝知縣者也精神疲憊並閱書輒渴睡中飯後閱本日文件雜又憊甚坐床小睡核改信稿多件傍夕小睡燈再看鈺涵商近言蓋理學之緒餘而參以陰騭果報其文改信稿數件温史田竇傳韓安國傳李廣傳二更五點睡

初九日

早飯後清理文件嘗見之客二次竟見其一次雜核科房批稿各簿午初閱練兵實紀第五卷眼蒙殊甚渴睡至久不能閱竟中飯後閱本日文件因眼蒙閉目久坐申正陳作梅二人來久談又立見之客一次添洪琹西信二葉傍夕小睡燈温史記匈奴傳衛霍傳二更五點睡

初十日

早飯後清理文件 立見之客三次 司道談頗久 巳正核科房批稿 各簿午刻核畢 發批三件 閱文獻通考郊社考 中飯後閱本日文件 眼蒙不能治事 閉目久坐 旋又登床一睡 吳摯甫來一談 在室私禱雨雪 傍夕小睡 夜閱歸方評點史記 旋閱 殿板史記第一本 二更五點睡

十一日

早飯後清理文件 旋立見之客一次 閱文獻通考郊社考 巳正核科房批稿簿 午刻又閱郊社考 中飯後閱本日文件 旋寫李少泉信一件 約五百餘字 倦甚 閉目少坐 傍夕小睡 燈後出題 明日將考書院 溫史記項羽記 將歸方評點一對 三更睡 近來因眼蒙常有昏瞶氣象 計惟靜坐別無治法 因作一聯以自警云 一心履薄臨深 畏天之鑒 畏神之格 兩眼沐日浴月 由靜而明 由敬而強

十二日

早飯後清理文件，旋閱郊社門魏晉至唐郊天。旋見之客一次。巳正後核科房批稿，簿未畢，至書院觀諸生考甄別。午刻歸，坐見之客三次，方存之、石芸齋坐頗久。中飯後閱本日文件，將批稿各簿核畢，倦甚，閉目小坐，旋睡床小睡。改信稿四件。傍夕小睡。夜將仿米芸志又一冊改，二更後與紀鴻一談中庸，旋又溫項羽本紀。二更五點睡。

十三日

早飯後清理文件，坐見之客三次，清審案十二件。巳正二刻核科房批稿，簿未畢，黃靜軒來，久坐。中飯後閱本日文件，旋核科房批稿各簿畢，疲倦殊甚，閉目少坐，睡床一睡。申正後閱本日新收呈詞，核改上次呈詞批。有開州人馬允剛者，乾隆甲子舉人，官陝西知縣，或送其所自作年譜，將入鄉賢

因將其年譜翻閱傍夕小睡在又續其年譜於閱始盡
年紀至二更五點幸睡眠家日甚佳不復能看書矣

十四日

早飯後清理文件竟之客三次竟見其一次遂核補州縣五
人来閱卷与之一談於核科房批稿各簿午初閱郊社考
十八葉中飯後閱本日文件眼蒙久睡申正核信稿一件
約改五百字傍夕小睡在閱史記高祖紀眼蒙異常竟
不能看書矣二更後与兒子講應忠節之學於又閱日一
坐二更五點睡

十五日

早飯後清理文件竟之客一次坐見其二次於閱科房批
稿各簿閱郊社考午刻石茗高来久坐中飯後閱本日
文件請客如翰閱課卷与之一談出門拜石茗高渠將所
作古文五本詩一本請余評定带回細閱二更久酉鈔

小睡極倦閱石芸齋所作房山石經山訪碑記亦偉觀也眼蒙

紀澤以鐵蒺藜鍵先使不射目閱高祖紀第二更五點睡

十六日

早飯後清理文件 坐見之客一次 立見者一次閱郭社考

巳正核科房批稿簿午刻 仍閱郭社考陳作梅未

一談中飯後閱本日文件倦甚小睡頗久接澄弟信知

劉韞齋之子鍾仙又喪一女中正改謝恩摺稿甚倦久小

睡極擬作劉壽卿事蹟摺 久不下筆二更後始作百

餘字五點睡

十七日

早飯後清理文件 坐見之客二次 立見者一次閱三魚堂賸言

巳正核科房批稿各簿午刻又閱三魚堂賸言中飯後閱

本日文件旋坐見之客二次談頗久閱三魚堂賸言見客

次請客綱齋閱書院卷閱畢送之也丞菁周久談極

改前所作郭依永墓志沈吟良久迄未星霞作對壽
御了續習二百字二更五點睡是日接沅弟正月初三日
所發信

十八日

早飯後清理文件見之客二次立見者一次閱四庫書目
雅作對壽御習倦甚小睡核科房批稿各簿午刻又作
壽御習中飯後閱本日文件眼蒙閉目小坐雅又作壽
御習申正二刻畢閱本日至黔核上次至黔批偏多
小睡在形至黔若批核畢溫古文氣勢之屬擬寫家
信而眼蒙不能多作字二更五點睡

十九日

早飯後清理文件坐見之客四次首府談頗久旋核科房批稿
簿丁樂山來一談寫澄沅兩弟信午刻倦甚小睡中飯後
閱本日文件改信稿一件添寫仙信一葉料理發家信

剃頭一次。傍夕至幕府一談。擬閱書院課卷，久疏於文，殊以閱文爲苦。二更後与二子講學以存心章。閱文至三更睡，約閱四十餘卷。

二十日

早飯後清理文件，出見之客三次，衙門期也。倦甚，小睡。旋閱書院卷，每卷略一涉獵，閱一小講一詩而已。核科房批稿各件。又閱卷二十餘卷。中飯後閱本日文件，旋又閱三十餘卷，正附課各卷大致閱過。小睡片刻，將明日應發摺件校對一過。傍夕又小睡。寫郭雲仙信四葉，未畢。張振軒、陳作梅來一談。与兒子講上論。二更三點後溫古文識度之屬。五點睡。

附記

發摺　寫稿　審案　寫筠信

作字記

二十一日

早飯後清理文件。山長王仲山同年振綱來拜，與之一談。旋印渠同回拜山長，談頗久。將書院各卷略加料檢。旋坐見客，審案十二件。丁樂山、陳作梅來一談。核科房批稿，各簽。午刻小睡。旋將書院卷覆閱，發摺。中飯後閱本日文件。將鶴仙信寫畢。小睡頗久。將作江寧府學記，兩次不下筆。傍夕又睡。擬將作府學記，又思郭依永墓志太淺陋，思欲修改，久久吟不能下筆。二更後與紀鴻兒講書，五點睡。近來每夜五更出汗，輒醒，不復能成寐。

二十二日

早飯後清理文件。坐見之客三次。旋核科房批稿，各簽。小睡。午刻坐見之客二次。中飯後清閱本日文件。作江寧府學記，倦甚，坐床小睡。因昨日書院發稿有錯誤，蓋由程調送，酉又加檢點，久之。夕久睡。余自五十以後，每交夏則奄奄思睡或偶作文字，思慮凝滯，尤不能支。數日來又作此態矣。擬作府學記，是日共作二百餘字。二更後與紀鴻略講論語。五點睡。五更後頷下及胸間汗多。

二十三日

早飯後清理文件，坐見之客一次，立見者二次，小睡片刻。巳正核科房批稿各簿。中飯後閱本日文件。是日自午初起至夜二更末，思作江寧府學記，苦探力索，竟不能成一字。固屬衰憊之象，亦由昔年本無實學，故枯竭至此，深可嘆愧。中間屢次上床，亦未成寐。三更睡。

二十四日

早飯後清理文件，出門至校場看操，即看保定兩營練兵。巳正歸，核科房批稿簿。立見之客一次，小睡片刻。中飯後閱本日文件。作學宮記，至二更五點止，約作五百字，未畢。中間傍夕小睡。二更後與兒子一論文，所作之文考據與筆

力而豈可取 三更睡

二十五日

早飯後清理文件 坐見之客四次衙門期也 已刻核科房批稿 午刻小睡 陳作梅來一談 寫澄沅兩弟信 未正中飯後閱本日文件 寫季弟信 作府學記 約千餘字 蓋陋極矣 傍夕眼蒙久睡 夜核十八日至廿批稿 閱史記呂后本紀 二更後睡 紀鴻背文 五點睡

二十六日

早飯後清理文件 昨夜得雨寸許 故本日望期 看箭而中輟 閱梅伯言文集 已刻見客一次 談甚久 核科房批稿等件 午刻小睡 中飯後閱本日文件 閱伯言集 甚久 眼蒙殊甚 酉刻久睡 夜閱史記商君傳等篇 二更後與紀鴻講書 五點睡 是日荒怠 作為極少

二十七日

早飯後清理文件 昨夜得雨半寸許 是日仍至校場閱彭楚漢新營操演 巳正三刻半歸 核科房批稿繕 旋閱子史精華中釋道二部 中飯後閱本日文件 又閱釋道部典故 天雪寒甚 酉刻坐床酣睡甚 久 旋閱梅伯言集 二更後与兒紀鴻一談 旋温古文序跋類 五點睡 內人病勢沉重 總不能睡 紀澤亦有病 胃疼不能吃飯 大便帶溼 為之焦灼

二十八日

早飯後清理文件 坐見之客二次 立見者一次 閱釋道部 巳刻核科房批稿各繕 又閱子史精華 數葉倦甚 坐次渴睡 將成寐矣 坐見之客一次 中飯後閱本日文件頗多 旋寫對聯十付 改信稿數件 倦 夕小睡 夜又改信稿二件 温古文序跋類 二更五點睡

二十九日

早飯後清理文件立見之客一次疲困殊甚小睡半時許
旋核科房批稿簿方存之來久談大半時中飯後閱本
日文件眼蒙殊甚令紀澤視吾目右眼黑珠其色已壞
因以手遮蔽左眼則右眼已無光茫無所見矣紀澤
言瞳人尚好可望復明恐未必然因閉目不敢治事酉初即
睡燈後起坐閉目靜坐不閱一字二更後與兒子講韓
文原毀篇五點睡

三十日

早飯後清理文件內人五十五生日兒輩行禮沈保靖來久
談旋閉目一坐核科房批稿各簿午初黃靜軒來談
又見之客二次中飯後閱本日文件閉目靜坐即已酒
睡接沅弟二月初八省城發信弄孫兒女輩以自怡閱李
海帆文集傍夕久睡夜又閱李海帆集因目疾不敢
治事閉目久坐二更五點睡

三月初一日

早飯後清理文件 書見之客三次 衙門期也 往閱目安生 出門拜客十餘處而歸 巳刻核科房批稿各簽 午刻潘家鈺擷珊來久談 宜興人壬戌進士 庶常改館為山西知縣現丁艱任小園薦來為紀鴻兒之師也 中飯後沈保靖來久談 往閱本日文件 閉目一坐 申刻核信稿四件 吳摯甫來久談 傷多睡 往閱抑任安書 溫古文書說類 閉目久坐 與兒子一講持施滄衆章 二更五點睡 天雨且雪 寒甚

初二日

早飯後清理文件 書見之客二次 昨夜先雨後雪共計四寸許 往至蓮池書院送諸生入學 歸 書見之客一次 核科房批稿各簽 午刻潘擷珊來 送紀鴻入學拜聖人門賓主禮畢 往小宴請幕府諸君陪之 申初散 閱畢

日文件　閉目靜坐，旋思改江寧府學記，登床構思
久無所得，閱張文端公聰訓齋語，傍夕小睡，夜又
閱聰訓齋語，閉目久坐，二更後雖紀鴻背文，因右眼
已盲，心緒煩躁，二更五點睡

附記

復錫雲信　復方元徵子可信

復京城信　張皋聞文序

伯言墓誌

初三日

早飯後清理文件，旋即小睡，坐見之客二次，立見者二次，
小睡片刻，已正核批稿各簿，眼蒙，閉目久坐，方存之
來久談，午正三刻請山長小宴，陪客三人，申正散，閱本
日文件，閱鄭子巢經集，核信稿二件，傍夕小
睡，夜閱鄭子詩，眼病，閉目一坐，二更五點睡

初四日

早飯後清理文件因目病旋即小睡 坐見之客二次 屢次坐床小睡 巳正核科房批稿各信 中飯後閱本日文件 小睡 見洋人主教一次 小睡良久 旋將方子可寄來之地圖說詩經說四篇細閱一過 閱國朝文錄十餘篇 核信稿一件 傍夕小睡 燈閉目久坐 閱國朝文錄 二更後與兒子一談 四點睡

初五日

早飯後清理文件 出城謁劉孝子墓 劉名光顯 負販貧苦而養母謹 母死鬻萬如乃能市棺 廬墓三年 妻病及死均置之不顧 劉印渠在此為之立廟立碑 旋謁楊忠愍公祠 歸 小睡 巳刻核科房批稿信稿 午刻丁樂山 沈吳蓮先後來坐 中飯後張師劬來坐 閱本日文件 閱國朝文錄 酉刻小睡 燈後坐

未二月十六日信知湘鄉哥匯信說偏夕睡在
閱國朝文錄將二更時孟瑩送龍燈獅子來玩
戲良久三更始散即睡

初六日

早飯後清理文件坐見之客三次立見者二次閱國朝文
錄核科房批稿各簿午刻小睡紀澤甫來久談又立
見之客一次中飯後閱本日文件核批二件核良鄉一
案沈吟良久圍棋二次小睡核信稿一件傍夕小睡夜核
信稿因眼蒙而停止閉目久坐二更與紀澤一談又
閉目坐四點睡

初七日

早飯後清理文件改信稿一件坐見之客二次祝爽
亭談甚久小睡半時巳正核科房批稿簿午刻
閱國朝文錄中飯後閱本日文件坐見之客一次

小睡良久因眼病之故閱國朝文錄傍夕又睡是日李荔生來久坐
天氣奇冷在閣閱國朝文錄而閉目之時為多蓋
右目既廢左目亦昏岌岌乎可慮已

初八日

早飯後清理文件 雅堂來久談余向來有飯後睥困
思睡之疾近來右眼失明尤貪睡也覺之書一次
巳正赴科房批稿簽午刻作梅來久談中飯
後閱本日文件 蕃府劉君來一談 藕蒼吾來
久談閱 國朝文錄傍夕之覺之書一次小睡良久
在閣閉目久坐閱 國朝文錄眼疾不能治一意進閣
亥正二更四點睡

初九日

未明起出城祭先農壇行禮畢按轡九推望 闌河
恩歸早飯後清理文件見客並見者二次小睡良

久核科房批稿各簿。午刻閱朱子年譜。中飯後閱本日文件，校對摺片各件，將以明日拜發。核呈案批內一條，斟酌甚久。閱朱子年譜。小睡。養目。右眼既盲，左眼亦蒙，焦灼之至。在閱朱子年譜。改信稿一件。與紀鴻兒一談。二更四點睡。是日接澄沅弟信，哥老會案已撲滅，為之一慰。

初十日

早飯後清理文件。見客二次，衙門期也。旋小睡良久。已正核科房批稿簿。午刻閱朱子年譜。中飯後至潘擷珊處一談。閱本日文件。雅請綵竹舫診脈，又請一眼科趙姓診視，言左目亦將壞，焦灼之至。纏宮扇皇兩決營屏。小睡。傍夕久睡。在閱朱子年譜，閉目久坐。二更後與紀鴻一談。念此生學問文章一無所成，愧悔無已。四點睡。搬至簽押房住宿，三四五更屢醒。

十一日

早飯後清理文件，見客一次，旋看武營馬步箭五千餘人，巳正核科房批稿各簿，丁樂山等來久談，小睡數刻，中飯後閱本日文件，坐見之客一次，閉目久坐，酉刻丞刑錢兩幕府處久坐，傷夕小睡，夜閱朱子年譜，閉目一坐，二更後與兒子一談，四點睡

十二日

早飯後清理文件，坐見之客二次，祝爽亭談甚久，立見者一次，拜發　萬壽賀表，小睡甚久，巳正黃靜軒來久談，午初三刻去，核科房批稿簿未畢，中飯後坐見之客一次，閱本日文件，改批稿，核畢，小睡良久，閱朱子年譜，與紀澤一談，傷夕一睡，夜閱朱子年譜，閉目久坐，二更四點睡

十三日

早飯後清理文件坐見之客一次小睡良久巳正起核科房批稿簿午刻有送容城三賢集者因閱劉靜修集中飯後閱本日文件立見之客一次坐見者一次閱孫夏峯集亦三賢之一也小睡良久酉刻寫澄沅兩弟信余右目失明之後尚未寄信與弟不知此生猶得與兩弟相見否懸系無已傍夕小睡燈下閱夏峯集閉目一坐二更四點睡

十四日

早飯後清理文件坐見之客二次立見者一次小睡良久巳正核科房批稿簿午刻閱朱子年譜粗率中飯後閱本日文件坐見之客一次小睡甚久酉刻改信稿二件傍夕久睡燈下溫大學中庸至哀公問政止二更四點睡

十五日

早飯後清理文件 坐見之客四次 立見者一次 旋即小睡頗久 巳正核科房批稿簿 午初二刻畢 又小睡 目病不能治事 竟日酣睡 中飯後閱本日文件 閱康節擊壤集 閱白公閒適詩 圍棋一局 小睡頗久 旋閱本蘇詩集 小睡一次 二更四點睡 本日睡時太多 四更四點即醒 不復成寐 追悔平生之了愆尤甚多 憂灼無已 而目病愈難治矣

十六日

早飯後清理文件 坐見之客一次 立見者一次 小睡頗久 方存之來久談 旋又小睡 午初核科房批稿簿 閉目一坐 是日於臥室用布及葦席等遮蔽窗牖 以便黑暗靜坐 中飯後閱本日文件 梅藩台來一談 閉目一坐 旋又坐床一眠 請趙金波診視 吳摯甫來一談 又有花局送花十盆來 稍一覽觀

夕小睡，夜閱韋蘇州詩，歷次閉目靜坐，二更四點睡。日間屢睡而極困，尚不成寐。又蓋衣被極厚，皆衰象也。

十七日

早飯後清理文件，旋即小睡，坐見之客三次，又小睡，已正起。核科房批稿簿，午刻核遵化州錢糧一案。中飯後閱本日文件，旋閱邵子詩，小睡。申初後靜坐一時許，默誦論語二十篇一遍。傍夕至院中與紀澤一談家鄉事。夜飯後閉目小坐，於溫古文識度之屬朗誦數首。二更後閱紀鴻近文，四點睡。

十八日

早飯後清理文件，旋即小睡，坐見之客二次，立見之客一次，旋小睡良久。飯後又睡一刻，因近日目病

一則因向來脾困也。巳正起，核科房批稿，未平韓
南溪、趙來，久坐。午刻吳竹莊來，久坐。又坐見之客一
次。將科房批稿核畢。中飯後閱本日文件，核
摺稿一件，寫澄沅兩弟信一件。閉目靜坐頗久。閱
紀澤所作說文重文本部考、吳竹莊新刻就其
偏夕又睡，植閉目久坐，時亦成寐。近以目病，寢食之
外便不治一事，且愧且嘆。二更四點睡，不甚成寐。

十九日

早飯後清理文件，坐見之客一次，立見者一次，睡良久。
巳刻核科房批稿簿。午刻陳作梅來，久談。請
吳竹莊小宴，申初散。閱本日文件。閉目久坐，默
念古人篤恭而天下平之道。偏夕睡，植閱陸象
山集，渴睡殊甚。二更四點睡。

二十日

早飯後清理文件於坐見之客二次衙門期也小睡片刻出門拜韓南溪歸鄭松峯中丞元善來一談閱核批稿各簿核閱目久坐中飯後閱本日文件竹莊來久談於小睡良久核改信稿一件傍夕又與竹莊久談核閱朱子年譜及理學宗傳中程朱各語倦甚二更四點睡

廿一日

早飯後清理文件出城閱譚勝達之步隊操演畫在正宝營來拜歸拜鄭松峯歸署小睡核批稿各簿午刻又睡閱白香山集中飯後閱本日文件閱白香山集小睡頗久申正至潘擷珊處一談傍夕又睡核改李少荃劉子務信稿二件閱申鳧盟小語進語日來自右目病後終日倦睡不治一事且憂且愧而心境不安目病愈甚即使左目幸得

保全而不能用心亦与死人無異焦灼殊甚二更四點睡

附記　董麟唁信　華東屏唁信
戴鶴峯唁信　朱桐翁唁信
呂晝重弔儀　朱修伯唁信
黃子壽書　許仙屏書
李壬叔書　曹鏡初書
黃聽彝書

廿二日

早飯後清理文件　坐見之客三次　立見者一次　改丁雨生信稿一件　巳刻坐堂審案十二起　旋坐見之客二次　郎棠浦坐頗久　核科房批稿各件　小睡片刻　中飯後閱本日文件　小睡良久　刑錢兩幕來一談　閉目靜坐　傍夕与竹莊久談　核改信稿一件　靜坐片刻　右

目益壞二更與紀澤一談四點睡不甚成寐

廿三日

是日茶還　皇上十五歲萬壽至公所拜牌早飯後小睡方存之
來一談圍棋又久睡午正核科房批稿簿午刻坐見
之客一次中飯請竹莊便飯飯後久談閱本日文件
坐見之客一次圍棋又久睡是日屢睡昏惰之至愧悚無
已傍夕又睡植閱古文類纂中論辨類核改信稿
三件二更四點睡四更未醒

廿四日

早飯後清理文件令紀澤進宗考試旋坐見之客
立見者二次坐見者二次小睡二次又已刻坐見之客一次
核科房批稿各簿午刻久睡中飯後閱本日
文件屢次久坐睡昏惰殊甚落枕便易成寐
下床小坐旋又去睡稟困若此雖曰目疾

亦不堪為世用矣。晚飯後閱古文辭類纂序跋
奏議兩門，二更四點睡。

廿五日

早飯嘔吐殊甚，向來有此舊病。起清理文件，見客
生客見共二次，又見共一次，衙門期也。稍小睡，良久，巳正核
科房批稿簿，午刻又睡，中飯後閱本日文件，作
詩一首，因衰病日深，故將生平閱歷為韻語以示
兒姪輩，即以當遺囑也。酉刻草成三十八句，略用
白香山體，務取其易曉，傍夕久睡，晚閱古文奏
議門，且閱且睡，昏惰甚矣，二更四點睡。

廿六日

早飯後清理文件，生見之客二次，又見共一次，小睡
良久，巳正閱科房批稿簿，午刻黎竹舫送光
明經，呪云持誦萬遍，眼可復明。郎崇浦來一坐

力勸余服補陽之藥中飯後閱本日文件將從前河工保案開一清單擬補孰先明經况凡百有四字蓋從前家之言也補數十編小睡良久起飯後又補經况是日申刻寫對聯七付二更四點睡近因目病每日全未作事愧懼之至

二十七日

早飯後清理文件小睡片刻楚見之客三次既與辭談甚久張頻知眼科談清其說視也擬又小睡已正黃靜軒來久談一時許核科房批稿餘未申中飯後閱本日文件將科房稿核畢校對摺件申正出門由西門出城至北門下城旋至大悲閣拜署陳俊臣之甥夏昝未久談又對摺件又畢小睡起將摺對畢閱審視謠函眼科醫書之盛川也二更四點睡不甚成寐四更未醒

二十八日

早飯後清理文件 有四川主事趙亮熙來見談甚久 陳作梅來久談 坐堂審案十二件 核科房批稿各簿 午刻小睡 中飯後閱本日文件 坐見之客三次 立見者二次 小睡片刻 與幕友一談 寫對聯六付 傍夕又睡 核閱審訊瑤函 且閱且渴睡 蓋脾不能運化 困倦極矣 二更四點睡

附記

局詳餘鹽支練餉局　批應查作梅信

二十九日

早飯後清理文件 坐見之客一次 立見者一次 小睡片刻 寫信與紀澤兒 摺差進京 料理信件 并送人書籍 已正核科房批稿簿 午刻韓南溪來久坐 中飯後閱本日文件 小睡頗久 黎竹舲來一談

寄對聯六付　傍夕久睡　旋閱漁洋古詩選、姚氏
近體詩選，略一涉獵　閉目靜坐　近日既怕用心
又怕開目，遂成廢人，且愧且懺　二更四點睡，三
更後成寐

廿日

早飯後清理文件　坐見之客二次　至內箭道看箭
旋久睡　巳正核科房批稿簿　午刻閱先正事略
中飯後閱本日文件　又閱先正事略　小睡片刻
狂風雨土，令人鬱悶　酉刻與黎竹舫久談　傍夕又
睡　旋温下論　二更四點睡　日內因眼病日篤，老
而無成，焦灼殊甚，究其所以鬱鬱不暢者，總由
名心未死之故，當痛懲之，以養餘年

四月初一日

黎明至文廟拈香行禮　與司道一談　歸　早飯後清理

文件旋小睡甚久 巳正核科房批稿各簿 午刻丁樂
山來一談閱先正事略中飯後閱本日文件狂風雨
土旱乾之象又閱先正事略自隸至子邢元愷湖南
主西李壽蓉先後來一談酉刻作詩未成夜閱古
文奏議類渴睡殊甚二更四點睡不甚成寐近日
內人病肝筋皆拘攣竟日欠睡令人撫摩余亦竟日
屢睡全家一種昏怠衰頹之氣深用為媿

附記

鄭中丞 保 慶

功牌百零六張

知府酒書宗革職永不敘用

王隆興 隆平縣訓導善肇賊

威縣請郵 請加學額

初二日

早飯後清理文件 坐見之客四次立見者二次小睡片

刻巳正核科房批稿簿 鄭松峯來一談 又立見之客一次 李篁仙來久談 中飯後勞二勞六世兄來久談 皆文毅公之子也 閱本日文件 閱先正事略 酉刻小睡良久 欲作詩而不果 檢閱古文詔令類 渴睡殊甚 二更四點睡

初三日

早飯後清理文件 立見之客一次 旋小睡良久 巳正核科房批稿各簿 午刻閱先正事略 中飯後閱本日文件 申刻李篁仙來久談 謝旭亭許仙屏久談 旋至藩府一行 傍夕小睡 檢溫古文奏議類 二更四點睡 是日有晉江舉人施世貢呈所著說詩存學易說儀禮要義春秋本義三書 略一繙閱 不能細看

初四日

早飯後清理文件 見客一次 立見者一次 旋小睡甚

久已正核科房批稿各信　午刻與孫竹舲久談　中
飯後閱本日文件　小睡片刻　旋作一詩　共四十句　即
初一日作而未成者　傍夕畢　小睡　夜邵良甫來一談
閱韋蘇詩　細閱古文碑誌類　二更四點睡

初五日

早飯後清理文件　見之客二次　立見者一次　衛汌期也旋
小睡良久　盖飯後脾胃困乏之病　已正核科房批稿各信　午
刻閱先正事略中　飯後閱本日文件　祝爽亭送來孟
陽人王汾禪六吉所著四書記悟略一讀　閱旋閱鹿
忠節四書說約下論一本　閱畢　小睡片刻　傍夕
睡頗久　夜閱史記刺客屈賈等傳　目蒙燭光閉眼
一坐　二更四點睡　近日因目病貪睡尤甚　動輒成
寐　若靜坐則不能支持　衰憊甚矣

初六日

早飯後清理文件坐見之客二次立見者一次小睡片刻
方存之來一談巳正核科房批稿簿午刻閱先正
事畧中飯後閱本日文件摺差回接紀澤及京信數
件陳作梅來久談小睡良久申末黎竹舫診脈久談
傍夕久睡夜閱史記淮陰侯季布等傳二更四點
睡天暖不甚成寐亦因日間睡太多之故耳

附記

恩守 說葉牧　　曹繼美補大名小灘把總

初七日

早飯後清理文件坐見之客二次小睡甚久巳正核科房
批稿簿信稿旋改練軍事宜摺稿中飯後閱本日文件旋
改摺稿約改八百字酉刻畢中間屢次小睡黎竹舫來
診脈處方傍夕久睡夜閱史記衛霍等傳眼蒙不
能久視二更四點睡

初八日

早飯後坐見之客二次，清理文件，旋小睡良久。謝旭亭來談甚久，談畢，坐堂審案十二件，核科房批稿簿，午刻又睡。中飯後閱本日文件，閱《范文正集》，只讀年譜中。有云：「千古聖賢不能免生死，不能管後事，一身從無中來，卻歸無中去，誰是親疏，誰能主宰？既無奈何，即放心逍遙，任委來往。如此斷了，既心氣漸順，五臟亦和，藥方有效，食方有味也。只如安樂人忽有憂事，便吃食不下，何況久病，更憂生死，更憂身後，乃在大怖中，飲食安可得下？請寬心將息」云云。乃勸其中舍三哥之帖。余近日多憂多慮，正宜讀此一段。酉刻至藩府一坐，傍夕久睡。燈後閱古文雜記類。二更四點睡。

初九日

黎明起至南门外祭祀本京師大雩祭之期外省則祭風雲雷雨之神比閒又兼祭府社府稷在東山川先農在西凡五處奠帛五處獻爵蓋相沿已久也祭畢歸早飯後出見之客四次傳軍門坐甚久閱范文正遺集已正核科房批稿簿畢黄靜軒来久談為余治目疾方中飯後閱本日文件核批稿簿畢又閱范文正遺集酉正睡極久直至燈時校閱古文雜記類二更四點睡五更醒

初十日

早飯後清理文件出見之客四次立見者一次寫信與祝莫亭商藥方小睡頗久已正核科房批稿簿午刻又睡中飯後閱本日文件寫信與作梅商藥方靜坐頗久竹舲来一談閱范文正遺集酉正睡甚久

敬閱○○聖祖庭訓格言一徧又默誦下論二更四
點睡因內因目病寸心憂灼近甚賁舒之時以是
入愈難減總由少壯不能努力老來悔悟甚多
致心境愁悶異常耳

十一日

早飯後清理文件出門拜傅提台談頗久歸閱看呂
馬二公負言見之客三次閱五禮通考中大夫士廟祭
門因沅弟商家廟祭禮思考核以定一章也已正核
科房批稿稿午刻陳荔秋等自大廣稱賑回與
之久談中飯後閱本日文件接奉廷寄內外蒙古
地方并有賊竄擾飭余統籌全局因翻閱地圖并
將聖諭記一閱核改馬步隊營制將即日入奏方存
之未一坐雷雨交作惜為時不久堂救於旱酉刻至
陳荔秋處久談渠送陳清端公瓆文集一部閱其

首卷備述　聖祖召見時恩禮之隆　令人感泣係康
熙五十四年十二月陳瑸福建巡撫時也旋閱古文雜
記類二更四點睡

十二日

早飯後清理文件旋坐見之客一次立見者一次小睡良
久寫信與張振軒等已正核科房批稿簿午刻閱
聖主訓因漠北有賊擾庫倫等處漠南有賊擾
察哈爾等處所以防禦之也中飯後閱本日文件又
閱聖主訓思作古文而不克下筆天氣亢旱繞室
憂惶如有非常禍變者小睡頗久酉刻張振軒陳
作梅來久談商口外防堵之事傍夕在室私禱雨旋
又小睡旋閱地圖眼蒙殊甚旋溫孟子離婁下萬
章上下三篇朗誦而氣不能振蓋年力已衰而中
有愧怍故餒也二更四點睡

附記
趙宗道於八年八月領諮

十三日

早飯後清理文件 旋坐堂與司道審錄秋審各犯 過堂辰正畢 旋與博多宏武一談內外蒙古事 小睡半時許 巳正核科房批稿簿 午刻又睡 中飯後閱本日文件 閱國朝文錄 傳軍門來一談 陝西臬台英奎來久談 竹舲來診脈一談 查定私門禱雨儀 夕又睡 核再核練軍營制 閱國朝文錄中雜文頌贊等類 二更四點睡 自二月杪右目失明 至是四十餘日 不敢治事 每日睡處 愧悔身閒而心亂 蓋生平一無所養甚矣

十四日

早飯後清理文件 旋坐見之客一次 立見者一次 小睡頗久

巳正核科房批稿簿閱汪雙池讀困知記中飯後李勉亭來久談閱本日文件改信稿一件約改五百字酉正小睡核擬改江寧府學記而不果眼蒙不敢久視閱梅伯言文集跋首二更四點睡

十五日

早飯後清理文件至教場閱古北口練軍操演歸小睡片刻巳正核科房批稿簿午刻核河工保舉清單中飯後閱本日文件申刻至城隍廟求雨歸將各摺片細加核對傍夕至藩府一談核閱梅伯言文集二更四點睡

十六日

寅正起頭忽大眩暈床若旋轉腳若向天首若墜水如是者四次不能起坐請竹舲一診服滋陰之劑辰末始起坐早飯吃一碗有零較尋常減去一碗飯

後寫紀澤信一件約兩百字已正核科房批稿各簿於又久睡未正起中飯後閱本日新到文件旋又久睡接紀澤自京來信申刻發摺無事上床則大暈起坐則只暈旋飯後竹舫芝甫來久談二更後小坐四點睡睡後微暈一二次

十七日

卯正始起仍大眩暈是日無論床則眩暈無起則眩暈若睡定坐定之後即不眩暈早飯後清理文件作梅樂山來一敘幕府諸君來一敘久睡已正核科房批稿簿午刻久睡中飯後閱本日文件小睡甚久閱梅伯言詩集傍夕又久睡旋閱漁洋七言古詩選請徐醫竹舫吾診脈一次二更四點睡睡後未再眩暈

十八日

卯正起旺暈如故飯後清理文件藩臬來一談於
又久睡二次在床則暈坐起則暈睡定坐定則不
甚暈黃靜軒來久談午刻核科房批稿簿
未正中飯後閱本日文件寫澄沅兩弟信又復
久睡本日天氣亢燥異常旺暈較昨日加甚夜
與竹舲旭亭商換一方二更四點睡

十九日

卯正起旺暈如故飯後清理文件小睡甚久巳
刻觀薛琳耘等圍棋二局午刻核科房批稿
簿閱紀文達公筆記未正中飯後閱本日文件
寫信與紀澤改摺稿一件閱紀公筆記酉刻
久睡傍夕與竹舲一談夜飯後與康甫一談閱
紀公筆記背孟子數十章高聲朗誦小睡
一次二更四點睡

二十日

卯正起，眩暈如故。飯後清理文件。小睡甚久。閱紀公筆記。請兩醫來診脈，肝火甚旺，宜服涼藥。巳正核科房批稿簿。午刻服藥，久睡。未初中飯後坐見之客一次，立見者一次。閱本日文件，旋又久睡。閱一起，坐閱紀公筆記。申刻及夜間兩次請醫診視，服龍膽草等藥，以瀉肝火，倦甚，竟日久睡。二更四更睡。

廿一日

卯正起，眩暈如故。飯後清理文件。請醫診脈，仍服那方。睡頗久。閱紀公筆記。午刻寫信一葉與紀澤。核科房批稿簿。是日發摺請假一月調理。中飯後閱本日文件。坐見之客一次。閱紀公筆記。申刻，諸友來坐一談。旋又睡甚久。夜與

竹舫一談閱紀公筆記二更四點睡

廿二日

卯正起眩暈如故早飯後清理文件閱紀公筆記小睡甚久請醫診脈謝與蔡意見不同擬紀澤京信午正又睡睡約中飯畢又布政司代擬代川業公函可閱惟閱紀公筆記以消遣而已申刻服藥後靜坐良久傍夕小睡於閱紀公筆記二更四點睡

廿三日

卯正起眩暈如故早飯後診脈與竹舫一談清理文件閱紀公筆記辰巳間久睡午刻再閱筆記中飯後屢次靜坐屢次閱紀公筆記心總不能澄靜傍夕杭人周稼文自京來紀澤請來醫病者也診脈後與談良久仍閱紀公筆記

申竹舲來一談二更四點睡

廿四日

卯正起眩暈如故請周樨文診脈飯後請瑾文伴閱
紀公筆記久睡請竹舲一診仍服前日原方午後
又睡中飯後閱紀公筆記申刻又久睡酉刻及
亥正叙周樨文方傍夕靜坐檢閱紀公筆記與
樨文一談二更四點睡

廿五日

卯正起眩暈如故請樨文診脈早飯後又請
竹舲一診請瑾文伴閱紀公筆記睡甚久午刻
靜坐中飯後錢調甫來談甚久推接題寔會稿
小睡良久樨文來談甚久傍夕小睡檢閱紀公
筆記二更四點睡

廿六日

早起診脈飯後清理文件 同年張廉泉繼灝來見孫曰省高廉舫來見先後均久談閱紀公筆記小睡片久中飯後閱紀公筆記核信稿數件酉刻睡甚久夜閱紀公筆記 二更四點睡

廿七日

早起診脈飯後清理文件 首府來一談 於藩臬首縣來一談 吳竹莊自京來久談 管才叔來談 並為余診脈 又請竹舫撰文與才叔一商 應酬太久 倦甚 小睡 未刻中飯後閱本日信件 閱紀公筆記 寫紀澤信一書 小睡片刻 寫挽幛二幅 靜坐片時 至藩府兩處一坐 傍夕小坐 夜飯後閱紀公筆記 時後靜坐二更四點睡

廿八日

早起診脉飯後清理文件竹莊及李琳來久坐於閱紀公筆記又請竹船一診午刻久睡起時眼蒙殊甚中飯後寫澄沅兩弟信請謝旭亭一診小睡片久傍夕與周移文久談於閱紀公筆記眼蒙殊甚二更四點睡

廿九日

早起吳竹莊李琳來診脉久談飯後清理文件閱紀公筆記又請竹船一診圍棋二局午刻久睡中飯後閱本日之信件申刻久睡又請旭亭一診酉初剃頭一次於又久睡於飯後靜坐與周移文久談二更四點睡人而不勤則万事俱廢一家俱有衰象余於三四兩月內不治一事於居家之道大有所損愧悚曷已二更後閱報紀澤考廕引見蒙恩以員外郎分部行走為之一慰

五月初一日

早起診脈 飯後清理文件 旋小睡良久 閱歐陽文忠公年譜 旋又久睡 夏間疲甚 是余向日舊病 今年則更甚矣 中飯後閱歐陽公詩話 閱集古錄題跋 中正一睡 直至上鐙 為時極久 旋又閱集古錄 与園接久談 二更四點睡

初二日

早起診脈 飯後清理文件 新任河間府署昆來見 即希庵之姪來見 閱集古錄 旋久睡 疲甚不耐坐也 閱歐集附錄五卷 祭文行狀之類 中飯後閱歐集詩文 旋又久睡 約二時許 酉初竹舫來診脈 与之圍棋一局 傍夕又睡 燈後靜坐頗久 略閱歐文 是日核家信 澄弟二件 沅弟一件 均甚詳細 叶亭甥三信 將摯甫來久 二更四點睡

初三

早飯後診脈，与醫一談，清理文件，兩司來一談，閱國朝文錄，姚春木所集也，静坐頗久，午刻見客二次。中飯後閱國朝文錄，小睡甚久，静坐一晌，酉刻竹舫診脈，因与圍棋一局，夜又閱國朝文錄，静坐一次，二更四點睡。余病目則不能用眼，病暈則不能用心，心、眼并廢，則与死人無異，以是終日憂灼，悔少壯之不努力也。

初四日

早飯後診脈，一談，清理文件，閱國朝文錄，小睡半時，巳刻黃靜軒來久談，勸我靜坐凝神，以目光内照丹田，因舉四語要訣曰：但凝空心，不凝住心，但滅動心，不滅照心。又稱二語曰：未死先學死，有生即殺生。有生謂妄念初生，殺生謂立予鏟除也。又謂此與孟子勿忘勿助之功相通，吾謂與朱子致中和一節之注亦相通。中飯後閱本日信件，核題奏稿件。閉目靜坐，學內視之法。閱國朝文錄。小睡半時。酉正請竹莊診脈。圍棋一局。夜靜坐良久。二更四點睡。夢大水洶湧，可怖。

初五日

早間各員弁在署內拜賀節，均接見，其外均未見。飯後清理文件。診脈一次。在正廳受幕府友賀節。巳刻久睡。閱國朝文錄。中飯請潘師及周撰文等小宴。閱本日信件。閱紀文達公筆記。小睡頗久。夜又閱紀文達公筆記。眼蒙，靜坐。二更四點睡。本日頭暈病稍愈。

初六日

早飯後清理文件。診脈一次。坐見之客三次。小睡半時許改謝恩摺稿一件 閱 國朝文錄 中飯後閱本日信件 李少荃來久談 閱 國朝文錄 改信稿七件 傍夕與周撰文久談 夜飯後閱 國朝文錄 閉目久坐 二更四點睡

初七日

早飯後清理文件 診脈一次 閱 國朝文錄 小睡半時許 又請竹舲診脈 閉目靜坐 中飯後閱本日文件 閱 國朝文錄 小睡半時許 核明日應發摺片 與周撰文一談 夜飯後閱 國朝文錄 溫杜韓七古 二更四點睡

初八日

早飯後診脈一次 清理文件 方存之來一談 與竹舲圍棋二局 旋小睡半時許 寫紀澤信一件 閱 國朝文錄散篇 中飯後閱本日信件 核稿數件 發摺片各件 小睡甚久 酉正靜坐撥息 在閱

黃靜軒所著福壽金鑑因求攝生之方溫歐公古文二更四點睡

初九日

早飯後清理文件棋周兕文診脈一次閱國朝文錄小睡半時許謝旭亭來診脈一次閱福壽金鑑午正數息靜坐仿東坡養生頌之法而心粗氣浮不特不能攝心并攝身亦少動搖而不能中飯後閱本日信件又閱國朝文錄小睡辰久圍棋一局酉刻服藥後行小週天法靜坐半時許棋周兕文來一談閱古文類纂中蘇文數首二更四點睡

初十日

早飯後診脈一次清理文件閱梁茝鄰制藝叢話巳正圍棋二局午刻李勉亭來一談於靜坐靜坐數息三百六十中飯後閱本日信件閱制

藝叢話小睡半時許天氣蒸熱酉刻服藥後
行小週天法靜坐片時核閱制藝叢話二
更後閱姚選近體詩四點睡

十一日

早飯後清理文件診脈一次閱制藝叢話巳刻又
請竹航診脈一次圍棋一局午刻靜坐數息未初二
刻中飯後閱本日信件小睡半時許申刻核
題奏稿件核信稿十餘件閱制藝叢話接
澄沅兩弟信沅以余目疾力勸余不用心而不知
已遲矣酉正服藥後小週天法核閱理學宗
傳二更四點睡

十二日

早飯後清理文件診脈一次小睡半時許賀儀仲
自湖南來久坐午刻靜坐數息中飯後閱本日

文件　接沅弟信　許為我代擬晚女下定字宜核信稿二十餘件　閱本要件　福壽金鑑偶作一聯云　戰戰兢兢即生時不忘地獄　坦坦蕩蕩雖逆境亦暢天懷　酉刻尹杏農來久坐　引見出京過此也　疲甚　靜坐　行小週天之法　極飯後始小寐　閱古文奏議類　二更四點睡

十三日

早飯後清理文件　診脈一次　疲倦甚　小睡片時　首府劉來見一談　張竹舫來見一談　摺差自京回　接各信件　又坐見之客一次　黃靜軒來久談　與論靜坐數息之法　亦自恨衰老不能有為　楊書皆之子來一見　午正默坐數息　中飯後閱本日信件　又小睡片時　寫紀澤信一件　閱沈文忠公地藏集　又閱斌椿之乘查筆記　斌號友松　內務府郎中　丙寅

年曾奉使至西洋各國也 傍夕靜坐 極又倦甚小睡 再閱乘槎筆記 二更四點睡

十四日

早飯後清理文件 診脈一次 倦甚小睡 又請竹舲診脈 圍棋二局 閱 國朝文錄 午刻靜坐數息 中飯後閱本日信件 倦甚小睡片久 閱斌椿乘槎筆記 酉刻靜坐數息 旋與周霓文一談 二更後閱五言古詩陶曹等作 四點睡

十五日

是日周霓文回京 早飯備席小宴 余吃菜稍多 飯後大為嘔吐 余向有此病 近日服藥有知母黄柏龜板等 又不免傷脾也 送客後兩次久睡 作梅來一談 閱 國家文錄 午刻靜坐數息中 飯後閱本日信件 閱 國朝文錄 小睡甚久 請黎竹舲

看脈圍棋一局 酉刻靜坐數息 在閱 國朝文錄

溫蘇文數首 二更四點睡

附記

續倣摺 河工保舉摺 賑貸案摺

史道摺

十六日

早飯後清理文件 坐見之客二次 閱 國朝文錄 小睡良久 巳正後改摺稿一件 核科房稿 午刻靜坐數息 中飯後閱 國朝文錄 閱紀公筆記 小睡良久 申正請竹舫看脈 圍棋一局 酉刻靜坐數息 燈飯後閱紀公筆記 二更後大便不通利 有似於裏氣後重 甚腹脹而溲不能出 屢次出恭 辛不得暢 因此竟夜不得安眠

十七日

早飯後清理文件 請竹舲診脈 是日因裏氣後重之症竟日不快 屢次久睡 間亦閱紀公筆記 國朝文錄 然腹脹殊甚 坐臥不寧 申刻核題集名稿 酉刻核信稿 靜坐數息 夜溫陶詩 二更後大解稍暢 而患溺漸斂 四點睡後亦得酣眠

十八日

早飯後清理文件 請竹舲診脈 於坐見之客三次 屢次坐床小睡 閱制義叢話 中飯後閱本日文件 閱國朝文錄 小睡兩次良久 酉刻靜坐數息 夜仍小睡 竟日不能支撐 久坐惟以睡眠為愈 眠愈疲益衰 憊甚矣 二更四點睡

十九日

早飯後清理文件 診脈一次 坐見之客一次 閱紀文達公筆記 旋又閱其遺集 詩尚可觀 文則俗矣 屢次

小睡午初紀澤自京歸來與之久談中飯後閱本日文件於又小睡閱紀文達詩文集酉正靜坐數息在飯後漱覺眩暈請脈一次是日巳初圍棋一局申初核題奏稿二更與紀澤一談四點睡

廿日

早飯後見客二次推請竹船請脈閱紀公筆記謝旭亭來請脈一次小睡大半時午正靜坐數息中飯後閱本日文件核改摺稿一件又核改史念祖請敘實缺摺覺心煩頭暈不能下筆因睡一時久酉正服藥後靜坐數息在飯後又閱紀公筆記與紀澤談時久二更四點睡日內常作嘔吐至未刻後一種亢旱炎熇之氣殊不可耐故病體總未痊愈

廿一日

早飯後清理文件　診脈一次　坐見之客二次　立見者一次　閱紀公筆記　小睡半時　午刻圍棋一局　靜坐數息　中飯後閱本日文件　閱　國朝文錄　小睡片刻　寫對聯數付　內撰壽聯一付　酉刻靜坐數息　檢溫論語學而至述而止　二更四點睡

廿二日

早飯後清理文件　閱紀公筆記　小睡半時許　巳刻王叶亭楊自湖北航海由天津到此　一談　診脈一次　午刻靜坐數息　中飯後閱本日文件　閱　國朝文錄　小睡片時　申正與叶亭楊久談　直至燈黑　於小睡刻許　檢溫述而至鄉黨末止　二更四點止

廿三日

早飯後清理文件　坐見之客一次　立見者二次　閱紀公筆

記小睡半時許午刻錢調甫自京歸久坐閱本日文件中飯後因直隸紳士公呈請劉靜修入祀文廟將靜修文集一閱小睡一次酉刻与叶亭甥一談旋靜坐數息極溫先進至陽貨止二更四點睡

廿四日

早飯後清理文件雲方伯來一談旋閱紀公筆記小睡片時巳正請竹舲診脈與之圍棋二局午刻与黃靜軒久談閱本日文件中飯後閱紀公筆記小睡頗久見客一次核題奏各稿核信稿數件酉刻靜坐數息極閱劉靜修文數首溫陽貨至堯曰之末二更四點睡

廿五日

早飯後清理文件旋小睡片刻陳作梅來一談

請竹舫診脈 圍棋一局 内旭亭診脈一次 午正數息
煩躁不耐久坐 至室散步 中飯後閱本日文件
閱 國朝文錄 核批稿各簿 自去年四月亢旱
至今十三个月未得大雨 本日未刻起 直至傍夕
雨尚小 燈後大雨 二更末雨仍小 五更大雨 至次日辰
初乃停 農家諒可稍慰矣 酉刻靜坐數息 傍
夕至内室一談 旋溫大學中庸 二更四點睡

廿六日

早飯後清理文件 大雨不止 為之快慰 巳刻見客一次
旋診脈一次 圍棋一局 閱紀公筆記 接奉 廷寄 派余
赴天津查辦事件 因病未痊愈 躊躇不決 四睡片
刻 午刻靜坐數息 中飯後閱本日文件 閱紀公筆
記 與吳摯甫一談 小睡片時 傍夕與作梅久談天
津事件 旋閱紀公筆記 溫孟子梁惠王上下 公

孫丑上二更四點睡

廿七日

早飯後清理文件 於坐見之客三次 錢調甫談頗久 小睡片刻 請竹舫診脈 圍棋二局 核批稿傳閱 國朝文錄 中飯後閱本日文件 寫澄沅兩弟信 思往天津查辦毆斃洋官之案 熟籌不得良策 至幕中與吳摯甫一商 閱 國朝文錄 於小睡片刻 酉刻靜坐數息 於眼蒙殊甚 溫孟子公孫丑下 滕文公上 滕文公下 二更四點睡

廿八日

早飯後清理文件 於坐見之客四次 請竹舫診脈一次 圍棋一局 核改摺稿一件 改信稿一件 皆爲天津洋務中飯後閱本日文件 調甫來一談 小睡頗久 於寫挽幛一件 閱 紀公筆記 酉刻靜坐數息 於溫離婁

上離婁下萬章上因倦之至如不克支撐其何
甚哀也二更四點睡
廿九日
早飯後清理文件接見之客四次請脈一次小睡
甚久午刻見客一次改信稿一件中飯後閱本
日文件小睡甚久圍棋一局酉初大雨直至三更
始息酉刻睡頗久疲倦殊甚竟日唯酣睡耳
核改信稿一件溫萬章下告子上告子下二
更四點睡
卅日
早飯後清理文件接見之客一次接見其三次請
脈一次圍棋一局閱紀公筆記小睡甚久中飯後閱
本日文件又閱紀公筆記屢次小睡蓋因目疾已
深生一世所成豈可挽救而目下天津洋務十

事棘手，不勝焦灼，故僅閱筆記小說而已，心實未片刻恬愉也。傍夕與紀澤一談，夜閱紀公筆記，旋溫盡心上、盡心下，四書溫一遍畢。二更四點睡。

六月初一日

早飯後清理文件，閱紀公筆記，小睡頗久，診脈一次，圍棋二局，午刻又久睡，中飯後閱本日文件，閱范宗山經說，申刻見客一次，旋小睡片時，酉刻狂風驟雨，嗣申正寫對聯二付，扁三方，傍夕見客一次，核改信稿三件，眼蒙殊甚，臥在室中閒坐，不復治事。二更四點睡。

初二日

早飯後清理文件，坐見之客六次，立見者一次，診脈一次，圍棋一局，疲倦殊甚，小睡半時許，中飯後閱本日文件，坐見之客二次，申正寫對聯五付，小睡

半時許改信稿一件未正核批信改單眼昏不敢治事本日聞崇侍郎奉旨出使法國余日內因法國之事焦慮焚已二更四點睡不甚成寐

初三日

早飯後清理文件見客一次出門拜客蕃臬晤談頗久方存之來一談午刻黃靜軒來久談改信稿一件中飯後閱本日文件將赴天津恐有不測擬寫數條以示二子未申間寫二三百字剃頭一次小睡頗久酉刻與叶亭一談核又寫四五百字清似核遺囑全畢二更四點睡

初四日

早飯後清理文件見客一次又寫遺囑四百餘字至午刻寫畢巳刻診脈一次圍棋二局小睡片刻中飯後

豐芳亭等來談頗久兩次小睡頗久酉刻振軒作
梅等來久談傍夕又睡核將書案零件清理
小睡一次二更後與張潞等一談四點睡

初五日

早飯後清理文件 坐見之客五次旋小睡頗久
寫澄沅兩弟信中飯後將案上零件收拾閱本
日文件 祝藥亭丁樂山蔣養垂先後來一談余至
藩甫府兩處各一談以明日將出門也傍夕振軒來久談
核將各件清理一番二更四點睡

初六日

是日起行赴天津早飯後卯初出城司道在東關
外送行小坐一敘旋行四十里至板橋係安州所轄打
茶尖 張振軒送至此一談渠將赴山西故遠送話別也
又行二十里至高陽 縣住宿是日共六十里實將

又八十里中飯後屢次久睡閱史記數篇見客一次幕友來一談 核改摺稿一件 二更四點睡 竟夕為臭蟲所齧不能成寐

初七日

黎明飯後行三十里至高陽舊城打一茶尖 旋又行三十里至任邱縣住宿 清理文件見客二次中飯後丁樂山及幕府諸人先後來談 小睡良久自未至酉幾及兩時以昨夕未睡也 夜核一摺 看公牘數件 核眼蒙殊甚 左眼亦可危矣小睡甚久 二更三點睡

初八日

寅初黎明即起行 行四十里卯正二刻至呂公堡打尖早飯後又行五十里午正三刻至大城縣住宿 中飯後見客四次 小睡二次 擬作一說帖 曉諭天津士民 起稿四百

餘字未筆。擬改信稿二件。二更三點改筆，眼蒙殊甚，睡後不能成寐。

初九日

寅初起行，行五十里至唐官屯打尖，係靜海所轄，運河經過處也。見客二次。早飯後發總理衙門信。行五十里至靜海所住宿。張翰泉來見，先談。坐見之客三次。申刻中飯。旋看邸書、公文。小睡良久。擬告諭天津士民稿，寫筆約七百字。二更四點睡。日內左眼蒙蒙，深以為慮，竟夕不能成寐。

初十日

寅初二刻起行，行四十里至炒米店打尖，坐見之客三次。午正又起行，行三十里至天津，住中間。離城十二里，司道在稍子口迎接，茶坐。離城五里，崇侍郎在教軍場迎接，茶坐。旋先拜崇侍郎一敘，再至公館。未正到，倦甚。中

飯後清理文件　坐見之客七次　閱本日文件　傍夕與
孰甫等一談　復樂山來一談　旋小睡數次　二更四點
睡

附記

游擊左寶貴言與宦恩誠於五月初六日親見二尸
無眼無心

周道言派把總柴富去查　只見髑髏無皮無
肉　不止無眼無心而已

據陳道六月十一日親見一棺有埋三尸者

十二日

早飯後清理文件　坐見之客四次　小睡片時　寫紀澤
信一件　核保定寄來稿件　眼蒙殊甚　作字
極苦　中飯後又核稿數件　小睡兩次頗久　申正
崇帥來一談　又坐見之客四次　核批告示稿一

件少睡甚久二更四點睡

十二日

早飯後崇邸來一談旋出見客三次詣邸一次少睡頗久核批稿各件中飯後崇邸又來英國副欽差傅磊斯自京至津來署一見與崇邸同会又有緒譯官雅妥瑪同來坐頗久圍棋一局旋又睡相間與荔秋樂山匡甫先後一談二更後閱姚選七言律詩四點睡

十三日

早飯後清理文件見客二次旋出門拜客答謁畢衆來見畢散家午後歸圍棋二局中飯後見客一次美國領事密妥士來見崇邸來会又出見之客二次樂山來一談旋與荔秋等一談閱匡甫文件二更後閱七言律詩選四點睡是日寄永言河

洪口焦灼之至

十四日

早飯後清理文件 崇帥來一談 又坐見之客二次 小睡頗久 閱本日文件 寫紀澤信一封 已正圍棋二局 旋又見客一次 午正吳彤雲自福建來久談 中飯後閱本日稿件 剃頭一次 小睡二次 與幕府友談二次 核改信稿一件 二更後閱杜詩七古 四點睡

十五日

早飯後清理文件 見客五次 崇帥談頗久 小睡片刻 圍棋二局 寫紀澤等信一件 中飯後閱本日文件 迭次小睡半刻 酉刻見客一次 又籌議洋人之事 為皇世計偏多 與幕府友久談 核改咨文稿一件 約改七百字 眼蒙殊甚 二更四點睡

十六日

早飯後清理文件 凡會客十次 內有山東丁中丞薦來之眼醫劉全和診脈一次 圍棋兩局 中飯後閱定書文件 英國領事李蔚海等來見 申刻以後久睡幾及兩時之久 蓋衰頹疲困 又目疾不能治了 遂爾忽懵若此 自愧亦自傷也 枕間仍睡不治一了 二更四點睡 本日譯一洛文 力辨外國並指眼剖心等事語 太偏徇 同人多不謂然 將來必為清議所譏

十七日

早飯後清理文件 會客四次 崇師每日必來會晤 圍棋兩局 寫紀澤等信 小睡甚久 中飯後見客一次 閱本日文件 內有羅研生信及所寄木刻石刻各件 閱之良久 改擬稿一件 閱法國羅公使

將來屢与委員等商接見之法屢次小睡椿六
小睡以眼蒙不能治事也二更四點睡

十六日

早飯後清理文件旋見客二次吳丹雲談甚久旋出
門至天主堂仁慈堂查勘被焚之跡至丹雲寓久
談歸見客二次圍棋二局中飯後閱本日之書
文件崇帥來一談屢次小睡因眼蒙不能治事
丹雲送正誼堂叢書將首冊略一繙閱又送沿
海圖則不能閱看矣椿与萊友等談四次二更
四點睡

十九日

早飯後清理文件旋出門至崇帥寓与法國羅公
使相見渠係駐京欽差十七日由京來津查二十
三日之案也聘談一時有餘詞氣尚屬平和亦正

歸寓見客二次圍棋二局小睡片刻中飯後閱臣
書文件吳彤雲來久坐約一個半時辰閱讀
朱隨筆小睡頗久在間閱讀宋隨筆二更後
核批稿各簿四點睡

二十日

早飯後清理文件診脈一次旋見客三次與幕府一談
圍棋二局旋改摺稿久未下筆構思良久中飯後始
核改孟倫家多改筆約改五百餘字申刻見客二
次談頗久在改片稿二件用心太過眼蒙殊甚二
更四點睡

二十一日

早飯後清理文件起床時又發眩暈之症甚於二日內
服山東劉醫之藥多疎散之品也請竹舲診脈一次
圍棋二局旋見客二次內俄國領事一談小睡甚久

中飯後寫紀澤信三葉 崇帥來一談 又請劉醫
高醫各診脈一次 核批稿各簿 見客二次 小睡頗久
夜又小睡 二更後崇帥來 言洋人將大興波瀾 歎歎久
之 旋幕府諸君來商抵禦之法 談至丑初方睡 不
甚成寐

廿二日

早飯後清理文件 見客一次 崇帥於辰刻巳刻酉刻
來談三次 辰正診脈一次 圍棋二次 小睡一次 中飯後
閱本日文件 見客二次 改片稿一件 是日因洋人
來文欲將府縣抵命 因集請將府縣交刑部治
罪 忍心害理 愧恨之至 又坐見之客一次 吳彤雲來
一坐 小睡片刻 核改照會稿一件 核科房批稿
簿 眼蒙日甚 二更四點睡

廿三日

早飯後清理文件 因昨擬照復羅使之件尚多不妥 又改添三百餘字 重寫一編 崇帥來 與之一談 又坐見之客一次 巳刻以後久睡 中飯後料理發報 并發軍機處咨文 總理衙門信件 羅使照復之件 圍棋一局 崇帥來邀同往拜羅使 拜英德二國領事官 申初去 酉正歸 旋見客數次 吳彤雲談頗久 核科房批稿簿 二更四點睡

二十四日

早飯後清理文件 小睡片刻 旋診脈一次 圍棋二局 見客一次 寫澄沅兩弟信 狂風猛雨 書案皆溼 不能治事 小睡 夜久熱悶之至 中飯後將弟信寫畢 又寫紀澤信二葉 旋又圍棋一局 觀人圍棋二局 崇帥來久談 旋接廷寄二件 羅使照會一件 閱之 熱悶之至 燈下行走兩圈 二更四點睡

二十五日

早飯後清理文件見客四次診脈一次圍棋二局崇帥與緒譯官德威理臣來一談小睡片久中飯後閱本日文件見客一次（美記者來久談）小睡甚久天熱而頭暈不能支持也傍夕見客一次植不久睡是日竟日昏睡盡心緒煩悶而病又作也二更四點睡

二十六日

早飯後清理文件見客一次旋診脈崇帥來一談圍棋二局遺見之客二次小睡片久中飯後改邀會稿件中正崇帥來丁道（陳領）來余陪客之際嘔吐殊甚遂至別室坐余登床小睡樓上寄於戰和之計正尚未定於因病沉睡未吃晚飯二更四點睡

二十七日

早飯後清理文件崇帥來一談旋診脈一次圍

棋二局瀉泄數次午床久睡中飯後見客一次
崇師因余連病奏請另派重臣來津查辦核
改摺稿一件旋又改片稿一件小睡數次丁中丞
等來一談二更四點睡

二十八日

早飯後清理文件崇師來一談旋見天津道府
病勢殊重與吳刑雲核摺片各稿圍棋二局久
睡不能起中飯後核對摺片發報一次浙江提
督黃少春來見又診脈一次小睡旋又核科房批
稿各件旋屢次小睡精神不能支持二更四點
睡

二十九日

早飯後清理文件崇師來一談又坐見之客一次竟日
久睡午刻寫紀澤信一件中飯後又屢睡申

正圍棋一局崇帥來一談又圍棋一局彤雲來一
談偏多一睡夜核改信稿一件二更四點睡

同治九年七月初一日

是時尚在天津查辦事件 早飯後清理文件 小睡頗
久 圍棋二局 旋又久睡 核信稿一件 是日便泄瀉一次
而胃口不開如故 見客二次 中飯後久睡 申正崇帥
來一談 與幕友一談 極久睡 不吃夜飯 惟吃扁豆點
心 日內僅扁豆尚適口 二更四點睡

初二日

早起診脈一次 飯後見客一次 崇帥旋來一談 辰正
圍棋二局 自是竟日在床久睡 不能起坐 蓋暑著邪
未清 胃口不開 自余病後今二旬常也 中飯後核
信稿二件 申刻核批稿各簿 餘亦久睡不起 極
悶 亦惟酣睡 僅燈時起吃點心 二更三點起洗腳
而已 四點睡

初三日

早飯後清理文件，診脈一次，見客三次，寄紀鴻三寄宗寄紀澤三寄肖，屢次久睡，病困不能支持也。中飯後見客一次，圍棋二局，又久睡，崇帥來一談，日內病象胃口不開，泄瀉出汗諸症，夜又久睡，二更四點大睡，竟夕不甚成寐。

初四日

早間診脈，飯後清理文件，是日仍竟日酣睡，圍棋二局，見客二次而已。中飯後仍屢次久睡，終日不治一事，忝竊高位、虛名，愧赧極矣。請山東薦來之劉醫診脈，渠意專主治溼，夜又久睡，二更四點睡。

初五日

早飯後崇帥來一談，旋診脈一次，圍棋二局，竟日酣睡，不治一事，病體小愈，見客二次，內有英國副領事貴勒斯威，公使所派來也。中飯後屢次久睡，申正見客

一次西刻毛昶熙尚書自京來会辦洋務与談
頗久在又久睡二更四點大睡是日核擬稿存信
稿二件

附記

初五日 田二河东人供認用西瓜刀砍洋人
佟松蔭 燒教堂後百姓拏送衙刀傷都是衆
百姓砍的
安三 燒教堂後衆百姓拏住送衙后腰有燒傷
左右膝有跪傷
李乾恒 寧晉人燒教堂之次日以閑逛之百姓等拏
住送衙劉長清堅供是李迷拐有棒傷燒傷
趙榮 任邱人教堂燒後衆百姓拏住送衙審
訊未用刑傷是衆百姓打的
王三 天津縣人教堂燒後衆百姓拏住送衙當蘭

珠供認是王三張供不是王三是王二有捺傷踢傷

初六日

早飯後清理文件小睡片刻於脈一次圍棋二局又於
脈一次寫紀澤信一件唯見之客四次內有毛旭初華
來之小談差四人皆良才也中飯後送次小睡是日人
送八寶鴨子略一沾唇盖久不食葷腥矣晡時崇
帥來見一談旋仍久睡總為眼蒙不耐久視遂致
百事廢弛二更四點睡

附記

王蔭之文稿寄至洪調笙處

初七日

早飯後清理文件旋於脈一次小睡多次未能治事早
中飯後但在室散行千步未刻毛旭初來久談旋
改信稿二件吳竹雲李勉林先後來久談送次

小睡，眼蒙不能治事，旋又睡。二更四點睡。

七月初八日

早飯後清理文件。診脈一次。小睡良久。王方八來，日一王牽三三字，六注軍十年矣。旋又見客一次。小睡時許。中飯後毛煦初、崇地山并來一談。日來之病總苦胃口不開，除開水泡飯外一無所食，脾經虧損極矣。吳彤雲送所著讀易隨筆，僅一翻閱。小睡良久。在首紹孝來見，從江蘇調來辦洋務者也。小睡片時。二更三點睡。

初九日

早飯後清理文件。吳子健、劉雲來商量摺稿，毛煦初亦來一談。旋診脈一次。巳正英國公使威妥瑪來見，與談良久，多是言楊同昌之案。旋又見客一次。小睡良久。中飯後首紹孝來言羅使此可慮

潘因令其至毛帥處面商旋葛令與陳子敬同來
葛令去潘羅俟而陳潘比久談又便見之客二次
小睡頗久旋亦又睡略閱吳飛雲所著易說
二更四點睡

初十日

早飯後清理文件見客一次旋毛帥崇帥來一談
診脈一次小睡頗久寫紀澤信一件旋見周惠堂等
一談渠攜兩弟之信來也中飯後散行千步吳桐
雲來一談屢次小睡旋寫兩弟信未畢思此生一無
所成發憤一番晚蓋而為目病所困感嘆不已二更
四點睡

十一日

早飯後見客一次清理文件旋立見之客二次坐見之
客一次診脈一次屢次小睡寫紀澤信一件中飯後

散行千步將兩弟之信寫畢　黎師來辭行房
次小睡竟日不治一事深為愧疚寸心如焚在二房
而心之負疚彌甚二更四點後閱通鑑十餘葉
睡不甚成寐

十二日

早飯後清理文件毛師來久談散行千步診脈一次念
竟日困臥寸心負疚不如看書猶得自安因取通鑑連
昨夕已看之十餘葉看第一卷三十二葉第二卷三十
三葉旋小睡片時中飯後寫紀澤信散行千步將
通鑑分類略記目錄旋寫筆記一條將以示家中子姪
輩見客二次傍夕小睡燈後略看公牘靜坐頗久二更
四點睡

十三日

早飯後散行千步清理文件毛師來久談診脈一次

閱通鑑第三卷三十葉思寫目錄而氣不就楊見山來久談小睡一次中飯後小睡既久寫筆記一條校批稿至傍酉刻久睡極眼病特甚燕甫友來久談二更後小睡四點睡久不成寐

十四日

早飯後清理文件蕭養吾來談甚久施診脈一次陳小蕃來一談巳正總稅司赫德來久談又出見客一次閱通鑑第四卷三十三葉第五卷十五葉未竟擇可為法戒者略記目錄小睡片刻中飯後毛帥來久談周宪久自京來為余診病吳丹雲來久談傍夕小睡極寫筆記一條二更四點睡

十五日

早飯後清理文件見客三次診脈一次散行千步毛帥來一談閱通鑑（五鑑）卷十六葉六卷廿二葉略

託類目小睡片刻中飯後散行千步小睡片刻彤雲小蕃寬文及道府等四起便衣來坐談但頗久核信稿二件在寫筆記一條小睡一次二更四點睡

十六日

早飯後清理文件坐見之客一次立見者一次診脈一次閱通鑑第七卷二十四葉第八卷十八葉略託類目小睡片刻中飯後小睡甚久見客一次寫筆記一條傍夕小睡甚久在仍小睡日內仍患泄瀉坂疲憊殊甚兩腿無力二更四點睡竟夕不甚成寐

附記

　七月十五　五十三號

求將殺害及領事衙門殺傷各人情訊

將府縣并未若干

犯刑拷訊習教人

堅帰拏混星子及所会

十七日

早飯後清理文件散行千步診脈一次坐見之客二次閱通鑑八卷十一葉九卷廿九葉毛帥來久談一時許略記類目小睡片刻中飯後散行千步小睡頗久寫對聯四付寫筆記一條坐見之客三次傍夕小睡核稿數件寫零字百餘既試目力之尚可支持否二更三點後朗誦孟子數章欲以疏散肝家不和之氣四點睡

十八日

早飯後散行千步清理文件診脈一次坐見之客一次閱通鑑十卷廿五葉十一卷廿九葉見客一次小睡片刻中飯後散行千步寫紀澤信一件小睡莊允吳彤雲交道府等先後來談寫筆記一條傍夕小睡夜改

片稿一件 小睡二次 二更四點睡

十九日

早飯後散行千步 清理文件 診脈一次 閱通鑑十二卷三十四葉 十三卷十九葉 略記類目 坐見之客二次 午正小睡 核對本日應發各摺片 中飯後散行千步 寫紀鴻信一件 約三百餘字 毛帥來久談 又坐見之客一次 寫筆記一條 小睡良久 極倦 仍小睡 幕友來一談 二更四點睡

二十日

早飯後散行千步 清理文件 見司道一次 鎮將一次 府縣一次 又立見之客一次 診脈一次 閱通鑑十三卷十四卷二十七葉 十五卷九葉 又坐見之客一次 赫德來久談 劉子務來久談 略記類目 午正小睡 中飯後散行千步 迭次小睡 至幕友處一談 寫筆記一條

劉子務又來一談核信稿二件旋又小睡夜眼蒙
不能治事二更後略閱古文辭賦類四點睡

廿一日

早飯後散行千步清理文件閱通鑑十五卷廿二葉
十六卷卅一葉因屢見客中飯後始閱畢見客五次
內毛帥談最久約一个半時辰午正略睡片刻中
飯後散行千步略記類目核改信稿二件迭次
小睡吳桐雲來久談又少坐見客二次傍夕小睡夜
寫筆記一條屢與幕友商寄總署信件 二更
後閱古文序跋類四點睡

廿二日

早飯後散行千步清理文件坐見之客二次圍棋一局
閱通鑑十七卷二十九葉十八卷卅三葉略記類目坐見
之客二次中飯後散行千步寫紀澤信一件改信稿

一件約改三百餘字 迭次小睡 旺剃頭一次 寫筆記
一條 傍夕小睡 夜又小睡 二更後閱古文序跋類
四點睡

廿三日

早飯後散步千步 清理文件 坐見之客一次 毛師來
久談 診脈一次 閱通鑑十八卷十葉 十九卷卅三葉 略
記類目 見客一次 小睡片刻 中飯後散行千步 坐見
之客一次 房次小睡 申正寫筆記一條 酉刻吳桐雲
來久談 傍夕小睡 燈後又睡 夜溫古文類纂中序
跋類溫一遍 粗畢 二更四點睡

廿四日

早飯後散行千步 清理文件 診脈一次 外國人寇妥
士來見 閱通鑑廿卷廿二葉 廿一卷廿四葉 略記類
目 中飯後散行千步 出門拜毛煦初尚書 久談

坐稍歸 核批稿各簿 改信稿二件 在間小睡 酉刻又改信稿二件 小睡二次 二更四點睡 因眼蒙日甚 本日未寫筆記 將來再不能看書矣

二十五日

早飯後散行千步 清理文件 丁雨生中丞自江蘇來暢談良久 旋生見之客三次 診脈一次 閱通鑑廿一卷十一葉 廿二卷二十八葉 略記題目 午正小睡 飯後散行千步 毛帥來談良久 旋小睡二次 見客一次 酉刻丁帥來談甚久 張有墨晶鏡 令余常用遮眼 不看文字 以蔽左目一隙之光 是在第二添馬穀山信稿三百餘字 二更四點睡

二十六日

早飯後散行千步 清理文件 診脈一次 生見之客二次 閱通鑑二十三卷廿四葉 二十四卷亦廿四葉 略記

類目出門拜丁中丞談頗久午正二刻歸小睡片刻中飯後散行千步毛帥來談甚久吳桐雲陳小帆先後來談小睡三次帶墨晶以遮眼極閒亦不治一事二更四點睡

二十七日

早飯後散行千步溫理文件診脈一次閱通鑑廿四卷九葉廿五卷三十葉略記類目丁中丞來久談丁樂山來一談又坐見之客一次午正小睡片刻中飯後散行千步坐見之客一次因目蒙不能治事小睡二次或帶墨晶鏡枯坐心不能靜游思雜想或思食水果之類偏多久睡極核信稿一件小睡二次申正幕友來談二次二更四點睡

二十八日

早飯後散行千步溫理文件閱通鑑廿六卷廿五葉

廿七卷二葉，坐見之客二次，旋毛帥、丁帥來，久談一時有餘，午正二刻始散，又見客二次，中飯後散行千步，寫紀澤信一件，又閱通鑑廿七卷廿葉，蓋其多則愈佳，閱故不如精閱書籍也。洗沐，小睡，傍夕又睡，核改信稿一件，摺稿一件，溫古詩選中蘇黃七古一徧。二更四點睡。

二十九日

早飯後散行千步，清理文件，診脈一次，丁道、馬守各來見一次，閱通鑑廿七卷五葉，廿八卷廿六葉，廿九卷廿三葉，坐見之客一次，小睡片刻，中飯後散行千步，毛帥、丁帥來久談，約兩時許，至酉初始散，病後語客疲乏殊甚，客去小睡，極閱古文辭類纂奏議類、書說類，眼蒙不能細看，涉獵而已。日來辦天津之案，拏凶犯已五十餘人，稍有頭緒。二更四點睡。

三十日

早飯後散行千步清理文件核批一次閱通鑑廿九卷十葉三十卷卅二葉略記類目坐見之客二次出門拜客二家坐均頗久午初歸坐見之客一次小睡片刻未初請毛丁二公便飯暢談良久至酉初方散丁公帶來何子貞所寫手卷服其精力之酣足傍夕料理天津教案諸事核科房批稿簿二更四點睡

八月初一日

早飯後散行千步清理文件坐見之客一次診脈一次閱通鑑三十一卷卅二葉三十二卷二十六葉略記類目午初毛帥來久談一時許申飯後散行千步坐見之客二次申刻丁帥來道府亦來直至睡星始去植花帥府來一談二更三點後接總理衙門信閱之良久五點睡

初二日

早飯後散行千步 清理文件 診脈一次 坐見之客一次 閱通鑑廿三卷廿九葉 卅四卷廿六葉 略記類目 孫士達來一談 毛丁二郎來久談 午末小睡 中飯後散行千步 如冠九來久談 吳桐雲來久談 丁樂山來一談 傍夕小睡 夜核改信稿三件 核文稿數件 眼蒙殊甚 閱古文辭類纂中書說類數首 二更四點睡

初三日

早飯後散行千步 清理文件 坐見之客三次 診脈一次 閱通鑑三十五卷廿葉 毛丁二郎來久談 未初去 申飯後散行千步 再閱通鑑三十五卷十葉 閱三十六廿卷五葉 略記類目 眼蒙不敢治事 屢次小睡 至正丞幕府一談 夜寫紀鴻信一件 約四百字 眼蒙小

時坐見之客一次，二更四點睡。

初四日

早飯後散行千步，清理文件，改信稿三件，約共改四百字。立見之客一次，坐見者二次，診脈一次。閱通鑑三十六卷廿葉。接奉廷寄，馬穀山被刺客戕害，余調西江總督，李少荃調直隸總督。藩府來一談。毛丁二帥來久談。午末至中飯後散行千步，閱通鑑三十六卷五葉、三十七卷十九葉。添紀鴻兒信一葉，寫紀澤兒信二葉。出門拜毛煦初久談，傷夕歸，小睡。核對天津教案，料理一番。見客一次，二更四點睡。

初五日

早飯後散行千步，清理文件，見客坐見者三次，立見者三次，診脈一次。閱通鑑三十七卷十五葉、三十八卷六葉。未畢，毛丁二帥久談，巳正來，未初去。中飯後散行千步又閱通鑑三十六卷廿六葉畢 出見之客五次陳子敬与吳桐雲談頗久小睡片刻 校閱張守訒全所呈親供又閱文牘數件二更後改一摺稿未畢四點睡

初六日

早飯後散行千步清理文件 出見之客三次診脈一次閱通鑑三十九卷廿四葉四十卷十六葉 午刻小睡 中飯後散行千步小睡片刻 將昨夜摺稿改畢 又核校改謝恩摺未畢 毛寄雲來久談 傍夕小睡 核將謝恩摺改畢 小睡片刻 二更後默誦孟子四點睡

初七日

早飯後散行千步清理文件 出見之客一次 閱通鑑四十卷十七葉四十一卷六葉 毛丁二公來久談 午刻寫文

坐見之客一次，閱本日應發摺件，校對一遍。中飯後散行千步，寫紀鴻信一件。將發摺件行禮，起跪甚難，需人扶掖。核科房稿件。又閱通鑑四十一卷十五葉，略記類目。靜坐數息三百餘，生平不善靜坐，輒昏散成寐。傍夕小睡。夜閱本草藥性數頁。二更後閱古文數首。四點睡。

初八日

早飯後散行千步，清理文件。毛師來一談。又坐見之客二次，診脈一次。閱通鑑四十一卷十一葉，四十二卷三十二葉，略記類目。坐見之客二次。中飯後散行千步，閱通鑑四十三卷十七葉。出門拜威竹坪，未晤。歸，坐見之客一次。小睡片刻。寫澄沅兩弟信，約近四百字。靜坐數息，昏散如故，旋又小睡。旋核批稿各簿，添澄沅兩弟信二葉。二更後溫古文辭賦類。四點睡。

初九日

早飯後散行千步，清理文件，診脈一次，閱通鑑四十三卷十四葉，四十四卷二十四葉，略記類目。中飯後散行千步，派送員三人、京員三人來余家審案，訊問承等親供。未正見客一次，即派審諸君也。寫紀澤信一件，閱雲伯坐對靜修等七古詩。吳彤雲來久談，傍夕去。小睡片刻。核寫李少泉信三葉，照蒙隶華，溫古文聲睡類數首。四點睡。

初十日

早飯後散行千步，清理文件，坐見之客一次，診脈一次，閱通鑑四十五卷二十四葉。專宴毛丁兩帥，未久談，午刻去。又坐見之客一次，閱通鑑五葉。中飯後散行千步，坐見之客二次，立見者一次，閱通鑑四十六卷十八葉，略記類目。毛丁二帥又來久談，傍夕去。核寫少泉信二葉

閱古文辭碑誌類數首 二更四點睡

十一日

早飯後散行千步 淸理文件 診脈一次 閱通鑑四十六卷十葉 四十七卷廿二葉 巳初二刻毛丁二師來 成竹坪於未是日會審府獄 午刻過堂訊供 未初客散 中飯後散行千步 閱通鑑卌平七卷八葉 畢閱四十八卷八葉 皓記類目 方存之自省來久談 又坐見之客二次 是日辰刻核改摺稿一件 酉刻核改信稿一件 燈後又核改信稿二件 溫古文辭書說類 二更四點睡

十二日

早飯後散行千步 淸理文件 診脈一次 見客一次 閱通鑑四十八卷十五葉 毛丁二師來議府獄親供 方存之正來午初去 又閱通鑑五葉 未初請吳彤雲方存之等小宴 申正客散 倦甚 小睡 閱核各項親供多件 核畢即行發鈔

以便明日隨摺進呈 傍夕小睡 核寫紀澤信一件 摺差自京歸 閱京報及各信件 余將兩江之任未發先達擬細條之 二更後又核親供二件 五點睡

十三日

早飯後散行千步 清理文件 坐見之客一次 診脈一次 閱通鑑四十九卷廿九葉 五十卷十八葉 略記類目 坐見之客一次 午正出門 至發審局 旋至丁雨帥處 渠本日患病故往視之 未正至毛煦帥處 渠約小宴 申末始散 歸寓見客一次 小睡片刻 傍夕又小睡 核寫小信二件 與毛丁及成竹坪 料理明日發報各件 閱古文辭奏議書說二類 二更四點睡

十四日

早飯後散行千步 清理文件 診脈一次 毛帥來久談 閱通鑑五十卷十七葉 五十一卷十七葉 坐見之客二次 中飯

後散行千步又閱通鑑五十一卷二十九葉此卷凡三十七葉較他卷稍多閱時稍久沈芝蓮自京來見久談剃頭一次小睡片刻吳桐雲來久談核批稿各信核閱新刻文件溫古文韓文碑誌類二更四點睡

十五日

早飯後散行千步清理文件立見之客數次皆來賀節者診脈一次閱通鑑五十二卷二十九葉五十三卷廿二葉未畢略記類目中飯後散行千步圍棋又閱通鑑六葉五十三卷閱畢是日全無賓客寫信與毛帥寫紀澤兒信一件屢次坐床小睡自未至酉小睡夜又寫零字頗多溫古文類纂中書說類二更四點睡

十六日

早飯後散行千步清理文件診脈一次毛帥來一談

雅堂兄之客二次閱通鑑五十四卷二十葉五十五卷二十六葉未畢略記題目中飯後散行千步又閱通鑑三葉五十五卷閱畢出門拜客丁雨帥處一談毛鼎帥處不遇歸 史緩之來久談 又生兄之客一次寫信与毛帥 西渠豐不回京 恒都轄來一談 燈後復總署信一件料理与各衙門公函總署信件 幕友來談兩次二更四點睡

十七日

早飯後散行千步清理文件 毛帥來久談 司道來一談又生兄之客三次閱通鑑五十六卷廿四葉中飯後出城至西沽送毛鼎帥 進京歸 再閱通鑑五十六卷五十七卷十四葉略記題目 核改信稿一件寫毛帥信一件 燈後核改摺稿未畢 二更四點睡

十八日

早飯後散行千步清理文件出見之客三次診脈一次
成竹坪來一談閱通鑑五十七卷十五葉中飯後散
行千步閱通鑑五十八卷廿二葉略記類目与幕府
談兩次閻琳亦來一談傍夕小睡核改摺稿二更後平
溫古文序跋類四點睡

十九日

早飯後散行千步清理文件丁雨帥於辰初來坐長談
竟日直至申正始去因為津案廿三日出奏緊急之至陳
鎮協來見一次道府縣來見一次發審局各員來見一次皆
嚴催二日內審訊丁帥中間去幕府時余閱通鑑五
十八卷六葉是日天津陳鎮及委員二人至余寓審案
敲撲之聲竟日不絕申末後閱通鑑五十九卷廿六
葉略記類目晡時小睡核閱本日文件及家信等寫
信与丁帥及首縣二更後溫蘇詩七古五點睡

廿日

早飯後散行千步清理文件泄瀉二次診脈一次閱通鑑五十九卷三葉至閱六十卷廿葉泄瀉三次下午亟來久坐未初去中飯後散行千步又閱通鑑六十卷十一葉至閱六十一卷五葉歐陽宗信來談石湯之子也下午亟自述空青來以重價自蘇州購得為余醫目厚意可感又送通鑑續通鑑及目錄等書紙墨亦皆上品談及燈後始去夜閱公文中有達司詳請彙鹽務十條閉目坐頗久二更後溫古文奏議類四點睡

廿一日

早飯後散行千步清理文件下雨卿來道鎮府務均來談室本是各種清供廿三日出售至未初方散中飯後散行千步讀寄紀澤信一件五葉核改信稿

閱通鑑六十一卷二十五葉陳小蕃來久談寫對聯二付
直條一張傍夕至幕府一談極又將通鑑六十一卷補閱
一遍略記類目二更四點睡

廿二日

早飯後天津道及府縣俱來丁中丞亦來公定各凶犯清
單商討良久始定午正各客皆去清理文件核改摺
稿未畢中飯後改畢鈍鴻兒及叶亭錫自京來津
与之一談旋又核改清單核對府縣請供摺核改
夾片至酉正粗畢小睡片刻極核改夾片兼各單
細細料理送丁中丞成毛尉一商二更後再核改摺件
核咨總署文件三更睡是日專辦公事未遑他顧幸
精神尚能照料耳

廿三日

早飯後散行千步清理文件坐見之客二次診脈一次丁

中丞來久坐，成逵尉來一坐。閱通鑑六十二卷廿三葉，六十三卷十八葉。中飯後散步千步。陳小蕃來久談。陳鎮來一談。是日料理發摺，奏稱天津凶犯，校對各件。丁中丞酉刻又來。傍夕小睡。在劉省三軍門自南來一談。發摺後將奏凶犯供摺清理一番。二更後溫古文書說類。四點睡。

二十四日

早飯後散行千步。清理文件。立見之客一次，坐見者三次。丁中丞來久談。閱通鑑六十三卷十葉，六十四卷廿四葉。中飯後散行千步。因府縣當解進京，與藩府談思所以救全之法，躊躇良久。旋至丁中丞處久商。傍夕歸，小睡。在閱本司文件。將府縣了再三斟酌，與藩友久談。二更後核改信稿一件。五點睡。

二十五日

早飯後散行千步清理文件見司道一次又坐見之客一次丁中丞來久坐診脈一次閱通鑑六十五卷三十葉見客一次午初出門至西沽接李少泉中堂迎候良久與張同回余寓因留張便飯丁中丞亦在坐酉初始散去散行千步閱通鑑六十六卷八葉略類記目在見藻帥友二次久談頗摺稿一件將鹽務詳文細閱擬作摺而不能盡日內將交卸矣二更四點睡

二十六日

早飯後散行千步清理文件 見客坐見共八次立見者二次內劉省三吳清卿談甚久閱通鑑六十六卷廿二葉六十七卷七葉中飯後散行千步出門拜李少荃節相談頗久歸李琢英來久談方存之來一談核閱通鑑六十七卷十一葉與藻帥友久談二更後略記類目溫東坡七古四點睡

二十七日

早飯後散行千步，清理文件，坐見之客七次，立見者一次。李承黃談甚久。閱通鑑六十七卷五葉、六十八卷廿九葉。未初請李少泉、丁雨生、劉省三四宴，散席後復談，久談直至傍夕始去。旋陳國瑞來見，一談。寫紀澤信一件，約五百餘字。二更後，將本日所閱通鑑再一核閱。看李腳自膝以下業已腫脹，蓋虛弱已甚矣。四點睡。

二十八日

早飯後散行千步，清理文件，見客六次，又立見者一次。請脉一次。午刻核改信稿，至未正中。飯後改摺。閱通鑑六十九卷三十五葉。小睡片刻。李佛生來一談。傍夕又小睡。旋張翰泉來見一談。略記兩日閱鑑類目。閉目小坐。二更後發摺。四點睡。

二十九日

早飯後散行千步清理文件 坐見之客六次 立見者一次 正雜料理卷摺 午刻丁雨帥來 午末李荃相來 直談至偏夕始去 小睡片刻 核卷摺 羞添許仙屏信一葉 寫紀澤信二葉 閱張清恪公所著學規類編及所選唐宋八大家文鈔 涉獵數十葉 二更四點睡

九月初一日

早飯後散行千步清理文件 立見之客三次 坐見者一次 巳正丁中丞、劉軍門、成逢尉先後來久談 又坐見之客二次 中飯後散行千步 閱通鑑七十卷二十八葉 七十一卷十八葉 略記類目 偏夕小睡 困倦殊甚 核徐旭亭、吳桐雲二人先後久坐 陳雲卿來一坐 核批稿各簿 閱新到文件 二更四點睡

初二日

早飯後散行千步清理文件 出門拜丁中丞又拜成

竹坪未睡歸　圍棋二局劉省三丁雨生先後來久談閱
通鑑七十一卷九葉七十二卷十八葉丁雨生力勸余不
看書不寫字不多閱公牘以保養目光左目甚言言懇
惻深至余將遵而守之中飯後散行千步小睡二次
寫紀澤信三葉傍夕與李勉林久談在與犖甫一談
閱朱子文集十餘葉二更四點睡

附記

陳濬清　不帶　吳大澂　於收束摺內附片調
李傳第　不帶　金吳瀾　附片帶回
吳汝綸　摺調　李興銳　摺調
陳蘭彬　附片帶回　蕭世本　奏補
方宗誠　函補　劉盛藻　奏保
丁壽昌　結案保

初三日

早飯後散行千步清理文件圍棋一局丁中丞來一坐診脈一次又圍棋一局又出見之客二次立見者一次午正出門至河干送丁中丞回蘇未正歸中飯後散行千步閱胡敬齋居業錄酉刻倦甚小睡良久直至鐙後始起夜飯後閱朱子文集數葉閉目小坐二更四點睡

初四日

早飯後散行千步清理文件圍棋二局診脈一次出見之客二次核改摺稿二件片稿一件中飯後散行千步見客一次小睡片刻申初李中堂來久坐燈後始去核改咨稿一件略閱讀朱隨筆近日膝以下浮腫是夜洗腳後以韮葱艾葉蘸燒湯擦之二更四點睡

初五日

早飯後散行千步清理文件出見之客三次診脈一次

圍棋二局　閱通鑑七十二卷十七葉畢　中飯後散行千步　又閱通鑑七十三卷二十九葉　七十四卷六葉　吳桐雲、丁樂山先後來談　傍夕小睡　枉閱張清恪公道統編　是日看書稍多　又不能守丁雨生之誡保全左目　二更四點睡

初六日

早飯後散行千步　清理文件　坐見之客三次　方存之談頗久　旋又見客一次　是日交卸直隸總督印務　午刻交李中堂　巳刻圍棋二局　閱通鑑七十四卷二十五葉　中飯後散行千步　見客一次　出門至李中堂處道喜　談至日晡方歸　核寫紀澤等信　閱通鑑七十五卷十七葉二

初七日

早飯後散行千步　清理文件　坐見之客二次　圍棋

二局，又坐見之客二次，診脈一次，核改信稿數件，巳正刻李

中堂來，即在此便飯，申初去，核信稿一件，閱通鑑七

十五葉十七葉，傍夕小睡，在幕友來久坐，閱七十六卷廿

四葉，目內眼蒙日甚，蓋下棋看書皆費目力也，腳腫未

全消，老態顯然，殊不自持也，二更四點睡

初八日

早飯後散行千步，清理文件，診脈一次，巳初日本國使臣

五人來見，曰柳原前光，曰花房義質，曰尾里政道，曰名倉信

敦，曰鄭永寧，設酒果相待，巳正去，圍棋二局，坐見之客

四次，李雨亭、王灼棠坐甚久，黎竹林自京歸來，與之一

談，中飯後散行千步，閱通鑑七十六葉（卷）五，七十七卷

三十葉，小睡片刻，寫對聯四付，傍夕與竹林久談，因

同在飯，閱通鑑七十八卷十三葉，閉目小坐，閱新到文

件，二更四點睡

初九日

早飯後散行千步清理文件閱通鑑七十八卷十六葉坐見之客四次核近數日所看鑑略記類目閱通鑑七十九卷二十二葉圍棋二局中飯後散行千步又閱鑑七十九卷十四葉畢坐見之客二次閱鑑八十卷十三葉寫對聯三付傍夕小睡核又閱鑑八十卷十一葉閉目靜坐片刻閱居業錄數葉二更四點睡

初十日

早飯後散行千步清理文件坐見之客二次閱通鑑八十卷六葉八十一卷二十一葉坐見之客一次診脈一次圍棋二局閱通鑑八十二卷二十八葉中飯後散行千步閱通鑑八十三卷十四葉倦甚小睡李申夫來自申初至燈後方去又閱鑑十三葉將八十三卷閱畢是日閱三卷零六葉在近日為極多者然目力愈壞不

能守丁雨生保養左目之議，而看書亦涉獵不能深入，殊無謂也。閉目小坐片刻。二更後略閱居業錄。四點睡。

十一日

早飯後散行千步，清理文件，坐見之客三次。將昨日所閱之通鑑重閱一遍，稍加詳慎，至申初始畢，略記類目。巳初診脈一次，圍棋二局。申刻寫對聯七付。未刻寫改信稿一件。傍夕小睡。夜閱通鑑八十四卷二十六葉。二更後又閱居業錄數葉，閉目小坐，四點睡。

十二日

早飯後散行千步，清理文件，料理第二批津案人犯酌定清單，坐見之客二次，改摺稿一件。巳初李中堂來久談，在此便飯，申初始去。雲午峯來一談，張將赴浙江之任，遲也。申初法國繙譯官德微理亞來見圍棋二局。西三丈出京過此來見，劉子務來一談。傍夕小睡，枕閱通鑑四十五卷二十葉，閉目小坐，二更後閱居業錄數葉，四點睡。

十三日

早飯後散行千步，清理文件，見客三次，圍棋二局，閱通鑑八十五卷十葉，此卷似未看清，又重閱一遍。午初出拜李中堂，即在渠處中飯，飯後申初歸。李詠棠、吳桐雲先後來久談。傍夕小睡，程匿方伯來一談，將八十二、三、四、五卷中晉世骨肉相殘之事另寫一目錄，以便省覽。閉目小坐，閱居業錄數則，二更四點睡。

十四日

早飯後散行千步，清理文件，見客三次，安徽學使景鑑泉談頗久，閱通鑑八十六卷三十一葉，寄紀澤信一封。午刻圍棋二局，中飯後閱通鑑八十七卷十二葉忠川至河干拜景鑑泉歸招李日昕閱鑑垂閱一編又閱八十七卷六葉至第十八葉止傍夕小睡旋寫信與成竹坪閱張清恪學規類編十餘葉。更後閉目少坐四點睡

附記

郭子美 在棗園 德州下七十里

滕學蔚 銘軍三營 在臨清

閔克顯 銘軍差員

黃年清 李和轉運局 均在張秋

徐道塋 淮軍水師

程縉式 前任濟寧 在東昌 知府

十五日

早飯後見賀朔望之客多見者數次散行千步清理文件改摺稿一件片稿一件劉省三郭子美來見

巳正李少泉來即去氏久談未初便飯申初始去又
見客武甫成竹林坪先後久坐圍棋二局核与希友
一談添陳作梅信三葉費劬亭信一葉二更後閱居
業錄數葉閉目小坐四點睡

十六日

早飯後散行千步清理文件坐見之客七次圍棋二局
改摺稿一件中飯後散行千步改片稿一件閱通鑑
八十七卷十六葉畢前甘肅林方伯之望來見一談倦甚
小睡頗久將通鑑八十六七卷再一繙閱而其不能清了
昏眩甚矣余之衰也核閱薛文清公讀書錄十餘葉
二更四點睡

十七日

早飯後散行千步清理文件坐見之客一次將通鑑
八十七卷再閱一編用目錄一對始覺清晰又閱八

十八卷十一葉巳正出門拜李中堂久談即留彼處便
中飯飯後拜成竹坪又拜劉肖三郭子美申正歸陳
小蕃來一談又坐見之客一次圍棋二局傍夕吳桐雲
來久坐夜飯後閱薛文清讀書錄約三十葉目蒙
不敢再看二更四點睡

十八日

早飯後散行千步清理文件坐見之客二次閱通鑑八
十八卷廿一葉八十九卷十八葉午初出門至山西會館李中
堂與二三大臣成竹坪及司道等公請餞行至申正二
刻散席始歸寫澄沅二弟信四葉約四百餘字小睡
片刻圍棋見客一次閱讀書錄十餘葉閉目小坐二更四
點睡

附記

○宗信四封

別敬單

西通箱件單　　隨書水路人員單
隨余陸路人員單　　京城送書單
津城啓行單　　津寓書單

十九日

早飯後散行千步 紀澤兒自保定率眷來此一敘 旋坐見之客二次 陳子敬談頗久 巳初李中堂來久談 午末始去 申飯後清理文件 楊藝芳來久談 出門至河下與眷屬一談 酉正回寓 小睡片刻 核料理進京各事及眷屬由水路南行各事 將上年在京送別敬各單斟酌一番 應再送者圈出 閉目小坐 二更四點睡

二十日

早飯後散行千步 清理文件 坐見之客六次 沈仲復坐甚久 將保定零星文件清理 應焚毀者棄之 改信稿二件 派人送信進京 中飯後坐見之客三次 清理應焚棄之

件。又立見之客二次，傍夕紀澤來一談。夜飯後李中堂來，圍棋，至二更四點方去。清理零件，三更後睡。

二十一日

早飯後散行千步，清理文件，坐見之客一次，立見者一次。再將零零件應焚棄者清檢一番。巳初出門辭行，拜會共七家，親拜者數家，未正歸。飯後散行千步，立見之客三次，寫橫披一幅、對聯二付。傍夕小睡，夜改信稿四件。與紀澤及王瑞珍先後一談，二更四點睡。

二十二日

早飯後散行千步，清理文件，坐見之客五次，李中堂坐甚久。午初日本國使臣四人來見，談頗久。中飯後散行千步，坐見之客六次，立見者二次。本日所見皆送行之客，以余明日起行進京也。剃頭一次。紀鴻兒巳午間來。業擬將送眷口由水路赴江南，紀澤則侍余進京耳。在將案上零件清理一番，閉目小坐。幕府來久談，三更去。是日細思古人工夫，其效之尤著者約有四端：曰慎獨則心泰，曰主敬則身强，曰求仁則人悅，曰思誠則神欽。慎獨者，遏欲不忽隱微，循理不間須臾，內省不疚，故心泰。主敬者，外而整齊嚴肅，內而專靜純一，齋莊不懈，故身强。求仁者，體則存心養性，用則民胞物與，大公無我，故人悅。思誠者，心則忠貞不貳，言則篤實不欺，至誠相感，故神欽。四者之工夫果至，則四者之效驗自臻。余老矣，亦尚思少致吾功，以求萬一之效耳。

廿三日

黎明起，早飯。飯後辰初一刻起程進京。李少泉、成竹坪及文武各官送至西沽，寄請呂聖安。於少泉又送數里，余敦人力阻之，始於道旁茶棚話別。行三十五里至蒲口打尖，司道府縣均送至此。中飯後行二十五里，未正至楊村。

小坐吳桐雲周琳琳等送至此別去又行二十五里至蔡村住宿見客三次核清理文件二更後接李中堂信當復信一葉三點睡竟夕不甚成寐

廿四日

黎明起早飯飯後行三十五里至河西務又行十八里至安平打尖午刻始到又行十八里至馬頭又行廿八里至張家灣宿酉刻到坐見之客三次傍夕與幕友小談核津案凶犯名單二更後閱李少泉寄來文件二點後洗腳三點睡

廿五日

黎明起早飯飯後行十四[二]里至通州萬雀儔在東關外迎接在廟內與之一談旋至中倉場總督署內拜萬雀儔出西門走二十五里至定福莊又走二十五里至齊化門進城走七里許至金魚胡同賢良祠居住見之客十

餘次直至極倦未能少息料理明日入朝應辦之件二更一點睡

二十四日

早於寅初三刻即起寅正二刻自宮起行大轎至東華門換坐小轎至景運門卯初至內務府朝房與軍機沈經笙李蘭生文博川先後一談於與恭王一面即退至東路九卿朝房與董醞卿等久談巳正叫起因入乾清門內養心殿之外軍機坐處一坐巳正三刻入養心殿之東間叩請○○皇太后○○皇上聖安旋即叩頭恭謝○天恩○○○西太后問曰爾何日自天津起程 對 二十三日自天津起程 問 天津正兇曾已正法否 對 未行刑旋聞領事之言俄國公使即將到津法國羅史將派人來津驗看是以未敢遽殺 問 李鴻章擬於何日將伊等行刑 對 臣於廿三日接李鴻章來信擬以廿五日將該犯等行刑 問 天津百姓現尚

了雖好了否 奏對 此時百姓業已安謐均不好了 問府尹

前進至順德等處是何居心 對 府尹初奉撤任時并未挑

衅故張等放膽出門 厥後遣人諭知葉臣華條文部孩

貞等惶駭始往順德 雷決第四津 云云 問 你右目現

尚有光能視 對 右目尚一隙之光竟不能視 左目尚屢有光

問 別的病都好了麼 對 別的病算好了些 問 我看你

起跪等了精神尚好 對 精神總未復原 問馬新貽這人甚不甚奇 對 這人很 ~~臣出殿~~

奏問馬新貽辦事 甚好 很好 對 他辦事和平精細於 即臣出殿

門以外歸寓見客四次 中飯後又坐見之客三次 方出門

拜恭邸及寶尚書望家 燈後始歸 寓見客二次 寫

本日之記 寫 二更二點睡

二十七日

早飯後在寓稍一坐 辰初三刻出門入朝 在景運門內九卿

朝房聽候傳宣 巳初三刻後叫名入對 在內朝房小坐

巳正三刻 進見 西太后 問你在直隸練兵若干 對 臣練新兵三

千前任督臣官文練舊章之兵四千共為七千 擬再練三千
合成一万 臣与李鴻章商明遵臣奏定章程辦理 問南
邊練兵也是最要緊的 洋人就很可惡你們好好的辦
去 對 洋人實在可惡 現在海面尚不能与之交戰 惟當
設法防守 臣擬在江中要緊之處修築砲台以防輪
船 問 能防守便是好的 這教案就常常多了 對 教案
近年到處滋事 教民好欺不吃教的百姓 教士好庇護
教民 領事官好庇護教士 明年法國換約須將傳教
一節加意整頓 問 你幾時出京 對 萬壽在邇 臣隨班行
禮後再行跪安請訓 ○○太后旋与帝見之以額駙景壽
說話命余明日毋庸遞牌 旋退出殿外 歸途拜單地
山先生 到寓後去見之客四次 中飯後出見之客二次 出
門拜客四家 僅黃、愍皆得晤久談 日晡歸 在園棋二局
將上年別影、行程對一遍 應辦者記出 二更三點睡

二十八日

早飯後散行千步清理文件 出見之客五次 出門拜客十餘家惟胡雲林 董醞卿 王蘆重得会未正歸中飯後散行千步出見之客二次 出門拜客至文博川協中堂處一談歸已更餘 在飯後与客園棋二局 二更三點洗腳後閱紀鴻兒領出落卷 四點睡

廿九日

早飯後散行千步清理文件 出見之客凡八次 巳正出門拜客七家 申初至黃昌岐家渠請便飯直至日晡方散歸署已燈初矣 在飯後園棋二局与紀澤一談因各處有請小讌者 卻之則不恭赴之則難於酬應踟躇頗久 二更四點睡

十月初一日

是日孟冬時享 奉派入坤寧宮吃肉 寅正一刻起飯後

入朝卯初一刻五分至兵部朝房与諸大臣坐談頃之卯正

二刻傳入乾清宮又与衆王大臣立談三刻入過交泰殿

至坤寧宮皇上坐西南隅槅上背南嚮北向而坐各王

大臣以次向西而坐以南爲上第一桌南首爲惇王恭王以

次而北第二桌又自南而北余坐第五桌之南首一位初進

釘盤小菜醬瓜之類一碟次進白肉一大銀碟次進肉絲

湯飯一碗次進酒一盃次進奶茶一盃約兩刻許退出左

兵部朝房聽起已正方散歸寓見客六次中飯後見

客一次出門拜客三家未晤至諸車門之太夫人處久坐

歸已晡矣小睡片刻夜飯後圍棋二局閱崇地山所送

歷代名臣傳節錄二更四點睡

初二日

早飯後清理文件坐見之客三次出門拜客由東單牌

樓四牌樓至後門外拜至西四牌樓阜成門等拜会

拜恩文秋山彭芍庭兩家〻餘俱親拜出順成門是日移
居法源寺未正二刻到中飯後坐見之客五次酉初至
李蘭生處拜會談頗久燈後歸何子惠來一談曹
鏡初來久談疲乏殊甚閱董醞卿所送鳳嘉祇謁
筆記二更四點睡

初三日

早飯後清理文件坐見之客七次天津府縣二人談甚久
不復能治事矣小睡片刻中飯後出門拜客會者四家
餘俱親拜燈後歸 勞六世兄來見久談與客圍棋二
局二更後閱湖南題名錄及闈墨等四點睡

初四日

早飯後清理文件坐見之客二次談頗久巳正出門
拜客未正二刻歸 拜會者四家餘俱親拜中飯後圍
棋二局風雨陰涼故下半日未再拜客晡時到省三

來一談渠本日奉○○旨督辦陝西軍務在与紀澤
談及送別數子余衰頹日甚全無記性即應酬之事
亦復不能妥為思慮本日閱省三言長江水師弊端
百出尤以不能整頓為愧小睡片刻二更三點睡

初五日

早飯後清理文件見之客一次辰正出門拜客會者數
家歸多親拜午正歸圍棋一局中飯後見之客七
次如孫萊山李蘭生等談皆甚久酉刻客散倦甚小
睡是日有送壽禮中書畫等物僅一審觀旋即
退去晚在閱朱伯韓所刻詩文集眼蒙殊甚較之在
天津時又不好矣二更四點睡

初六日

早飯後清理文件見之客六次与客圍棋二局午
正請趙曾向診脈於醫目疾中飯後見之客

六次是日軍機大臣面奉○諭旨令余即日請訓前
赴西江之任余已定初八請訓矣繼念初十須拜○万
壽仍改為十二請訓桂張翰泉來一談小睡片刻
左目蒙眬殊甚幾不能作字矣二更四點睡

初七日

早飯後清理文件是日小雨霏微天氣作寒辰刻
後出見之客六次午刻圍棋二局中飯後在室中散
步良久出見之客一次申正將剃頭甫散髮而幽省
三來與之一談客去晡黑不能剃頭矣小睡片刻
桂曹鏡初陪醒性和尚來一談所送楞嚴經指掌
疏余偶一繙閱仍當研詳又繙閱朱伯韓所著
古文二更四點睡

初八日

早飯後清理文件出見之客四次午刻圍棋二局中

飯後小睡片刻見客三次剃頭一次是日辰刻將各
別敬單校核一遍倦多小睡極閱魏碑文兩看四
書文本日送來者眼蒙屢次小睡與紀澤論送
別敬事二更四點睡

初九日

早卯正三刻起吃飯料理等事於辰初二刻出門道塗泥
濘不敢坐轎雇車一輛行六刻至巳初始抵景運門余
本日呈摺請訓已早奉傳宣召見矣亟進乾清門
至內奏事處與六額駙景壽同坐約三刻許始進
養心殿東間叩叩慈禧皇太后問你幾時起程赴江南
對臣明日進內隨班行禮〻畢後三兩日即起程前赴
江南 問江南的事要緊望你早些兒去對即〻速
去不敢耽閣 問江南也要練兵 對 前任督臣馬
新貽調兵二千人在省城訓練臣到任當照常

操練 問水師也要操練 對水師操練要緊海上現造有輪船全未操練 臣去擬試行操練長江之中擬擇要隘處試造砲臺 外國洋人雖不能遠與之戰也須設法防守 問你從前用過的人比別好的尚多麽 對好的現在不多劉松山很是好的今年蹧蹋了可惜 問實在可惜文職外官也有好的麽 對 文文職外官中看看都有好的 問水師還有好的麽 對好的甚少若要操練輪船須先多求船主 太后少停未問後告以額駙曰令他跪安 余立起退至簾前後跪請

聖安 跪安即出乾清門至東華門外拜客四五家惟官中堂及寶大司農兩處得會申刻至蔡王處未會歸寓已酉刻矣在園棋二局刻本日公子及各處送禮稍一查閱二更三點睡

初十日

寅初起（是日為慈禧皇太后萬壽）飯後二點一刻七分出門坐轎泥濘直至卯
初二刻始至景運門在兵部朝房久坐於由景運門
穿過隆宗門又在工部朝房一坐直至辰正始隨〇〇
皇上在慈寧門外行禮〃畢在朝房吃點心江西
按察史俊達所備也於出門至黃慰皆家久坐午初
二刻出至竇佩珩家赴請戊戌同年賓主凡七人午正
三刻坐席申正二刻散余回寓已燈上矣寫昨日〃記寫
中人預祝生日改信稿一件將應送別敬之人再加料理一番
二更四點睡

十一日

黎明起寓中拜壽者數起是日為余六十生日飯後步
行即出門細雨泥濘至長沙會館一坐全豐一人在館
留居遂謝客三家自長沙館出又至辰沅館齊

廣館上海津館各至三處官有人陪行於又至西頭
麻線胡同拜秘康臣未正始至湖廣會館南北同鄉
唱戲公請一則替接進京同鄉向有公錢之局一則
借此為余祝壽也聽戲至酉正鐙上時始歸 在飯
後清理文件對省三來久談二更四點睡

十二日

早飯後清理文件 見客一次 將別敬各單核對一次中
飯後寶佩珩延蘅溪來一談 未正三刻出門拜客三家
惟文特川浔晤久談 黑時歸 小睡片刻 在飯後
圍棋二局 張竹汀涂心畬來 久談 陳小蕃來一談 再
將各單核對一遍 二更四點睡

十三日

早飯後清理文件 坐見之客二次 圍棋二局 閱看崇
效寺老僧智朴青松紅杏手卷 將作詩而不果 中

飯後見客七次 小睡片刻 傍夕鄭小山來坐談 旋
袁子久來一談 曹鏡初殊壽洪來一談 二更後作七
絕一首 寫於青松紅杏卷子之上 是日紀澤將吾
處別敬單交付清林之 而雇車久未議妥 明日恐
不能成行 殊為焦灼 四點睡

十四日

早飯後清理文件 坐見之客四次 圍棋二局 是日擬出京
以車輛未齊不果成行 常在室中散步 盤旋 中飯後
見客三次 陳仲鸞及陳小舫談頗久 傍夕小睡 旋寫澄沅
兩弟信四葉 約四百餘字 旋閱述友松禪查華記 二更
四點睡

十五日

早飯後裝車 出京 辰初起程 巳正至長新店打尖
見客二次 旋又行三十里至良鄉縣 自西關外三里之

魁星寺（東四回）住宿未正即到見客二次陳舫仙送壽禮丞
比倉卒不能覆信旋接紀鴻及叶亭鶴信係在
臨清所所發與比宮四信三葉常々交來處帶去亥
初刻睡日內左目益蒙轄中不能看書便覺衰嬾。
不治一事矣

附記

彭養書託寄信吳永寧河大王將軍書事
又託吳請三代一品封典項吳
又託論徐道用銀五万餘兩未出報銷經費。
賀儀仲託領戊午鄉試公費
李德英極言滬所五官屯藍得妻將來也其兄藍
大妻之肯用之事

十六日

早卯初二刻起飯後黎明起行々二十五里辰正二刻至霽

店小坐又行四十五里未初至涿州住宿畫見之客二次中飯後又見客二次閱論語述而第七至顏淵第十二止細看朱註傍夕小睡旋再閱論語二更初睡蓋亥初也近實為亥初睡卯初二刻起

十七日

早卯初二刻起飯後黎明起行行三十里至三角店小坐又行三十里午初至新城縣住宿因泥濘查途轎行快而車行極遲故每日僅行六七十里因車到甚遲也查轎中思廿二日日記所云思誠則神欽此不若云耐苦則神欽蓋必應於取而儉於用勞於身而困於心而後為鬼神所欽伏皆耐苦之事也中飯後圍棋二局趙惠甫自保定來至此久談旋王仲山同年來一談張稼新城人來此送別閱論語顏淵子路憲問等篇二更一點睡

十八日

早卯初二刻起飯後行三十里巳初至白溝河小坐与
惠甫一談旋又行四十里未初至雄縣保定司道錢調甫
費幼亭陳作梅等六人在此迎候三日矣与之
久談旋又中軍等坐見二次中飯後作梅調甫緩之三
人先後來久談傍夕余步行至調甫緩之兩店一談
夜飯後趙惠甫來久談二更三點睡

十九日

早卯初二刻起飯後錢調甫等司道六人來見話別与談
片時旋上轎行三十里至鄚州小坐見客一次旋又行四
十里午正二刻至任邱縣住宿在轎中久睡不穩一覺
未刻与紀澤一談行程應走滄寧抑走泰安躊躇
未決申刻圍棋二局晡時小睡燈後惠甫來一談
閱下論語畢二更三點睡

二十日

早飯後黎明開行〻五十里至河間府北二十里鋪府縣及主員等在此迎候接晤一談旋又行二十里至河間府城住宿時甫午正見客三次未初諸惠甫在此同飯〻後李勉之子李蔚生吳摯甫來一暢談勉與摯將與我同赴江南蔚則自保定來此送行也在轎中閱上論學而為政八佾各註服蒙殊甚深以看書為苦酉正與竹林圍棋二局至初更後卒粥飯後閱里仁註惠甫來久談二更二點睡

二十一日

早飯後黎明起行〻三十里至商家林打一茶尖又行三十里至獻縣打尖〻見客三次午正又起行〻四十里至富莊驛住宿大廣順道李文敏來此

送行去張大名治所已五百餘里與之暢談於文見客一次小睡片刻李勉亭吳摯甫李佛生黎竹林薛耕耘等弁來一談皆隨余南行者也在惠甫來同飯飯後李捷峯文啟又來一談 二更三點即睡

二十二日

早飯後黎明起行 三四十里至阜城縣打尖見客三次 中飯後行 五十里至景州住宿 住開福寺 景州城三面皆有積水圍繞 迂道十里許 繞至南門始克進城[illegible]見之客一次 旋李佛生來一談 李勉亭吳摯甫來久談 晡時小睡 未申間在轎中溫易乾坤屯蒙需五卦 眼蒙日甚 轎中日光穿入尤不相宜 夜再溫易經訟師比小畜履泰否七卦 小睡二次 二更二點睡

二十三日

早飯後黎明起行行四十里至留智々廟打一茶尖見客一次又行二十里至德州住宿城守尉富明在一々店茶請 聖安午正到店坐見之客五次眼蒙不能治可中飯後會客二次圍棋一局於又會客一次小睡兩次閱湘潭湘鄉衡山哥老會案可甚為猖獗不勝焦慮并閱沅市常豫之進剿有小挫之說尤為焦憂灼看溫易經同人大有謙豫隨蠱臨觀八卦二更二點睡

二十四日

早飯後黎明起行行七十里午正至恩縣打尖坐見之客二次尖後又行三十里申初二刻至腰站住宿巳午間查舊中溫易噬嗑賁剝復无妄大畜頤大過八卦未正又溫坎離二卦腰站係平原縣境

是日讀易未來齋 差自行租鍋店買食 而已 酉正
小睡 兩次 桓飯後 溫易咸恒遯大壯晉明夷六卦
勉亭攀甫來坐一談 二更二點睡

二十五日

早飯後 黎明起行 行四十里至高唐 初打尖 兒子肇
至新店打尖 至高唐之南二十里 集(佳)於巳正二刻
自高唐起行 行七十里至茌平縣打宿 東昌府知
府程繩武秀薇泉 特來此迎接 五年前在湾穿御
共事之舊游也 在轎中溫易家人睽蹇解 損益
夬姤萃升困井十二卦 日光穿轎射目 屬作屬
止是日途中泥淖處 皆已成冰 寒氣漸深矣
酉刻又見客一次 桓飯後溫易革 鼎二卦 紀澤
來談頗久 二更二點睡

二十六日

早飯後黎明起行，行六十里，午正初二刻至桐城驛打
尖，東阿物境也。過小河一道，係黃河分支，亂出與夏間
盛漲分流，冬日涸耗，有土橋矣。中飯後午正二刻起
行，行三十五里至大河口，渡黃河，渡畢後行十八里
至舊物住宿。在轎中溫易經震、艮、漸、歸妹四
卦，於巽、兌八卦未申間，又溫渙、節、中孚、小過、既濟、未濟
六卦。至舊物見客二次，接李少泉信，知長女適袁氏
其於九月下旬去世，為之傷感。日內有兩深慮：其家鄉
哥老會滋事，恐擾及桑梓丘墓；又恐沅弟帶兵來鄂
得手。不料兒女中有袁氏女之變，老境頗惡，不堪傷
感。寫紀澤兒一諭。溫易繫辭上傳前十章。二更二點
睡。

二十七日

早飯後黎明起行，行六十里，午初至東平州打

尖知縣為宗祖駿號偉度昔年舊識也飯後又行七十里申正二刻至段上邨住宿是日共行一百三十里出京以來惟是日行路最多在轎中温易繫辭上傳末二章下傳十二章未申間温說卦傳途中思余年來出處之間多可愧者為之踴躇不安如負重疚年老任高豈堪常有咎悔之乃想再温繫辭傳與紀澤一談接信知家眷船尚在清寧明日即可会聚江南戈什哈來接之到文件頗多二更二點睡

二十八日

早飯後黎明起行、四十五里至康莊驛打一茶尖又行四十五里至清寧（未初二刻）縣住宿途次迎接者頗多屢次下輿為禮在轎中温書經堯典舜典大禹謨到清寧後坐見之客三次中飯後坐見者三次立見共三次。兗州知府沈鷺卿來談稍久。申正至高河下船，申與眷屬一談。晡時回公館小睡。夜溫書經皋陶謨、益稷。二更二點睡。

二十九日

早至辰初始起，此途次較晏。飯後料理雜事。旋出門拜客五家，會晤者一家。遂登舟，將由水路下清江至江寧也。會客四次。過船與眷屬一談。中飯後會客一次。圍棋一局。謝三文、田家左氏同行來會一談。申正開船，行十里許，至趙村閘灣泊。剃頭一次。小睡。酉刻旋坐見之客三次。溫書經禹貢九州，旋溫至篇末。二更二點睡。

三十日

早黎明開船，行三十四里至新店閘，因逆風不能渡湖，遂停泊。竟日溫書經，自甘誓至武成，傍夕止。巳刻見客二次，申刻見客一次。午刻圍棋二局。晡時小睡。目

力用々稍過彌覺昏蒙 在溫洪範旋歇二更後
睡

閏十月初一日

黎明早飯後舟師以為風比昨日較小可以開船過
南陽湖甫行十里風力轉加不能渡湖即行灣泊竟日
溫書經金縢起至多方止眼蒙屢次小睡午刻圍
棋二局 兒輩來船 与語兩次請醫人向旭亭診脉
一次 二更後睡

初二日

黎明早飯後開船逆風用舢板拖行々四五里風盛不
能前進停泊片刻旋又勉強開行拴縴行走々四
十里至南陽閘停泊片刻旋又行十二里至趙家閘
泊宿已上鐙矣溫書經自立政至秦誓畢申初後
再溫金縢大誥康誥酒誥梓材因眼蒙屢次小

睡昔年於悰獨居敬等已全未用功至今衰老集甚把
握悔之晚矣二更後睡天氣頗熱饍後大汗沾被褐
更衣物以後便不甚成寐

初三日

黎明起開船行晝至晡時泊宿在於澱山湖中之王家
橋去夏鎮三里許是日共行九十里卯辰間順風行
三十餘里巳初以後風漸小亦尚順行六十里已入江南
沛縣境矣在舟再溫召誥洛誥於溫左傳隱公桓公莊
公巳正寫澄沅兩弟信五葉午刻圍棋一局未刻接
廷寄公文等件旋接澄沅兩弟十月初十十一日信知
哥老會匪業已勦滅夜與紀澤久談二更二點睡
燈時初泊船坐見之客二次立見者一次

初四日

黎明起開船行晝值東北風北風順而東風則逆勉強

行十里許至巳刻東風太大不復能行即在湖中停泊竟日溫左傳閔公僖公文公共百六十六葉午刻再寫澄沅兩弟信四葉酉刻畢見之客一次餘則屢溫書屢小睡目蒙不能久視故常睡以養之極與叶亭暢談二更二點睡

初五日

黎明起開船行走風色與昨日同但略小耳在漷山湖中撐篙而行兩岡有淺處船底磨石子犖确有聲行至酉初僅走三十里至鄗山住宿該處為漷山湖盡處仍入運河口口門淺阻異常派撥十人牽挽始得入口又等候看屬之船良久牽挽入口在舟中溫左傳宣公成公至襄公九年止共百七十葉涉獵一過不能深求屢次小睡以息目力未刻見客一次申刻圍棋二局寫丁雨生中丞信一封

夜間蕭帥友委員來一談二更二點睡

初六日

黎明起開船行走無風拉縴下行行三十五里至韓莊閘小停灣泊見徐州府孫各官在舟溫左傳兼公百六十三葉申正牽下半日又行三十五里至際隆橋泊宿（西張莊閘也）夜船泊時擱淺牽挽良久始得活動歐陽鎮利兒自清江來接與談頗久兒子[illegible]年來一談二更二點睡

初七日

黎明起開船行走仍恃拉縴以行行五十三里至台兒莊又行六里泊宿係江南邳州境未申間徐州道吳子梅世熊與其弟方元徽駿謨來見談均久又坐見之客二次三見某四次在舟溫左傳昭公一百七十三葉因眼蒙屢次小睡是日閱江寧馬制軍被刺之案業已訊明夜與歐陽鎮一談二更二點睡

初八日

黎明起開船行走細雨派多夫拉縴而行〻二十里許
至伽溝遲李幼荃送其兄嫂少泉之夫人赴直隸經過
此間彼此停船會晤余見客坐見者五次立見者三次幼
泉談甚久旋坐小船至幼泉處回拜未初中飯後再
開船行三十里至徐塘口泊宿又坐見之客二次方元徵
談頗久溫左傳昭公定公哀公五卷共百五十九葉尚
餘一卷未竟核坐見之客二次日間屢次小睡二更
二點睡

初九日

黎明起開船行走是日順風水涸而風緊雖不掛帆亦
行走特以水多擱淺之處屢次阻滯牽挽許久船
始活動故雖行船竟日僅行五十七里至宿遷之窯灣
泊宿以阻淺六七次故也上半天溫春秋之末卷三十七

葉又溫貽公後二卷下半日改李申夫等信稿二件
又屢次小睡桓閱杜韓七古見客坐見者一次立見者
一次二更二點睡

初十日

黎明起開船行至是日水至甚淺 甚霧而風不甚順舟
行竟日僅走八十五里燈後丞宿遊泊宿巳刻以前閱蘇
黃七古午後溫禮記曲禮上下 是日立見之客二次坐
見者一次午未間圍棋二局巳刻閱公牘十餘件上
半天小睡二次下半天小睡二次此次在濟寧昨舟順
流而下遲滯如此寸心為之不快幸接家信兄弟和合家
平安差足慰耳 桓坐見之客一次立見者一次溫蘇詩
七古二更二點睡

十一日

黎明起開船行至風雖順而河多灣曲時順時逆

行至鎮後始抵桃源約行百里上半天小睡兩次閱魯
通父所撰邳州志於溫櫨弓上下至鎮後始畢下
半天小睡一次寫李少泉信六葉在又添寫一葉
坐見之客四次立見者二次王子蕃談甚久二更後閱
丁雨生中丞丁內艱與紀澤等一談二點睡

十二日

黎明起開船行去河曲風平挽縴以行行八十里於未初
抵楊莊坐見之客四次立見者三次旋又開船行二十里
過天妃閘下泊宿在舟溫王制月令屢次小睡天妃閘
閘上之水比之閘下不過高一尺許各船搖櫓順流而
下亦最艱險獨余與內人兩船官弁支役格外慎
重遲滯良久始得放下所謂瓦注賢於黃金處處
有然矣在坐見之客兩次立見者一次二更後王子蕃來
久談三點睡

十三日

黎明起開船行走行廿五里於巳正抵清江浦灣泊見客坐見者三次主見者二次午初出門拜客在錢嵩仙同年處久談未初至歐陽健飛總戎處即在渠處中飯同席者為嵩仙及張子青之弟張之京馬蘭樵申正方散歸船巳酉初矣見客坐見者三次主見者二次辰巳間在舟溫曾子問及文王世子十葉柏閱寶應朱武曹先生彬遊道堂集二十餘葉余座師朱久堂公士彥之父也目光甚蒙二更二點睡

十四日

黎明起飯後見客一次於開船行走行三十里至淮安府西門外灣泊舟中見客二次停船後丁柘唐晏來會山陽之宿儒也余上岸進城至柘唐家回拜歸舟未初後開船行五十五里至戴家灣住宿途中見客

二次飯後又見客三次未申間温文王世子禮運於閱法
詩獻公所抄纂之在政摘要於閱花志匯呈之仕
隱圖等詩 二更二點睡

十五日

黎明早飯後見王子蕃一談開船行走行三十里至
寶應縣是日風色甚順又行百二十里至高郵州泊
宿舟行時坐見之客五次申刻見李質堂酉刻見李
眉生談均甚久温禮記禮器郊特牲内則 以睡故
次李眉生帶來所畫之金陵官紳昭忠祠及近
作詩數首讀之感嘆 二更二點睡

十六日

黎明飯後見客一次旋開船行走行三十餘里至露筋祠
登岸看隄工至三十六湖樓一覽又行十里再登岸看
隄工是日屢次見客皆自揚州來迎接共約十六

七次，幾無片暇，直至二更四點，客始稍散。是日未能
看書及作他事。三更睡。

十七日

黎明起，飯後見客多次，巳初出門拜客，會者多，至家，未
會者數家。午正三刻至何廉昉家赴席，同邑各官与
紳士公請。未正初坐席，直至酉後戌初方散，歸船已夜
深矣。見客三次，擬寫信稿二件，寫同鄉及揚州
紳士謝席。三更睡，不甚成寐。

十八日

黎明早飯後見客多次，巳正出門拜客，吳世兄一家小生
吳名內湘，字渙潘，吳文節公之子，蓮芬觀察定錫之姪女也。
旋至魏蔭庭家赴宴，渠約定不唱戲，至則仍設音
尊，陪客黃昌岐、李質堂、方子箴等，申正二刻散。又
至湖南會館赴宴，亦係吾鄉同鄉公請，主人係默

達孚軒次蘇易均蓤等在深出城歸船將二更
矣又見客七次三更睡不甚成寐

十九日

黎明飯後開船行至揚州河官新換大船因溜急不敢
正行用船尾倒行二里餘始轉頭以船首向前行二
十餘里至三汊河以小輪船拖帶行至辰巳間小睡頗
久黃昌岐來船久坐又坐見之客三次中將至瓜洲口
梅藩司啓照賈臬司益謙等四人自江寧來
接又見客二次閱江岸崩塌恐瓜洲將淪於波心
因至該處查看先至龍王廟關帝二廟次至江岸塌
處次至瓜洲洲中委員薛觀察書常留吃在
飯回船已二更後矣又見客三次眉生暨壺等
坐頗久三更睡

附記

丁太夫人黃氏　　吴老夫人張氏　　馬穀帥

二十日

黎明飯後見客一次開船出口至江中繫於輪船之後拖帶行走辰正三刻開行申正即至下關灣泊城中司道及各官員來船迎接見客六次一面開船入內河燈後至旱西門以下四里許泊宿是日在舟添寫李申夫信四葉作挽聯二首一挽馬穀山一挽丁太夫人皆粗拙不稱意閱唐人万首絶句選二更三點睡

二十一日

早飯後黃昌期來坐旋開船用小輪舟拖帶行至旱西門下淺阻因小停泊至巳初二刻登岸至接官廳漕帥与將軍織造司道等迎接恭請 聖安禮畢小坐茶罷進城借住鹽道衙門坐見之客十次直至申末方散小睡片刻因昨日挽聯不甚稱意思一改而未能於吳彤

雲未久談 二更三點睡

二十二日

黎明早飯後清理文件 是日官巳刻接印 拜牌 拜印 坐堂接見書吏等禮畢 接見道喜之客十三次 府廳州縣等見者共見七班 每班十人 小坐一談 中飯後李小湖張子青來久談 又坐見之客一次 寫丁太夫人挽幛一幅 申正出門拜客 晤魁將軍一談 旋至馬穀山處吊唁 已上鐙矣 歸寓飯後吳摯甫吳彤雲先後來久談 改丁中丞信稿一件 二更四點睡

二十三日

黎明早飯後清理文件 坐見之客七次 立見者二次 府廳州縣等見者共見五班 每班十人 午未出城送張子青歸清江 在水西門外官廳公送 歸署後魁將軍來会 未正中飯後見客 立見者一次 坐見者一次 閱本日

文件甚多申正圍棋二局傍夕小睡夜閱李文趣
味之屬二更後核改信稿數件　三點睡

附記

陳大源　張雲吉須西商黃

廿四日

早飯後清理文件見客坐見者三次立見者三次又
府廳州縣接見四班每班十人又佐雜接見六班每班
十人又坐見之客三次洪琴西坐最久中飯後略閱
本日文件未畢出門拜客織造及吳竹如李小
湖三處各一談傍夕歸極將本日文件閱畢又
核批稿簿未畢二更三點睡

廿五日

早飯後清理文件坐見之客四次衙門畫期日立見
之客四次內有同佐雜五班每班十人猶坐見之客

四次内江西学政徐郙及馮竹如坐甚久中飯後黄軍
门来一談又立見之客一次阅本日文件甚多又核
批稿各簿未畢傍夕桐雲来久談在富副都統
来一談又核批稿各簿二更畢三點睡夜间小便
偶覺便壺在側起床裸行甚以為苦近来多每
夜兩次小便其亦衰徵也

附記

復吴閔防并札　復吴薪水單

四馬四爺信

廿六日

早飯後清理文件　立見之客三次出门至河下拜江
西学政徐頌阁又拜四川翰林黄湘旌進城拜黄軍
门又与黄同至文廟看续修工程崇聖祠尊經阁飛雲
阁等處又新製樂器琴瑟簫管鐘磬柷敔之

類又至書局拜張嘯山唐端甫諸君子旋拜孫琴西一談歸署已未正矣中飯後閱本日新到文件未畢又見客三次勒少仲坐甚久客散已黑矣夜飯後閱本日文件核批稿各簿二更後靜坐片刻三點睡

廿七日

早飯後清理文件坐見之客六次立見者五次午初圍棋二局旋吳彤雲馮竹如來一談中飯後郭慕徐來見閱本日文件天陰早閤傷夕小睡核科房批稿簿二更後出惜陰書院經解詩賦題久而不就甚矣余之荒廢也三點睡四更未醒又擬題目思索不已心如枯井直至天明全無所會

附記

○江筱雲信

○京中毛英信

○湖北李郭信

○家中澄沅信

廿八日

早飯後清理文件立見之客二次旋出門拜客會其三家親拜共八家未刻歸中飯後坐見之客三起閱本日文件未畢寫匾對數件晡時賀蔗樵與其姪來一談旋將本日文件閱畢核批稿各簿甚多二更後畢閉目少坐三點後睡本日目力用之稍過又覺昏蒙

廿九日

早飯後清理文件坐見之客八次立見者四次改信稿五件中飯後坐見之客三次改信稿一件陳虎臣談甚久閱本日文件未畢晡時小睡旋將本日文件閱畢郭意城來一談核批稿各簿二更二點睡不甚成寐

附記

江南境內河工應派員勘估河南陳引河外進占及搶險各工須千二百万兩

十一月初一日

是日冬至未明起至明倫堂拜牌在途次已天明矣率屬行禮畢旋至文廟行香亦行九叩禮禮畢還署謝絕各客已正圍棋二局午刻小睡中飯後閱本日文件改信稿二件申刻閱人所送壽屏三付見客一次小睡片刻核溫太守閱惜陰書院課卷二更二點睡

初二日

早飯後清理文件坐見之客七次立見者八次蓋副參游之候補者又坐見之客一次核科房批稿簿未畢中飯後又坐見之客三次核批稿之簿畢閱本日文件小睡片刻酉初圍棋一局旋又小睡核坐見之客一次寫慎獨主敬求仁三條每條疏證二百餘字以

為等年蓋僅言之資共七百餘字二更三點睡

初三日

早飯後清理文件 坐見之客二次 立見者六次 旋又坐見之客四次 洪琴西坐甚久 午核科房批稿信 午刻圍棋二局 中飯後張嘯山來一談 閱本日文件 未刻寫對聯三付 內壽對一付 傍夕小睡 夜核本日文件 閱筆 與紀澤一談 寫習勞一條約四百字 二更四點睡

附記

退錢洪等禮　　°送家鄉禮　　賞巡捕差

官單

初四日

早飯後清理文件 核批稿各件 坐見之客五次 立見者五次 午刻見客一次 應敵高談頗久 未正至黃昌期家中飯 陪客者魁

時若將軍富桂卿副都統忠心一 織造申書敬
酉初二刻歸署閱本日文件未畢倦夕小睡核將
本日文件閱畢核改信稿三件 旋將昨二日所寫
四條書跋於後約近二百字二更三點睡

初五日

早飯後清理文件 坐見之客三次 立見者一次 巳正朱修
伯來久談 旋核科房批稿簿 中飯後未正二刻出門至
織造局觀所辦大婚活計 閃緞粧緞蟒緞之類 又觀
工匠織閃緞被褥之類 申正歸 坐見之客一次 閱本日文
件 剃頭一次 核寫澄沅兩弟信 甫寫二葉 接兩弟信
知科九姪於閏十一月十一日病故 少年入泮 氣質純厚
不意遽爾不祿 家運不順 丁口不利 尤恐澄弟夫婦
悲傷致疾 為之憂焚不釋 旋將家信寫畢 共六葉
二更三點睡

初六日

早飯後清理文件，坐見之客九次，立見者一次。其中如涂朗仙、陳筱臣談均甚久。未刻陳荔秋自滬來，見談甚久。又坐見之客二次。申初至魁時若將軍處赴宴，燈後歸。閱本日文件，核科房批稿簿。二更後眼蒙，閉目小坐。三點睡。近日為見客所苦，本日則所見尤多。

初七日

早飯後清理文件，坐見之客七次，其中程敬之、王子蕃坐甚久。核批稿各簿。午刻圍棋一局。中飯後閱本日文件。出門拜客二家，不晤。申刻至藩府，要一談。酉初見客一次。傍夕小睡。在閱惜陰書院課卷，係請李小湖評定甲乙者，旋閱試律叢話。二更三點睡。

初八日

早飯後清理文件 坐見之客七次 核批稿各信 中飯後閱本日文件 閱至外洋上海新聞紙 若昏睡不醒 旋坐 唐端甫來一談 申末酉初圍棋二局 在閱漢官儀 多不能了 閱試律叢話 鄧彥甫來 言上江水淺 輪舟不能至湖口以上 因與管駕官一商 另作札與他輪船 核稿 二更三點睡

附記

○寄應敏齋信 薦吳唐林

○寄劉韞齋信 薦賀儀仲 並言鄧秀卷上

○寄張子青信 言派署藩司事

初九日

早飯時忽發眩暈之症 幾墜於地 不待飯畢而小坐 移即小睡 旋見客二次 核科房批稿簿 未畢

朱修伯來久談。是日本請修伯吃中飯，因病不能親陪，命紀澤陪之。余中飯尚能吃兩碗，旋與修伯一談。閱本日文件。傍夕小睡。核閱陶學士安文集。二更二點睡，三更四點即醒，以後不成寐矣。默坐自思衰病如此，殆難久支耳。

初十日

是日衙門生期，因病不能見客。旋立見之客一次。李邇瑞來見，談及其嫂劬生之夫人近況貧苦，因以百金寄贈。旋診脈二次。王子蕃談頗久。核批稿各簿。小睡。在床上眩暈一次。坐見之客一次。中飯後閱本日文件。立見之客一次。核摺稿二件，片稿一件。小睡片刻。寫信二葉。核信稿一件。傍夕又小睡。核改信稿二件。閱困學紀聞。二更三點睡。是夜未小舒，殆因藥中有附片之故。

十一日

早飯後清理文件，坐見之客四次，朱修伯坐最久，核批稿各簿，兩次診脈，眩暈症尚未愈，行立皆怯，惟坐時略安穩耳。旋坐見之客一次，立見者三次，中飯後閱本日文件，坐見之客二次，傍夕小睡，夜閱困學紀聞，二更三點睡。

十二日

早飯後清理文件，坐見之客九次，立見者一次，核批稿各簿，兩次診脈，中飯後劉開生來久坐，易芝陔來一談，閱本日文件，許仙屏送有碼碯，中具積水者，與冬青相類，紀澤命匠以金剛鑽鑽之，取水點於余右目中，閉目少頃，傍夕小睡，夜改信稿十餘件，閱試律叢話，二更三點睡。

十三日

早飯後清理文件立見之客三次核批稿各信來草診脈二次圍棋二局張廉卿歐陽星泉自湖北來談頗久將批稿簿核畢中飯後歐陽凌雲李季泉先後來久談閱本日文件傍夕小睡旋凌雲姊姪來一談閱揚州新刻之孝經一編二更三點睡

十四日

早飯後清理文件坐見之客八次立見者二次潘琴軒劉仲良談較久診脈二次圍棋二局核批稿各信中飯後閱本日文件閱韋蘇州詩坐見之客三次陳荔秋坐稍久旋改信稿三件閱文選五古數十首二更後凌雲姊姪來一談三點睡

十五日

早飯後清理文件　坐見之客五次　衙門期也　王子壽

稼竹林先後診脉核批稿各〻論中飯後稼有林來一談李季泉來一談是日請季泉與凌雲耕姪小宴余有病不能陪命紀澤陪之閱本日文件偏夕小睡旋與季泉一談旋閱試律叢話改信稿數件二更後凌雲來一談三點睡三更末醒發眩暈一次

十六日

早飯後清理文件陳松如來坐甚久旋〻立見之客一次出見者三次核科房批稿〻請診脉二次中飯後閱本日文件圍棋二局章价人陳荔秋先後來久坐偏夕小睡旋與李季泉久談二更後閱文選雜詩雜擬三點睡近日病體吃飯時如欲作嘔者然本日王子蕃華方用硫黃乾薑稼竹林則用生地等平胃之品因服稼方尚得平穩

十七日

早飯後清理文件，坐見之客五次，立見者二次，核批稿各簿，診脈一次。中飯後閱本日文件，見客一次，談頗久。圍棋二局，坐見之客三次，潘琴軒及洪琴西坐頗久。夜飯後閱古文詞雜類下編。本日服王子蕃方腎氣湯，尚平順。二更三點睡。

十八日

早飯後清理文件，坐見之客六次，立見者一次，王子蕃診脈一次，仍用附桂乾薑之類。李小湖談甚久。中飯請劉仲良、潘琴軒小宴，與余一談，旋命紀澤陪之。飯後閱本日文件，改信稿二件，靜坐片刻。酉刻客飯罷，又來余處一談，倦甚，夕小睡。夜改信稿，批件。將黃南坡所送壽屏一閱。凌雲來一談。二更四點睡。

十九日

早飯後清理文件 立見之客一次 坐見者三次 核科房批稿簿未畢 圍棋一局 薛尉農山長來久談 核批稿簿畢 中飯後閱本日文件 坐見之客一次 小睡片刻 至陵雲房中一談 傍夕後小睡 核寫澄沅兩弟信 昨日接兩弟閏十月廿四日信 拜告耀衡姪女葬事 讀之感傷也 二更三點睡

二十日

早飯後清理文件 坐見之客三次 衙門期也 王子蕃來談脈理 核批稿簿未畢 黎竹舲又談脈 圍棋二局 旋核批稿簿核畢 中飯後閱本日文件 接澄弟信 閏十月廿九日發 具告近狀之窘 李季泉來一談 添寫郭雲仙信二葉 傍夕小睡 後季泉來辭行 又一談 添寫澄弟信二葉 是日桂香亭送新印之史姓韻

韻緗屢次請閱更四五點又一閱二更後凌雲來一談三點睡

廿一日

早飯後清理文件坐見之客二次診脈一次核批稿各簽中飯後閱本日文件未畢與竹林圍棋二局因脈論換方旋料文件閱畢傍夕小睡核閱瀏陽蕭根栩經說又閱王船山雜著 添寫譚文卿信一葉二更三點睡

廿二日

早飯後清理文件 王子壽來診脈定方 渠本主補陽黎竹林等主滋陰本日王方用陳桑附片而參用首烏黃耆陰分旋坐見之客六次立見者一次與高叔孫琴西談頗久核批稿簿未畢中飯後核畢改沈經笙信稿一件 申正聞丁中丞扶太夫人櫬

巳正下關卽料理出門坐轎至旱西門登舟燈後至下關住丁中丞處弔唁久談旋出與各司道一談蘇州杜小舫倪載軒潘季玉揚州方子箴等同來二更二點回船閱阮亭選七古三點睡尚能成寐

二十三日

早飯後清理文件見客立見者一次坐見者二次巳正至丁中丞處一談與司道等公備祭席行禮一次小睡片刻中飯後閱本日文件坐見之客二次迭次小睡閱阮亭選七古夜飯後余私備祭席又至丁中丞處行禮一次與之一談旋至公船與司道一談歸船後寫丁家方信一件　二更三點睡

附記

湖北朱醫治目

寫文輔卿信　淮北公費交余處轉交杜

覆王子壽信　覆王壬秋信

二十四日

早飯後清理文件旋至丁中丞船上一談送行辰正余歸船渠即開船行矣余進城至惜陰書院拜薛慰農一談歸署外甥王臨三自家中来見一談中飯後核昨日批稿簿申刻坐見之客三次立見者一次改批稿簿核畢傍夕与凌雲一談夜飯後閱本日文件甚多二更後凌雲等来一談閱古文氣勢之屬三點未睡頗能酣寢

廿五日

早飯後清理文件坐見之客五次立見者一次核批稿簿未畢圍棋二局旋改批稿簿核畢中飯後閱本日文件坐見之客二次閱俞蔭甫寄来所著各書王臨三外甥来一談傍夕小睡夜凌

雲來一談 閱王船山雜著 二更後改信稿一件

三點睡 三更末醒 旋又成寐

二十六日

早飯後清理文件 坐見之客三次 立見者二次 王子蕃來診脈 巳正三刻出門拜客 會者二家 未正歸 請客程尚齋與歐陽凌雲王氏甥蓋小宴 余親陪之 申未散 閱本日文件 核科房批稿簿未畢 夜間核畢改信稿三件 二更後溫詩經周南 二更四點睡 屢次醒

二十七日

早飯後清理文件 見客坐見者二次 立見者一次 核批稿各簿未畢 圍棋一局 富桂卿都統來一坐 又核批稿數件 中飯後將批稿核畢 閱本日文件 坐見之客三次 傍夕小睡 極核改信稿二十餘件 閱俞蔭甫所為詞

淩雲來一坐 二更四點睡 四更醒

二十八日

早飯後清理文件 坐見之客五次 立見者三次 王子蕃診脈一次 是日歐陽淩雲耕娃歸 鄧巳正送之起行 核批稿各簿 中飯後閱本日文件 未平 圍棋二局 坐見之客四次 黃昌岐談頗久 又閱文件 未平 傍夕小睡 核批文件閱畢 改信稿數件 二更四點睡

二十九日

早飯後清理文件 坐見之客三次 立見者一次 午刻出門 至如相處弔織造忠君之妻喪 旋至昭忠祠三處周覽一遍 又至關帝廟周覽一遍 歸署已未末矣 中飯後核批稿各簿 陳荔秋 王子雲先後來談 旋閱本日文件 甫閱一二十件 天已黑矣 傷夕與[illegible]氏

暢一談 極將本日文件閱畢 考數甚多 二更後

改信稿數件 三點睡

三十日

早飯後清理文件 見之客三次 竟見者一次 診脈一次 巳

正三刻出城至水西門外官廳迎接張漕台 地棣直至

未正三刻始到 茶敘片時 歸署 張隨來拜 会客 亥中

飯畢 巳中正矣 因將科房批稿各簽核畢 剃頭

一次 極閱本日文件甚多 改信稿一件 二更後溫

詩經周南 三點睡

十二月初一日

早飯後清理文件 見之客四次 診脈一次 午初出門拜

張友山漕帥 歸時黃軍門來 是日余請張與黃中

飯 申正三刻客散 王曉蓮來久談 傍夕小睡 楊石泉

遣人來請送禮 觀張與何子貞所送之對 在

閱本日文件 核科房批稿簿 二更後溫詩經
召南 三點睡 近來無權汗濕衾被 不知果天
熱乎 抑病狀乎 因此不能酣睡

初二日

早飯後清理文件 坐見之客三次 診脈一次 核批稿
各簿 午刻又見客三次 中飯後出門至水西門外送
張友山 飯後嘔吐 蓋向來之舊症 數月一發 即
反胃之象也 自城外歸 閱本日文件 酉刻小睡
戌刻核改信稿一件 約七百餘字 溫詩經邶風
二更四點睡

初三日

早飯後清理文件 坐見之客二次 立見者一次 診脈一次
因服藥無效 停藥二日 午初圍棋二局 莫子偲 張廉
卿來久談 中飯後核批稿各簿 坐見之客二次 立見者

一次閱本日文件未畢傍夕小睡起將文件閱畢閱過浙刻欽定詩經傳說彙纂二更四點是日閱客言王少鶴左目失明右目尚好蓋与余病相同亦罕聞之事也

初四日

早飯後清理文件坐見之客三次診脈一次旋又請黎竹林診脈一次圍棋二局閱核批稿簿未畢中飯後將批稿核畢閱本日文件張嘯山來一談閉目久坐至天黑燈後閱詩經注疏數章旋改信稿一件約五百字又改一件二更四點睡

初五日

早飯後清理文件坐見之客二次立見者三次診脈一次近三日未服藥午刻見客一次核批稿各簿記性甚壞過目之字頃刻即忘因立記事冊於座記者逐日略

記一二經本日為始未刻至梅小岩方伯處小宴陪客
為黃昌岐中正徹五王曉蓮處一坐歸閱本日
文件未畢傷夕小睡極將本日文件閱畢溫
詩邶風谷風等篇二更四點睡

初六日

早飯後清理文件旋立見之客二次坐見者二次寫
記事冊一葉圍棋二局診脈一次中飯後核批稿
各簿坐見之客二次閱本日文件未畢傷夕小
睡極將本日文件閱畢是日楊仲乾送渠所著
尚志居稿及吳竹如批候畫集屬次繙閱極又閱近
思錄第二卷及信稿二件二更三點睡

初七日

早飯後清理文件坐見之客七次立見者一次寫記事
冊一葉核批稿簿甚多中飯後坐見之客二次洪

琴西坐頗久 閱本日文件未半 天已黑矣 傍夕小睡
核批本日文件閱畢 擬改信稿一件約四百餘字
閱吳竹如集中有錄羅羅山姚江學辨數十條 因
人多以為可刪 二更四點睡

初八日

早飯後清理文件 坐見之客五次 立見者一次 寫記多
冊半葉 核批稿簿 中飯後坐見之客二次 閱本日文
件 閱馬棗匡所作長江圖 傍夕小睡 核閱近思錄
第二卷 擬改信稿二件約三百餘字 二更四點睡 昨
日接鈞仙寄到其子依永所作詩二卷 臨帖篆隸
楷各一種 本日觀子偲張廉卿來書以示之 嘆為奇
慧 惜其早逝 歎歎久之

初九日

早飯後清理文件 坐見之客四次 雅生書留 一沐陽務言

批案遍查寫記事冊一葉核核批稿各簿中飯後坐
見之客三次閱本日文件圍棋二局傍夕小睡核改
信稿數件內俞蔭甫一信沈吟頗久是日午刻作龐
省三之母宋太夫人挽聯一付接兩弟家信知科四
姪之第二子於十一月初九日夭亡吾家近來丁口不利
實深焦灼○二更四點睡

初十日

早飯後清理文件見見之客二次坐見者二次衙門期也
有湖北江夏朱兆蘭新閱善醫目疾能點眼者請
來診脈談頗久寫記事冊核核批稿簿未初三刻出門至王
曉蓮家赴宴陪客為黃昌岐梅小岩錢子密申
末散旋歸吳竹如請張診脈張醫謂余病在心肝
虛火上炎宜靜坐以養之非藥所能為力歸署已
天黑矣核閱本日文件甚多二更後閱俞蔭甫

四六集四點睡

十一日

早飯後清理文件，旋立見之客一次，坐見者五次，寫記事冊，請朱地蘭來診脈，因將前在蘇州所買之空青命匠人鑽開，適歐陽小岑亦來，因與朱醫取空青中水為余點於右目，未正客散，因我教讀師潘擷珊將歸，是日置酒席小宴，同席為幕中錢子密、任椒香、陳小浦諸君，申末始散，閱本日文件，傷多，小睡，旋核批稿簿，二更後閉目小坐，旋閱近思錄第二卷，四點睡

十二日

早飯後清理文件，旋坐見之客二次，寫記子冊，核批稿各簿，午刻見客一次，中飯後閱本日文件，坐見之客二次，楊仲乾、戴子高談均久，傷多小

睡日來左目蒙甚惡又將如右目之失明深為
焦灼而無如之何燈下小睡二更後閱近思錄
第二卷四點睡

十三日

早飯後清理文件辰正出門至小營校場閱新
兵五營操演初演洋槍隊十餘陣繼演藤牌
陣末演雜技午正二刻歸署核批稿各簿
中飯後閱圍棋二局本日文件見客二次溫卓如談甚久
傍夕小睡擬將改信稿而未畢二更後溫陶詩
四點睡日內疲憊殊甚本擬紀澤以涇沱之麋
茸進余服之

十四日

早飯後清理文件坐見之客五次內王子蕃至吉元
兩人談頗久核批稿各簿中飯後閱本日文

件旋出見之客三次吳子登蔡緇生均久談旋將
文件閱畢傍夕小睡夜觀閱湘草畫筆記
眼蒙殊甚閉目小坐二更四點睡四更四點醒

十五日

早飯後辰正出門將至下關驗新造之輪船在於
旱西門外登舟與黃軍門同坐舢板前往舟次
遇逆風驟雨至午正始至下關又因風大不敢出江
於馮卓如自坐洋舢板來接乃出江登輪船同邑
及玉堂等皆在船伺候聚談半時許未正試輪船
行三十里至大勝關一面在舟中小宴申正回至下關
停二刻許坐舢板行二十里燈後至旱西門登舟
登輿風雨甚大歸署接飯閱本日文件甚多
二更三點閱畢核批稿各簿四點睡

十六日

早飯後清理文件　坐見之客八次　立見者一次　核批
稿各簿　中飯後圍棋二局　閱本日文件　易芸
陔來一坐　寫沈幼丹之父挽幛一幅　歐陽小岑來
久談　傍夕小睡　核改信稿二件　二更後溫陶詩
四點睡　日來眼蒙殊甚　而眩暈之症未發　本
日王子壽診脈亦略好些

十七日

早飯後清理文件　坐見之客五次　立見者一次　寫記
了冊一葉　核批稿各簿　中飯後閱本日文件　甚多
坐見之客一次　旋將文件閱畢　錢子密來談頗久
傍夕小睡　核改信稿一件　溫孟子梁惠王上下二
更四點睡

十八日

早飯後清理文件　坐見之客二次　立見者一次　出門至夏

伯音家送行於至季本靖毅公廟內一坐午初歸
見客二次立見者一次核科房批稿請來正
請歐陽小岑易鷗芙王子壽何丹畦等小宴申
末散李芳泉自天津來與之久談傍夕小睡夜
閱本日文件甚多二更燈又閱閱微草堂筆記
二更五點睡

十九日

早飯後清理文件見客七次立見者二次內李
芳泉黃翰仙談甚久核科房批稿簿中飯後閱
本日文件見客一次閱閱微草堂筆記傍夕小
睡核改信稿十餘件二更五點睡日內左目甚蒙
傍夕看公牘尤於目光有損殆將如右目之漸廢矣

二十日

早飯後清理文件見客三次立見者一次圍

核二房核批稿簽中飯後閱本日文件坐見之
客三次黃翰仙坐甚久閱閱微草堂筆記傍夕
小睡夜又閱閱微草堂筆記小坐片刻本日
聞翰仙言何鏡海得靜坐之法於劉(繼)槃隱賀
芳蒲(甫)學之目已瞀而復明余亦思一試也二更
四點睡

二十一日

早飯後清理文件坐見之客二次立見者一次閱閱微草
堂筆記午刻封印行拜牌拜印禮畢又見客一次
核科房批稿簽中飯後閱本日文件寫澄沅兩
弟信未正坐見之客一次小坐片時傍夕小睡夜
將家信寫畢後看閱閱微草堂筆記又閱書
經傳說彙纂二更四點睡

二十二日

早飯後清理文件，坐見之客二次，出門看上江兩縣新修學宮，旋又至貢院一看，歸，坐見之客三次，核批稿各簿。中飯後閱本日文件，接沅弟十二月初三日信，至是始接余信，余抵金陵後半月未發信，合家中亟盼余之書也。彭緇生來久坐，傍夕小睡，核批本日文件，閱畢，閱欽定詩經傳說彙纂，二更四點睡。

二十三日

早飯後清理文件，坐見之客二次，立見者一次，圍棋二局，又坐見之客二次，核科房批稿各簿。中飯後閱本日文件甚多，傍夕始畢，小睡片刻，極倦，閱閱微草堂筆記，核改河運艱難情形摺，未畢，三更睡。天氣暖熱，出汗頗多，四更未醒。

二十四日

早飯後清理文件 立見之客一次 坐見者二次 黃翰仙坐甚久 核科房批稿各簽 閱閱微草堂筆記 中飯後閱本日文件 錢子密來一談 偏夕小睡 在將昨夜所核河運報雜摺改畢 本日接英糧道樸稟 願從部議將海運之米徑解通州不在天津驗收 將其稟及十四條細看一遍 二更五點睡

二十五日

早飯後清理文件 見客二次 衙門畫期也 旋改楊石泉信論海運事 見客一次 閱閱微草堂筆記 核科房批稿各簽 中飯後閱本日文件 坐見之客一次 偏夕至子密處一坐 旋改信稿數件 張子青信未改畢 二更五點睡 不甚成寐 四更四點醒 近日睡眠不能酣暢亦一病也

二十六日

早飯後清理文件　坐見之客六次　立見者二次　將昨燈所改張香濤信改畢　核科房批稿各簿　中飯後閱本日文件　坐見之客三次　吳子儁坐頗久　傍夕小睡　燈後改李小泉張友山信二件　各改二百餘字　二更五點睡　每日會客至八九次　精神輒疲乏不支　鍾閱文核稿亦多潦草塞責　衰年病軀　尤以對客為苦也

二十七日

早飯後清理文件　坐見之客四次　出門至馬大令新寓一坐　歸核科房批稿各簿　中飯後閱本日文件　薛尉農來一談　閱閱微草堂筆記　本日楊文會送所刻佛經數種　略一繙閱　全不能入　傍夕小睡　燈後眼蒙殊甚　近來每燈多改信稿　本燈不復治事

二更後閉目少坐四點睡

二十八日

早飯後清理文件 坐見之客二次 立見者一次 核科
房批稿 偕閣圍棋二局 桂香亭來一談 中飯後閱
本日文件 坐見之客一次 剃頭一次 至上房一坐 傍
夕小睡 燈將張汶祥之案細閱一遍 將山黨餘
犯及承審之名開一清單 二更四點睡 目內眼
蒙彌甚 殊為焦慮

廿九日

早飯後清理文件 坐見之客二次 出城迎接 8 欽
差鄭筱珊尚書敦謹來訊張汶祥之案 恭
請聖安 歸署 見客二次 圍棋 文炳章來 因
留共吃年飯 核批稿甚多 中飯後閱本
日文件 坐見之客一次 傍夕小睡 燈 眼蒙閉

日坐背誦論語至公冶長止二更三點睡

同治十年辛未歲

正月初一日

卯初一刻起，至江寧府學明倫堂率屬拜牌行禮，旋至文廟拈香，歸署至祖先堂行禮。早飯後見之客二次，立見者廿六次，皆屬員賀年者。清理文件。出門拜客，至鄭小山并其所帶司員處，一伊勒通阿、弓達川一談，王瑋弓聘卿一坐，又至吳竹如處一談。歸署，坐見之客三次，立見者一次。中飯後閱閱微草堂筆記，末記。疏久眼蒙，傍夕小睡。燈溫論語，自公冶長至鄉黨止，閉目默誦。二更四點睡。

初二日

早飯後蒯子範來一談。是日派員至貢院，與鄭星使所帶之司員會審張汶祥一案。梅小岩、王曉蓮、洪琴西先後來，共議此事，至巳初畢。室派

王洪兩道会審 清理文件 寫一信与筱山 旋又見客二次 出門拜客 会晤一處 餘俱親拜賀年 午正三刻歸署 坐見之客一次 立見者一次 中飯後魁將軍來一談 圍棋二局 閱本日文件甚多 坐見之客三次 傍夕小睡 核批本日文件 閱 寫本日 坐轎中默誦先進 旋又閉目静坐 默誦顔淵至衛靈公止 二更四點睡 到江寧任又已兩月 餘應辦之事全未料理 悠悠忽忽 忝居高位 每日飽食酣眠 慙愧至矣

初三日

早飯後清理文件 立見之客七次 坐見者五次 寫記弓冊 閱〻漸章草記 中飯後閱本日文件 將改信稿而久未動手 旋圍棋二局 至上房一坐 至瑞臣物室內一坐 旋閉目静坐 默誦論語 自衛靈公

公至堯日蕭某止二更五點睡是日午刻將長江
水師續議五條江蘇水師續議二十五條細閱一
過擬長江蘇各營請張子青入奏長江各營請李小
泉入奏

初四日

早飯後清理文件坐見之客十一次立見者三次疲
乏殊甚不能更作一事中飯後出門拜客十餘家
黄昌岐處一坐申末歸閱本日文件未刻歐
陽小岑來一談傍夕小睡極將本日文件閱
畢神倦眼蒙不能更看公牘閉目默誦大
學又誦中庸至鬼神之為德章止二更五點睡

初五日

早飯後清理文件坐見之客六次立見者三次核科
房批稿簿中飯後閱本日文件改信稿數件核

蒓齋自吳江歸來久談傍夕小睡極又改信稿數
件閱閱微草堂筆記眼蒙閉目靜坐默誦中
庸自鬼神之為德章起至末二更四點睡

初六日

早飯後清理文件坐見之客十一次立見者三次中間
午初圍棋一局申初始中飯較平日略晏已正核
批稿各信稿申正閱本日文件撰改海防江防摺久
未下筆至上房一坐極又撰改海防江防仍不能下
筆蓋衰年文思遲鈍極矣二更五點睡每日
應辦之事甚多悠悠忽忽一事未了日復一日年復一
年慚悚何已

初七日

早飯後清理文件見客一次寫記事冊已初出門拜客
至鄭小山處一談又拜吳鷺人一敘又拜二家歸會

客坐見者二次立見者一次核科房批稿簽未畢中飯請汪梅村莫子偲黎蓴齋王縣丞等小宴畢申正散於科房批稿簽核畢傍夕小睡夜閱本日文件二更後改江防海防摺良久僅作數句已三更矣眼蒙不能開視睡不甚成寐四更未醒

初八日

早起行禮拜印　星岡公冥壽飯後清理文件坐見之客六次立見者六次核科房批稿簽未正畢出門至黃昌期家赴宴共三席申末歸閱本日文件未畢黎蓴齋來一談傍夕小睡夜將本日文件閱畢改防江防海摺約三百餘字已三更矣困眼痛即睡四更未醒

初九日

早飯後清理文件是日因改摺稿而絕諸客僅李質堂軍門來一見而已上半日改摺未畢中飯後閱本日文件又改摺至酉初畢傍夕小睡圍棋核科房批稿各簿又改海運經文通飭一摺二更三點畢四點睡四更未醒

初十日

早飯後清理文件坐見之客九次立見者二次倦乏殊甚圍棋二局中飯後閱本日文件核科房批稿各簿將改預籌日本條約摺久不能下筆錢子密來一談圍棋又至子密處一談擬改日本條約摺久不能下筆文心遲鈍極矣二更四點睡

十一日

早飯後清理文件坐見之客四次從改摺而不果圍棋二局中飯後閱本日文件核批稿各簿王曉

蓮等來一坐改摺稿，旋行傍夕小睡，起將摺稿改畢，約七百字。三更睡。日來因改奏摺稍費心眼，蒙益甚，而未了之事尚多，公事既多，屢閱私又不能養體，益覺鬱鬱。

十二日

早飯後清理文件，坐見之客八次，立見者三次。將昨夕所改摺片稿請林達泉一閱，本日應發摺件細加點檢。中飯後閱本日文件，未畢，坐見之客二次，勒少仲談甚久，立見者一次。傍夕小睡，起將摺片校對錯誤，將本日文件閱畢，核科房批稿。二更後改信稿二件，五點睡。日間見客太多，應辦之事多屢閱不了，殊以為愧。

十三日

早飯後清理文件，坐見之客六次，出門拜客一次，歸科房批稿各件又坐見之客二次未刻請客李質堂黃昌期都統織造等酉初散閱本日文件傍夕小睡核批稿改復李少泉信久未下筆旋改至三更未畢二更後陳氏女及婿松生自長沙來陪之一談三更睡眼蒙本不宜於燈下作小字禁每日見客之外僅核批稿及閱本文便覺餘晷故奏疏書信之類皆至燈下始能核辦每日所核甚少遂諉於叢積矣

十四日

早飯後清理文件見之客四次李質堂坐甚久寫記於冊中飯後閱本日文件旋圍棋二局核科房批稿各件至內室与陳氏女一談子密來一談傍夕小睡核改李少泉信稿改畢又改信稿三件二更五點睡四更未醒

十五日

早飯後清理文件，坐見之客二次，旋已初出門拜鄭小山，談頗久，歸寫澄沅兩弟信，約六百餘字，中飯後寫單，閱本日文件，坐見之客一次，寫對聯六付，扁四方，傍夕小睡，核信稿十餘件，內彭雪琴信改三百餘字，二更五點睡。

十六日

早飯後清理文件，坐見之客三次，立見者兩次，寫記百冊，圍棋二局，吳丙湘來見，談頗久，甄甫師之子也，中飯後閱本日文件，核批稿各簿，倦甚，閉目小坐，旋又小睡，傍夕又睡，核改信稿，二更後眼蒙不復治事，四點睡，五更醒，是日接意臣信，言長江水師之弊甚多，深為焦慮。

十七日

早飯後清理文件，旋坐見之客六次，立見者一次。午刻劉開生來一談，因与圍棋二局。中飯後閱本日文件，核科房批稿各簿，剃頭一次。傍夕小睡。檢核改信件，約改二百餘字。偶作聯語以自箴云：禽獸還人，靜由敬出；死中求活，淡極樂生。一本孟子養氣章之意，一本論語疏水曲肱章之意，以絕去梏亡之擾之私。二更四點睡。五更三點，聞長子紀澤生一孫，大小平安，深以為慰。紀澤今年三十有三矣。

十八日

早起，署內之人紛紛叩賀。飯後清理文件，坐見之客四次，立見者一次。核批稿各簿。圍棋一局。子密來一談。蔣光焴吟舫自浙江來，与子密及孫琴西并來一談。旋閱本日文件。未刻出門，至織造慶心一處赴宴，同席為魁時若、黃昌期、富桂卿

等酉初歸，與竹林、松生一談，傍夕小睡，在杉復
筠仙兄弟信，因長沙督銷局尚未定有接辦
之人，徘徊良久不能下筆，小睡一次，二更四點睡

十九日

早飯後清理文件，接見之客四次，王伯葵、戚鍾談頗
久，圍棋二局，閱吳文節公遺集八十卷，係戊戌座師
其子丙湘送來者也，中飯後閱本日文件，核科房
批稿各讀，閱吳文節公集，酉初吳桐雲來久
談，傍夕小睡，在閱吳文節集，眼蒙不能多
看，二更四點睡

二十日

早飯後清理文件，接見之客五次，核科房批稿各
讀，是日新生王孫湯餅，命名曰曾廣銘，至內室
一坐，未正出門，至魁時若將軍處赴席，同席者

李薛 西山長富副都統等候薛山長談久散
後至家已燈矣 接致葉介唐信稿一件 致郭雲
仙信稿約三百字 未筆目未眠 蒙益甚 疲不久
即將全眉直灼之至二西八四點睡 四更未醒

廿一日

早飯後清理文件 見客一次 出門至貢院一拜 對小山
久談 午初開印 行禮於 又見客一次 眼蒙 小睡 中
飯後閱本日文件 核批稿各簿 申刻見客一次 傍
夕吳彤雲來久談 核閱吳鏈耶谿所作文翼 致雲
仙信稿畢 又改意誠信稿 改譚文卿信稿 二更五
點睡

廿二日

早飯後清理文件 坐見之客二次 立見者一次 涂朗
仙陳舫臣兩次 譚甚久 閱文翼畢 中飯後閱本

日文件核批稿各簿眼蒙小坐傍夕小睡旋改信稿已餘件未甚改字閱目默誦孟子梁惠王下篇二更四點睡四更未醒

廿三日

早飯後清理文件核批稿各件見之客一次倦甚小睡旋將出營應補缺各員開一清單審查一番未正請魁將軍及李薛兩山長小宴酉初華閱本日文件傍夕小睡旋閱吳文節公集觀其批屬員之案甚為嚴明對之有愧吾今日之為督撫尸位耳 三更睡夢一處、竹木環繞甚 月遠氣在近日為夢境之寂佳者

廿四日

早飯後清理文件見之客八次高碧湄坐甚久

未初勤少仲坐久旋請梅方伯及吳彤雲涂閣
仙等小宴未末坐席酉初撤季稚泉來一談傍
夕小睡夜閱本日文件核科房批稿〻簽都畢
使擬張汶祥一案奏結稿請余会核余因細核
一遍簽出數條二更四點睡

廿五日

早飯後清理文件坐見之客六次衙門期也圍棋二
局核科房批稿〻簽中飯後閱本日文件坐見之客
二次申正歐陽小岑來坐甚久傍夕小睡夜寫澄沅
兩弟信約七百字二更後溫古文奏議類眼蒙尤
強閉視殊覺不適三更睡

廿六日

早飯後清理文件見客七次圍棋二局核科房批
稿〻簽中飯後紀鴻兒生一子閱本日文件坐見

之客三次歸溫雲坐頗久天氣陰雨早黑室闇而目又蒙不能治事小睡頗久燈後擬改謝福壽字恩摺久不下筆核改年又改一片溫古文集評類二更四點睡

二十七日

早飯後清理文件坐見之客五次核批稿各簿未初中飯後至貢院與鄭小山尚書會審張汶祥之案將首犯等十八人點名一遍并未問供雅丞小欽差伊顏二君處一坐歸閱本日文件閱閱微草堂筆記傷多與子密一談小睡片刻核改信稿八件其劉軍門信改二百餘字二更五點睡目蒙殊甚

廿八日

早飯後清理文件坐見之客三次立見者二次鄭小珊談

頗久核批稿各簽未刻閱本日文件申初請小山小宴昌岐与穌蘊庭為陪客傍夕始散小睡片刻檢閱〻微草堂筆記旋溫古文辭序跋類二更五點睡楊芋庵寄信語治目方每早黎明未起時以兩手掌之根擦極熱加以舌尖之津閉目擦八十一下久則有效日內試為之而初睡時擦一次黎明又擦一次不知果有益否

二十九日

早飯後清理文件晝見之客七次立見者二次核科房批稿簽圍棋二局午正二刻出門至貢院与鄭小山同拜發摺件即会審張汶祥之案也在渠處晚中飯申刻出城至水西門外官廳送小山還京歸署已酉初矣閱本日文件晝見之客一次傍夕小睡在政後王玉秋信稿二更五點睡

三十日

早飯後清理文件，見之客五次，核批稿各簿。圍棋二局。吳竹莊送佛十三經，因閱呂純陽所注金剛經。中飯後閱本日文件，見之客一次。莫子偲來一談，又閱佛書之指月錄。傍夕小睡。夜又閱指月錄。接澄侯弟正月十八日信，由沅弟號寄來，洵為迅速。核改信稿數件。二更後溫古文書說類。三更睡。

二月初一日

早飯後清理文件，見之客四次，立見者一次。厲伯符談甚久。核批稿各簿。倦甚，在室中小坐假寐，已未稍矣。中飯後閱本日文件，見之客三次。校對明日應發摺片各件。至內室一坐。傍夕小睡。夜出題目，明日將考書院也。閱三國志傳二篇。改

信稿一件溫古文傳狀類二更五點睡

初二日

早飯後清理文件見客坐見者五次立見者一次已刻出門至下江考棚考書院甄別旋即歸來於江少海詩集一閱核批稿各簿圍棋二局中飯後閱本日文件坐見之客二次閱汪少海集閱陸稼亭文集倦甚小睡稍溫古文碑誌類下眼蒙殊甚不克多看二更五點睡

初三日

早飯後清理文件坐見之客四次立見者二次寫記事冊出門拜薛慰農山長拜以張鴻拜渠門下附課也歸核批稿各簿未正請屠伯荷等中飯小宴酉初散閱本日文件倦甚小睡稍倦甚眼蒙之至旋溫孟子公孫丑上下滕文公上二更二點睡

初四日

未明起 至昭忠祠致祭 辰刻祭二年還署 早飯後見客五次 魏名亨坐最久 倦甚 對閉生来 与之圍棋二局 清理文件 又見客一次 中飯後坐見之客二次 閱本日文件 倦甚 小坐 寫二信与兩山長 請其代閱書院甄別卷 倘夕小睡 夜閱魏黄生承祝也居山房文集 劉詹岩經 校吾妻高文集 皆新刻成本日送来者也 二更四點睡

初五日

早飯後清理文件 坐見之客五次 衙門期也 圍棋二局 核批稿各簿 中飯後閱本日文件 見客一次 剃頭一次 申末徐壽蘅来久談 至一更四點去 閱對詹岩文集 閱二淅草書華祀 二更五點睡 日內左目益蒙 焦慮之至

初六日

早飯後清理文件 出門拜徐壽蘅在舟中坐頗久 歸見之客四次 壽蘅送浙江校士錄約園詩及碑帖等件 翻閱頗久 未刻坐見之客一次（寫澄沅兩弟信約七百字） 閱本日文件未畢 申刻請壽蘅小宴 陪客僅錢子密一人 飯至燈後方畢 又談至二更後方去 將本日文件閱畢 核科房批稿簿 二更五點睡 日內眼蒙尤甚

初七日

早出門 丁祭行至 聖廟 甫及黎明 率屬行禮 禮畢歸署 早飯後見客 坐見者二次 立見者二次 核科房批稿簿 寫澄沅兩弟信約五百餘字 圍棋二局 中飯後閱本日文件 坐見之客一次 核改信稿十餘件 倦久不睡 旋又核信稿數件 二更四點睡 是夕宿

於內室

初八日

早飯後清理文件，旋坐見之客九次，立見者一次，疲乏之極矣。核科房批稿各簿。中飯後閱本日文件，閱朱子年譜。小睡片刻。酉刻見客一次。傍夕又小睡。夜孫壽蘅來久談，至三更始去。余困倦殊甚，而渠精采奕然，殆不可及。三更後睡。

初九日

早出門，黎明至關帝廟率屬行禮。禮畢，旋至新兵中營看開花砲、田雞砲。歸署，早飯後清理文件。坐見之客四次。出門送孫壽蘅之行，晤吳竹莊軍門處，與之久談。歸，中飯後閱本日文件。魏召亭來一談。核科房批稿各簿。傍夕小睡。夜改信稿六件，約改三百餘字。二更四點睡。

初十日

早飯後清理文件。坐見之客三次，圍棋二局，旋又見客二次。錢子密坐頗久。午正出，核科房批稿簿，閱本日文件。未正出門，赴藩司梅小岩、糧道王曉蓮之招，同飲者為魁時若將軍，酉初散，歸署小睡。夜閱朱子年譜，閱表忠錄，羅澹村中丞之行狀、碑誌、傳述等。二更四點睡。

十一日

早飯後清理文件。坐見之客六次，圍棋二局。核科房批稿簿。中飯後閱本日文件。歐陽小岑來，又與之圍棋一局。閱朱子年譜。小睡。傍夕又睡。夜又閱朱子年譜，溫孟子離婁上下兩篇。二更四點睡。日來嬾惰殊甚，每早飯後脾困，雖見客時亦渴睡，或寐。治事則神遲甚矣，氣衰而志亦隳矣。

十二日

早飯後清理文件坐見之客七次立見者二次核科房批稿簿圍棋二局中飯後閱本日文件未畢勒少仲來久談一時半酉初去將本日文件閱畢傍夕小睡核改信稿十餘件 二更四點睡燈下閱江南通志乾隆二年所修二百卷者

十三日

早飯後清理文件坐見之客七次立見者二次圍棋二局核批稿各簿中飯後閱本日文件坐見之客二次倦甚閉目小坐核改信稿二件傍夕小睡核又核信稿二件 二更後溫孟離婁下萬章上未畢四點睡

十四日

早五更起上江兩縣新修學宮請余開祭率屬行禮

辛甫及黎明歸 署早飯後清理文件 坐見之客
次立見者二次 已正圍棋二局 午正核科房批
稿簿 中飯後閱本日文件 酉初小睡 核改信稿
偏夕又小睡 核再改信稿 二更後溫孟子萬章篇
自堯以天下与舜起至末 四點睡

十五日

因昨日奉到 諭旨 本日須將張汶祥 正法 止院 不見客
早飯後清理文件 坐見之客三次 立見者一次 寫記了冊一
葉 核批稿各簿 中飯後閱本日文件 李載珪自湖
北來一談 子密來一談 眼蒙殊甚 又因身不適 坐
立不寧 小便極數 自未刻至亥刻 溲溺十餘次 在
溫告子上下篇 二更四點睡 睡後小便三次

十六日

早飯後清理文件 因病不能支持 小睡時許 已刻出門

至鍾山尊經兩書院送學台行禮畢午正歸署又睡一刻半核批稿簿中飯後閱本日文件眼蒙殊甚幾不能完旋又睡一時許病中疲困多睡覺略輕鬆夜溫盡心上二更四點睡

十七日

早飯後清理文件坐見之客四次圍棋二局又坐見之客五次核批稿各簿中飯後坐見之客三次立見者一次閱本日文件酉刻坐床一睡大半時許夜飯後又睡大半時許二更後溫盡心篇下日內病甚不支多睡則略愈夜間偶探得右腎浮腫大如雞卵危症見矣二更四點睡

十八日

早飯後清理文件病甚不能見客辰正出門至下關看劉玉龍之開花砲隊旋看子彈火藥旋看打靶大砲

世芳西雞砲二尊，約十餘斤響，於下城出儀鳳門過
河至壁盤內看各種砲位、各種子彈器具。看畢
即至張處吃酒席，未刻席散歸，申初二刻至署，
閱本日文件，核批稿各簿。酉初二刻小睡甚
久，夜飯後又小睡，二更後溫易經乾卦至坤之
六三止。二更四點睡。

十九日

早飯後清理文件。右腎浮腫，昨日服藥，今日略消。坐
見之客三次，立見者二次，圍棋一局。李世忠來見，與渠
談時久，渠昔年為天下所痛恨，近年解兵歸里，
頗知斂抑，或可保首領以沒乎。旋核批札各稿。中
飯後閱本日文件，坐見之客一次。病中疲困殊甚，登
床久睡，起坐不久，傍夕又睡，夜飯後又睡。旋閱〻
批草書筆記。二更四點睡。內人自十三日起病勢

日重日內昏昏囈語有似瘟瘧之症醫者全未
得法殊以為慮

二十日

早飯後清理文件並見之客二次衙門期也旋王子蕃
来診脈一次又見客二次圍棋二局核批稿各簿中
飯後閱本日文件病中困倦殊甚坐床一睡時許
酉刻起坐旋又睡夜飯後閱閱微草堂筆記又睡
亥刻二更後季紫劉傳楨兩道來見呈宅擇墓
卡委員之信甚速乎有土匪滋事頭目姓閻人數
頗多殊以為憂二更五點睡

二十一日

早飯後清理文件並見之客七次立見者一次圍棋二局
午刻莫子偲歐陽小岑来久坐中飯後閱本日文件
核批稿各簿小睡半時許核改信稿倘夕厚九未

久坐因同棋飯飯後又一談溫易經坤卦屯蒙需訟卦內人病勢日重余之右腎腫墜亦不少愈殊以為憂老年疾病了發人人不免余以忝居高位一無德業尤為疚負坎陷心彌彌不釋二更四點睡

二十二日

早飯後清理文件坐見之客五次立見者一次校對謄修二十四折擬發者午刻核科房批稿簿中飯後閱本日文件見客一次偏墜之症果愈不能治了小睡頗久傍夕又小睡夜飯後又睡一種昏困之氣除眠食外幾一無所為甚可愧極矣二更四點睡

二十三日

早飯後清理文件坐見之客八次立見者一次談均頗圍棋二局核批稿各簿中飯後閱本日文件

改信稿多件 小睡半時許 傍夕又小睡 在又改信
稿數件 二更後溫易 師比小畜履四卦 四點睡
前以目疾用心則愈蒙 近以疝氣用心則愈燥 遂
全不敢用心 竟成一廢人矣

二十四日

早飯後清理文件 見之客三次 立見者二次 蔭万壽
宮拜牌行禮 巳刻至馬端敏公專公祠行禮 雪樞
室以明日登程回山東也 旋至吳竹如處久談 午正
一刻歸 圍棋二局 劉受亭歲來一坐 中飯後閱
本日文件 龐省三自揚州來久談 旋核批稿各簿
內人病勢甚重 殊以為慮 接澄弟信 知沅弟定以
二月移居長沙 傍夕與歐陽小岑 王子蕃一談
病了 小睡 在飯後 倪佃言久未治一了 旋溫易經泰
否同人大有謙豫六卦 二更五點睡

附記

鄧吟樵　雲梅如

二十五日

早飯後清理文件　見之客三次衛門期也小睡半時許午刻出門至馬端敏公處送殯渠家枝櫬回山東也午正發引余步行送至三山街口在一古董店小坐待柩過後余另抄路先出水西門至官廳等候至未初三刻柩到公同行禮歸署已未正二刻矣中飯後閱本日文件核批稿各簿剃頭一次傍夕早飯睡極核信稿三件二更後溫易隨盡臨觀四卦四點睡內人之病日劇殊以為慮

二十六日

早飯後清理文件　見之客六次立見者一次吳摯甫龐省三陳三君談均久圍棋二局核批稿

客談中飯後閱本日文件歐陽小岑錢子密先後來一談傍夕小睡燈後閱五種遺規牧令書輯要二更後温易噬嗑賁剝復四卦四點睡內人之瘧日劇日識譫語不止內外伺候終日燈不得少休殊為焦慮

二十七日

早飯後清理文件見客二次辰正一刻出門至小營祭先農未建壇廟借教場為壇率屬行禮畢推耕種行九推禮推拜謁子恩巳正至妙相庵織造忠〻〻誠請為其妻題主禮畢坐席小宴歸至署午正二刻見客三次核批稿各簿中飯後閱本日文件圍棋二局擬寫對聯四付勒少仲來一談傍夕小睡燈後閱五種遺規二更後温易經无妄大畜頤大過坎離六卦二更四點睡余之疝氣病

日內稍見輕減而內人之病沉重如故殊以為慮

二十八日

早飯後清理文件坐見之客七次立見者一次圍棋二局核批稿各簿中飯後坐見之客二次金眉生談頗久閱本日文件閱宜興拔貢潘鏡沅所送詩集寫對聯五付傍夕小睡核閱居官法戒錄吳摯甫黎壽民來久談溫易咸恒遯大壯四卦二更五點睡

二十九日

早飯後清理文件坐見之客二次立見者一次閱從政遺規移摘鈔一二以自警吏治要言圍棋二局核批稿各簿未刻請龐省三等小宴申刻散閱本日文件傍夕小睡核改信稿一件約五百字二更後溫易經晉明夷家人睽四卦五點睡余之疝氣病日內漸愈內人之病屢變不定深以為慮

三十日

是日內人生日，謝絕諸客。早飯後清理文件，於坐見之客三次，閱從政遺規，圍棋二局，午刻核科房批稿，㸃清，中飯後閱本日文件，坐見之客三次，勒少仲坐頗久，小睡片刻，再閱從政遺規，傍夕又小睡，核吳小軒來一坐，旋溫易蹇、解、損、益、夬、姤六卦，二更五點睡

三月初一日

早飯後清理文件，立見之客一次，坐見者六次，談均稍久，已日昃矣，圍棋二局，後臥至未正，中飯後閱本日文件，應省三、吳小軒先後來久坐，核批稿各簿，傍夕小睡，核閱家鄉來信多件，改信稿二件，三更睡。余之疝氣病日見輕減，而內人病日見沉重，兒女輩多方醫調，內室費用日繁，看沈殊甚，深為焦慮

初二日

早飯後清理文件旋出門至河下拜蘇紉新藩司恩竹樵又至龐省三處一談歸署坐見之客三次立見者一次莫子偲談頗久中飯後閱本日文件核批稿各簿歐陽小岑來一談傍夕小睡圍棋吳摯甫來談頗久二更後溫易萃升困井四卦四點睡

初三日

早飯後清理文件坐見之客四次立見者一次寫沅兩弟信中飯後寫單閱本日文件核批稿各簿唐端甫錢子密先後來一談小睡片刻將從政遺規閱畢傍夕小睡圍棋閱訓俗遺規改信稿三件溫易經革鼎二卦二更五點睡自思生平過愆叢積衰老不復能湔祓疚負曷已

初四日

早飯後清理文件　見之客五次　吳小舫及趙粹甫談頗久　趙名佑宸　曾為山東學政　上書房行走　新放江寧遺缺知府者也　午刻閱本日文件　核批稿各簿　未正請恩竹樵及候補道三人小宴　至酉散　小睡片刻　至松生處一談　傍夕小睡　核改信稿數件　二更後溫易　震艮漸歸妹四卦　四點睡

初五日

早飯後清理文件　改信稿二件　見客二次　衙門期也　旋圍棋二局　核批稿各簿　中飯後閱本日文件　麗省三來一談　言前年在馬鞍山廳上同坐　忽梁上落下一大蛇　長約四尺許　似亦不祥　又言近日有編造戲文譏諷馬帥者　小睡片刻　涂閬仙送來新刻戰國策去毒　繙閱一過　傍夕睡　核信稿二件　約改三百餘字　二更後溫易　豐旅巽兌

四卦 五點睡 內人日內病勢愈重殊為可慮

初六日

早飯後清理文件 坐見之客四次 圍棋二局 未初出城迎接張子青中丞 渠自蘇州來 商公事也 旋與渠同反余署一談 中飯後見客二次 閱本日文件 核批稿各簿 未畢 傍夕小睡 核科批稿 核畢 旋閱毛詩稽古編 吳摯甫來一談 二更後溫易 渙節中孚小過四卦 五點睡 眼光昏蒙 日甚 焦灼無已

初七日

早飯後清理文件 改信稿二件 出門至河干拜張子青 久談 旋至黃軍門處一談 彭雪琴曾為吾製棹 新自蕪湖移至黃家 余往閱看 黃家亦自製一棹 一併閱之 皆楠木也 黃棹堅厚 實帶 蓋厚

九寸，牆厚六寸，吾牌厚三寸。旋歸署，核批稿各簿。中飯後閱本日文件，坐見之客二次，核改信稿數件，傍夕小睡，旋又改信稿一件，案上積壓信件至此為之一清。旋溫易經既濟、未濟二卦，繫（家）傳至第九章止。三更睡。

初八日

早飯後清理文件，坐見之客八次，疲乏殊甚，核批稿各稿。未末刻請張子青小宴，藩司及兩道陪飲，席散時天將黑矣。閱本日文件，未畢，傍夕小睡。燈後將文件閱畢，將緊要雜牘清釐一番。二更後溫易經繫辭上傳十章，起至雜卦末止。易經又粗溫一徧畢。眼蒙日甚，內人病亦日重，家中奢靡散漫，毫無整肅之象，深以為愧。

初九日

早飯後清理文件 坐見之客五次 圍棋二局 午刻核批稿簽 中飯後閱本日文件 張子青來一談 閱閱微草堂筆記 天氣漸長 下半日為時甚久 傍夕小睡 極又閱閱微草堂筆記 閱經義述聞中通說 二更五點睡 是日接沅弟信 言黃冠北多 甚為耽摯

初十日

早飯後清理文件 將出城送張子青 而聞其已行 遂不往矣 坐見之客七次 圍棋二局 午正核科房批稿簽 中飯後閱本日文件 王子雲來一談 倦甚 閉目渴睡 旋閱戰國策去毒 因思古來聖哲胸懷極廣 而可達天德者 約有數端 如篤恭修己而生睿智 程子之說也 至誠感神而致前知 子思之訓也 安貧樂道而潤身睟面 孔顏曾孟之

言也。觀物閒吟而意適神恬，陶白蘇陸之趣也。自恨少壯不知努力，老年常多悔懼，於古人心境不能領取一二，反復尋思，嘆喟無已。傍夕小睡。核又閱國策去毒。二更後溫書經，用纂言本，讀二十葉。五點睡。

十一日

早飯後清理文件，歐陽坐見之客四次，立見者四次。閱近思錄。將改摺稿，沈吟許久而不果。核批稿各信。中飯後閱本日文件。張嘯山來一談。出門至黃軍門處送行，又至孫琴西處一坐。歸署後閱近思錄。剃頭一次。傍夕小睡。核改摺稿，約改四百餘字。三更睡，不甚成寐。

十二日

早飯後清理文件。見客，坐見者六次。圍棋二局。未初核科房

批稿簿 中飯後閱本日文件 旋閱白香山集 將作摺稿而不果 繙閱川鹽行楚一案各卷 傍夕小睡 核改摺稿約三百餘字 二更五點睡 不能成寐

十三日

早飯後清理文件 坐見之客五次 立見者一次 圍棋二局 核科房批稿各簿 厚九來久坐 中飯後閱本日文件 坐見之客二次 閱白香山詩集 傍夕小睡 核將摺稿改三千約改三百字 全摺約二千字 後閱香山詩集 二更五點睡 內人之病日見沉重 殊為焦慮

十四日

早飯後清理文件 坐見之客六次 立見者二次 核科房批稿簿 閱白香山詩集 中飯後閱本日文件 將昨日摺稿核校一番 閱女倦甚 歐陽小岑來久談 傍夕小睡 核改信稿一件 溫書寫言辭典 二更五點睡

內人病勢日重，為之焦慮。

十五日

早飯後清理文件，坐見之客三次，立見者一次，圍棋二局。是日為內人製椑，書筱泉送建昌花板二付。文歐陽定果常來。午刻核科房批稿信。中飯後閱本月文件。內人之病已垂危，而余之目疾亦增劇，偶寫字則昏蒙異常，不復成字，不敢治事，但在庭院散步，或閉目一坐。劉啓莪來一談。閱白氏元氏長慶集。傍夕小睡。核閱之摺草畢，華託。旋閉目小坐。二更後溫書經言皋陶謨益稷，盛之五點睡。天雨竟夜，先小後大。

十六日

早飯後清理文件，坐見之客二次，立見者一次，圍棋二局。陳善奎送其父起禮詩集，又送張南山花甲閱談紀生平之蹤跡繪圖題詠，又送何文簡公餘冬錄一部，明郴州何孟春字子元號燕泉所作也。於此三書略一繙閱。午刻核批稿簽，簽稿中飯後閱本日文件。因思近年焦慮過多，無一日遊於坦蕩之天，總由於名心太切、俗見太重二端。名心切，故於學問無成、德行未立，不勝其媿餒；俗見重，故於家人之疾病、子孫及兄弟子孫之有無強弱賢否，不勝其縈擾，用是憂悶跼蹐，如繭自縛。今於此二病須在一淡字上着意，不特富貴功名及身家之順逆、子姓之旺否悉由天定，即學問德行之成立與否，亦大半關乎天事，一概淡而忘之，庶此心稍得自在。居精籌思，徘徊庭院中，酉間不治一事，可傍夕小睡。燈閱韓蘇詩集。二更後溫書經，至梁初止。三更睡。

十七日

早飯後清理文件坐見之客五次立見者二次寫沅弟
信一件圍棋二局核科房批稿各簿有人送王飄
文集因繙閱莊子集中各論中飯後閱本日文
件閱莊子文集改信稿三件傍夕小睡擬將
改信稿而不果閱莊子文集二更五點睡

十八日

早飯後清理文件坐見之客三次立見者二次圍棋二局
核批稿各簿馮樹堂來久談三十年前老友自祁
門一別至是忽十餘年矣暢敘一切渠絕無老態蓋
山中善於調養也中飯後閱本日文件坐見之
客一次申正後改復應敏齋信稿未畢傍夕小睡
擬將信稿改畢約八百餘字二更後閱韋蘇州詩
又閱文選行役等詩心氣不爽神光散漫看書

惝恍若夢兩睹蓋衰憊之至矣五點睡

十九日

早飯後清理文件 坐見之客四次 樹堂本日搬至署內來住 與之久談 午刻核批稿各簿 閱何子元餘冬錄 中飯後閱本日文件 派摺差進京 圍棋二局 於又閱餘冬錄 及閱閱微草堂筆記 至樹堂房內一談 渠同來有一畫師周姓 亦與睦談 傍夕小睡 植又閱餘冬錄 改信稿廿一件 二更後溫古文氣勢之屬 五點睡 內人病日危篤 兒輩請洋人診視 心甚非之 而姑聽之

二十日

早飯後清理文件 坐見之客四次 立見者二次 圍棋二局 午刻核科房批稿簿 中飯後閱本日文件 閱閱微草堂筆記 改復李中堂信稿未畢 傍夕至樹堂房久談

核將李信改畢又改信稿一件於温古文趣味之屬
二更五點睡 是日已刻寫記子冊

二十一日

早飯後清理文件 坐見之客五次 寫記了冊 圍棋二局 核批稿各簿 請樹堂小宴 小岑與厚九同在座中刻散 閱本日文件 在洋床小睡 閱閱微草堂筆記 改信稿數件 傍夕小睡 旋又改信稿數件 二更後温古文氣勢之屬 三更睡 文思遲鈍 僅改一兩信稿 亦躊躇良久而不能下筆 甚矣余之陋且衰也

二十二日

早飯後清理文件 坐見之客二次 圍棋二局 寫記事冊 樹堂帶來之周姓善畫小照 巳午間為余寫真 作二稿 不甚相肖 旋核科房批稿簿 未末出門至富桂卿都統處赴宴 陪客為魁時若將軍 忠心一識 造酉

稍散歸閱本日文件倦乏小睡起閱閱微草堂
筆記温古文情韻之屬二更五點睡

二十三日

是日恭逢　皇上十六歲万壽五更至府學明倫堂黎明
率屬行禮歸署早飯後清理文件坐見之客二次
立見者一次寫記事冊圍棋二局閱閱微草堂筆記
午正核科房批稿各簽中飯後閱本日文件上年
作江寧府學記甚不稱意本日擬加删改翻閱江南通
志中之朝天宮編搜不得在室中彷徨良久倦乏至
裕重處一談旋又讀江南通志二更後温古文氣勢之
屬用硃筆圈點數篇五點睡自去年二月病目以
來久不用硃筆點書矣

二十四日

早飯後清理文件見客坐見者一次立見者三次至

署西文一帳棚看箭二弁至陳傚梅之世兄處一談送張至保定歐陽小岑處一談歸圍棋二局第虔軒來久談中飯後出見之客二次袁甫江遠遊來久談李梅生來久坐閱本日文件核批稿各簿紀鴻兒之第二子患病頗重用以為慮傍夕小睡桓洪琴西來久談核信稿一件二更後溫古文氣勢之屬三更睡

二十五日

早飯後清理文件出見之客三次衙門期也寫記子冊圍棋二局見客二次第虔軒談甚久核科房批稿簿中飯後閱本日文件倦甚在洋床小睡寫祭幛四幅對聯三付傍夕與樹堂一談桓溫古文氣勢之屬圈點三蘇眼奇蒙殊不能辨一字因不復執筆而溫項羽本紀一遍眼在半開半閉之間略見字影略

似默誦而已二更四點睡

二十六日

早飯後清理文件坐見之客一次立見者一次出門拜黃篪軒李眉生均未晤巳初歸圍棋二局核批稿各簿見客一次中飯後閱本日文件核重約吳子登來以玻璃用藥水照出小像蓋西洋人之法也為余照一像紀鴻之次子病早間甚重晚來輕減余目蒙殊甚旋閱漱草書譜等閱書亦不能看因在洋床上閉目小坐傍夕小睡極畏寒氣勢之屬以眼蒙不能久看閉目小坐二更四點睡眼病如此便与盲人無異為之媿嘆

二十七日

早飯後清理文件坐見之客四次立見者二次出門至任棣香家弔唁渠有妻喪本日開弔也歸圍棋二局

核科房批稿簿請李眉生小宴酉
初始散閱本日文件閱龔定庵文集傍夕小睡
夜溫古文氣勢之屬眼蒙竟不能看屢次閉
目小坐二更四點睡

二十八日

早飯後清理文件 見之客五次 圍棋二局 核批稿各簿
中飯後閱本日文件 將改復張友山信論修黃河運河
等語閱兵部蔣主事所上條陳 細讀良久不甚清
了 見之客一次 改信稿約二百字 未正 接沅弟三
月廿日信 僅八日即到 余去家信頗稀 弟信甚密 望
余信甚切 悱惻之忱 露於言外 傍夕小睡 夜改信稿
改單 約共改五百餘字 二更後溫古文氣勢之屬 四
五點睡

二十九日

早飯後清理文件坐見之客二次立見者二次出門至署右翁道考驗江西畫貢三人中有存禧金未中翁歸署坐見之客一次圍棋二局寫記事冊午刻核科房批稿簿中飯後見客二次閱本日文件雜繙會典中戶部各門一閱眉生來一談張今年四十二歲身體之弱家運之衰言之於滌撰作一詩贈之恍惚未能下筆傍夕小睡旋擬作詩而遲鈍異常僅作十句而已二更五點睡

四月初一日

早飯後止院不見客清理文件旋坐見之客二次立見者一次寫澄沅兩弟信一件圍棋二局倦甚在洋床上閉目少息核科房稿批各簿中飯後閱本日文件剃頭一次將昨夜之詩作畢一首共三十句二更方完傍夕小睡二更後溫文選中詩及古詩恬吟稍久

五點睡

初二日

早飯後清理文件 坐見之客五次 圍棋二局 核科房批稿各信 閱會典兵部各例 黃昌岐來一談 中飯後閱本日文件 閱廣東嘉應楊懋建所著禹貢新圖說 日長如歲 僅一繙閱 涉獵過眼即忘 全未認真治完一書 殊以為愧 傍夕小睡 旋再作一詩贈李眉生 凡二十六句 三更半即睡

初三日

早飯後清理文件 將昨夕之詩再一核改 見客二次 圍棋二局 閱會典兵部各例 核科房批稿各信 內有復總理衙門信改三百餘字 中飯後閱本日文件 李眉生來久談 旋閱會典 倦甚渴睡 不覺成寐 傍夕又坐床小睡 旋溫五古陶詩杜詩 疲乏全無清旭之氣 昏

習而益衰老於讀書之道去之千里矣二更四點睡
内人之病近日乃漸覺減退脈清而痰亦少愈殊為慰
想所不及

初四日

早飯後清理文件坐見之客二次圍棋二局俳佪室
間若有所思〻甚久乃知吾生日月盡在悠忽怠惰中過
了核科房批稿〻簿中飯後閱本日文件閱歐陽公
文茅選八家本也其間選唐書五首五代史十五首
与他處茅選五代史較多〻幾及自以同倘夕小睡在溫
古文類纂論辨類二更五點睡

初五日

早飯後清理文件坐見之客二次衙門期也圍棋二局
閱兵部則例中置驛設鋪等卷將軍時〻看來一談
核批稿各簿中飯後閱本日文件畢〻後觀新集一

談申正寫對聯六付倦甚若有病者四肢軟散不能
支於傍夕小睡極閱古文序跋類書說類二更
五點睡

初六日

早飯後清理文件坐見之客四次立見者一次閱會典
中宗人府內閣圍棋二局巳正出門至水西門外送魁
將軍渠赴鎮江閱操午刻歸核批稿各簿中飯後
閱本日文件坐見之客一次李眉生來一談核改信
稿三件傍夕小睡極溫古文類纂碑誌類二更
後閱補敘首五點睡

初七日

早飯後清理文件坐見之客二次立見者一次圍棋二局閱
會典內閣吏部倦甚看書則昏昏渴睡已成疾矣
派弁至家鄉送信寫澄沅兩弟信核科房批稿簿

中飯後閱本日文件。眼蒙，在藤椅閉目久坐。核改信稿二件。自省目病之源在肝，肝病之源則由於忮心、名心不能克盡之故。在室中反復自訟，不能治也。傍夕與子密一談。核溫古文情韻類，下二更後朗誦數首。四點後睡。

初八日

早飯後清理文件。坐見之客二次，立見者一次。出門至吳竹如處久坐，又至張廉卿處一談。午初歸，圍棋二局。立見之客一次。核科房批稿簿。中飯後閱本日文件，閱會典七卷，至十二卷。略一沐櫛，未能一看注文。至內室一談，至花園一散步。傍夕小睡。核改信稿一件。二更後溫古文識度之屬，五點睡。近來每苦心緒鬱悶，毫無生機，因思尋樂約有三端：勤勞而後憩息，一樂也；至淡以消忮心，二樂也；讀書聲出金石，三樂也。一樂三樂，是咸豐八年以前曾有志行

之戕於日征無二樂則近日摟求病根近來拔去無幾須
於未死之前拔除淨盡乃稍安耳

附記

寄考　改寄秋信寄季　鹽卿船水

鈕承鑫函應羹　黃冠北請郵

初九日

早飯後清理文件惟見之客四次圍棋二局楊書及瑞臣
錫自上海歸來答與一敘周姓又為余寫照一次核科房
批稿信稿中飯後閱本日文件閱會典十三卷至二十卷
又至周君處對坐為余寫照楊書來久談請余寫對
聯三付傍夕小睡夜核表奏江遠遊來久談二更後溫古
文識度之屬三更睡近年每日圍棋二局耗損心力日
中動念之時夜間將醒之時皆縈繞於楸枰白黑
之上心血因而虧目光因而愈蒙於病體已漸瘁矣

戒棋不寄功

初十日

早飯後清理文件見客二次衙門期也本日始戒棋天氣新熱困倦殊甚竟日在洋床上睡巳刻寫對聯四付午刻見客數次核拜房批稿繕（梅堂來談與之同食）中飯後閱本日文件申刻送梅堂歸去偏夕時ㄟ床一睡極又在洋床欠睡不治一了偶起則昏倦異常然猶將所閱詩經注疏呈覽兒方侍立於旁余已渴睡成寐矣可笑可嘆一至於此二更四點睡

十一日

早飯後清理文件在洋床小睡巳刻將三省文牘官單各注審考或斷或續時起時坐至二更止將孝經注華午刻會客一次核批稿繕中飯後閱本日文件偏夕小睡是日天氣極熱全換暑衣余本畏熱多汗又

眼蒙加甚寫字吃力之至尚不成字勉強核考語注畢
在近日~~郎~~房勤於蘇公事二更後溫誦古文歐曾文數
首五點睡

十二日

早飯後清理文件坐見之客二次孫琴西談頗久將武
職提鎮單加注密考旋又改摺一件午刻坐見之客
三次張廉卿談甚久子密來一談核科房批稿簿
中飯後閱本日文件天氣奇熱汗出不止閱汪
容甫所著述學至作行稿一件閱述學至日晡
傍夕坐床小睡校改信稿五件二更後溫古人
識度之屬五點睡是日接澄弟三月廿七日之信

十三日

早飯後清理文件坐見之客二次倦甚在洋床上久睡
直至巳正方起撰改八年所作江寧府學記久不能

以閱述學 午刻見客二次 核批稿各簿 中飯後閱本
日文件 圍棋二局 熱甚 出汗甚多 又閱述學 見客一
次 顧光輝將進京爲貢外郎 顧質齋之子也 傍夕
小睡 燈又閱述學 溫漁洋五古選 二更末睡

十四日

早飯後溫清理文件 見客坐見者一次 立見者一次 圍
棋二局 將八年所爲江寧府學記核改 陸續改正之
更改畢 約改三百餘字 午刻坐見之客二次 李勉亭談
甚久 核科房批稿簿 中飯後閱本日文件 申刻歐
陽小岑來久談 傍夕小睡 是日院中搭天棚 屋出
窺看 二更睡

十五日

早飯後清理文件 改復李少泉信小稿 改致總理衙門信
稿 改幼童出洋肄章程 坐見之客二次 立見者一次 圍棋二局 核科

房批稿簿，中飯後閱本日文件，坐見之客一次，閱白香山詩集，校對明日應發摺件，凡六摺五片三清單，改信稿三件，閱閱微草堂筆記，傍夕久睡，夜改信稿二件，閱香山詩集，二更後溫韓文，五點睡

十六日

早飯後清理文件，坐見之客四次，汪梅村談甚久，圍棋二局，又坐見之客三次，陳虎臣坐甚久，午正核科房批稿簿，中飯後閱本日文件，子密來一談，閱閱微草堂筆記，在洋床久睡，閱香山詩集，是日因閱李世忠捆縛陳國瑞於船上，不知生何變端，為之懸係，改李世忠之案之批，傍夕小睡，夜又閱閱微草堂筆記，二更後溫古文氣勢之屬，五點睡

十七日

早飯後清理文件，坐見之客三次，圍棋二局，在洋床一睡

閱〻擬草章程核科房批稿〻簿中飯後閱本日
文件何子貞自蘇州來久坐李世忠自揚州來因其
與陳國瑞構衅無賴〻往未與相見張真官廳等
候極久袁篤臣來一見坐甚與李一談傷夕富桂卿
來一坐小睡良久種閱三國志二篇二更四點睡每
日一事未辦飽食甘寢愧赧之至

十八日

早飯後清理文件坐見之客二次立見者一次王署翁看
箭考驗江西去官二人出城至河下拜何子貞久談歸
見客一次圍棋二局核科房批稿〻簿莫家楣來一談
中飯後閱本日文件閱會典禮部略一涉獵至內
室一談傷夕小睡核摺并自京回閱京信及邸鈔
等閱會典溫古文書牘類二更五點睡

早飯後清理文件倦甚小睡圍棋二局見客坐見者四次立見者一次核科房批稿簿又坐見之客二次王子蕃坐頗久未刻閱本日文件請客吃便中飯汪梅村方伯璉宪鉞與之久談何子貞後到申初二刻畢席酉正散傍夕見客一次在閱文選眼蒙殊甚二更五點睡

二十日

早飯後清理文件見客二次衙門期也圍棋二局閱会典兵部李佛生自保定來久談又坐見之客二次核科房批稿簿中飯後閱本日文件有蒙亭禰曾承恩等二人來又云接湖南省譜局信將與張族聯譜合其來金陵見我閱其刻信果然不知湖南何人主持也歐陽小岑來久談申酉間見客二次一係江西臬司俊達談頗久傍夕小睡極科五來一談

溫古文序跋類硏誦數首三更睡

二十一日

早飯後清理文件倦甚坐於洋床久睡晤見之客二次巳刻出門拜候質堂歸楊正儀來一談厚庵之子也何子貞來談最久中飯後閱本日文件核科房批稿〻詩文坐洋床一睡剃頭夜傍夕坐〻床一睡粗溫古文書說類眼蒙竟不能見字二更五點睡

二十二日

早飯後清理文件晤見之客四次坐洋床久睡核批稿各簿梅小岩來一坐有人自湘鄉來用本龍昇一紙送至署內間人紛〻趨看云傳敵丰自家中帶來報也又晤見之客一次未末請筱質堂小宴請富桂卿與恩心一陪之席散時將酉正矣閱會典刑部工部傍夕小睡核作丁伊輔墓志銘約百六七十字三更睡

二十三日

早飯後 清理文件 在洋床小睡 旋圍棋三局 見客三次 應敏齋談甚久 核批稿各件 中飯後 閱本日文件 羅研生新寄來楚南文徵 略為繙閱 惜其凡例與序述及小傳等 酉刻又作丁伊輔墓志銘 至三更止 僅作三百餘字 甚矣余之鈍也 傍夕小睡 三更後睡

二十四日

早飯後 清理文件 至洋床小睡 坐見之客三次 應敏齋談甚久 圍棋二局 又坐見之客三次 薛世香談頗久 核批稿各簿 中飯後 閱本日文件 坐見之客一次 閱湖南文徵 申刻後 將丁伊輔墓志銘撰畢 共八百餘字 傍夕小睡 燈後溫古文奏議類 三更睡 星桂兒 紀鴻近作文二首 首首筆拙益甚 徒見嗤於山長平兒

聾蠢陋若此為之焦灼

廿五日

早飯後清理文件於是見之客二次立見者一次出門至署西看箭二員至洋床上久睡余向來夏月有飯後脾困之二症每每終日思睡近又眼病更覺難於支持午初見客二次張廉卿談頗久核科房批稿簽核信稿九件內二件改四百餘字申飯後閱本日文件閱龔定庵集渴睡殊甚又至洋床久睡未作一字而天已暝黑矣傍夕坐床一睡植又閱定庵集溫韓文朗誦數首二更五點睡

廿六日

早飯後清理文件至洋床小睡旋見客三次梅小岩等坐甚久巳刻圍棋二局午刻核科房批稿簽申飯後閱本日文件李梅生歐小岑先後來坐談怪久子密

來談亦久傷夕始將文件閱畢小睡極閱雲庵集
眼蒙殊甚二更後溫韓詩三更睡

廿七日

早飯後清理文件 閱湖南文徵將其名之最著者略閱一
單 出見之客四次圍棋二局午刻核科房批稿簿中
飯閱本日文件陳子華患心一坐後來談頗久有人送
吳仲雲制軍挽幛花宜館詩鈔略一繙閱申刻出城
迎接將軍渠自京口歸來旋至余署一談是日公文甚
多未能看畢傷夕小睡極將公文看畢 又閱吳仲
雲詩 二更五點睡

廿八日

早飯後清理文件 在洋床小睡出見之客六次圍棋
二局核科房批稿簿中飯後閱本日文件是日將
再改江寧府學記低佪良久而不能下筆又閒閱花宜

館詩集。子密來一久談。傍夕小睡。夜閱吳南屏新刻集，曰梓湖文錄、詩錄。步又屬思改府学講記，及至二更未始改數十字，而又甚不稱意，甚矣余之鈍且陋也。三更睡。

二十九日

早飯後清理文件，坐見之客二次，圍棋二局，改李世忠、陳國瑞一案批稿，又坐見之客一次，核科房批稿簿。中飯後請李眉生便飯，未正坐席，申正散，又与之一談，閱本日文件，閱吳南屏梓湖文集，是日派送來一百部。傍夕至花園一行，巡覽至幕府陳小浦等處一談。夜飯後再將府学記核改，二更後改畢，又將丁伊輔先生志銘一核。三更睡。

卅日

早飯後清理文件，坐見之客二次，出門拜薛慰農不晤，拜李眉

生久談　歸核科房批稿簿　中飯後閱本日文件　改信稿數件　閱梓湖文錄　至花園一看　至幕府一談　申刻會客二次　戌刻會客一次　在閱梓湖文錄　目蒙不能細看　三更睡

五月初一日

早飯後清理文件　出城迎接李小泉　余出水西門　渠已進旱西門　至余署矣　歸署與之久談　旋圍棋三局　小睡　核科房批稿簿　中飯後閱本日文件　閱理學宗傳　坐見之客二次　子密來一談　傍夕小睡　在閱理學宗傳　李小泉來久坐　將三更方去　去後余即洗腳睡矣

初二日

早飯後清理文件　出門至李小泉處久談　渠寓其戚張又堂家　歸後在洋床小睡　圍棋二局　核科房批稿各簿　閱理學宗傳　核改信稿三件　作梅信改甚多　方存

之信致朱宇未來請李小泉小宴請小岩琴西子範
陪之申刻坐席客散已戌刻矣小睡燈閱本日文
件閱理學宗傳中鹿忠節公改方存之信稿畢
三更睡是日接沅弟信知紀壽姪縣考文取案首
吾家　星岡公之子孫曾孫共入學者九人而取案
首者六人惟余不得案首耳　上兩輩皆艱難紀字
一輩則得之稍易

初三日

早飯後清理文件小睡於洋床坐見之客六次圍棋二局
核批稿各簿中飯後閱本日文件坐見之客一次立見者
一次李眉生來一談是日擬作羅伯宜之墓志銘而久不能
下筆傍夕小睡燈始下筆為文數十字而茫無意緒
文思閉塞鈍〻由平日致力不深耳三更睡是日申
刻寫對聯六付

初四日

早飯後清理文件 坐見之客六次 圍棋二局 核科房批稿簿 中飯後閱本日文件 立見之客一次 坐見者一次 作羅伯宜墓志銘 自申初至三更作畢 約八百字 尚未作銘辭 傍夕小睡 三更睡 因文思太鈍 遂率意為之 期於成篇 終無是處

初五日

早飯後清理文件 謝絕拜節諸客 坐見者僅兩次 倦困 在洋床久睡 作昨日之志銘辭 核科房批稿簿 中飯後閱本日文件 坐見之客一次 在洋床小睡甚久 改復雲仙信稿 約改五百字 傍夕小睡 核改復吳南屏等信稿 約改三百字 二更後閱三國志王粲衛覬等傳 三更睡

初六日

早飯後清理文件 坐見之客四次 立見者二次 在洋床屢睡

巳正出門拜客吳竹如李小湖兩處一談未初二刻歸署核
批稿君潔來正一刻請幕府十二人小宴申末席散閱本
日文件倦乏殊甚在洋床久睡不復能治事矣傍夕小
睡夜閱孫琴西近日所作古文名遜學齋文稿約十餘
首二更後溫古文辭類纂碑誌類三更睡

初七日

早飯後清理文件在洋床小睡圍棋三局坐見之客一
次改摺稿一件即李世忠陳國瑞案之摺核批稿各
件中飯後閱本日文件屢次在洋床小睡屢次改信
稿共改二十餘件是日兩接澄沅兩弟信一由排單一
由信局傍夕至花園一行小睡頗久夜閱明史楊漣
傳溫韓文碑誌類二更四點睡

初八日

早飯後閱湖南文徵數首坐見之客二次圍棋二局核

科房批稿簿　坐洋床小睡二次　中飯後閱本日文
件　閱鄧湘皋之序文錄於文徵者二卷　又坐洋床
小睡　天熱已有溽暑濕蒸之氣　余向來所最畏
也　將上次所作羅伯宜墓志再一核改　傍夕小睡
核又閱湖南文徵　蓋研生囑余作序　須略為涉
獵耳　三更睡

初九日

早飯後清理文件　坐洋床小睡　坐見之客二次　立見者三次
圍棋二局　許薩阿來一談　渠將赴海細也　旋閱湖南文徵
核科房批稿簿　中飯後閱本日文件　閱文徵中羅蘇
溪李石梧[?]黎樾喬諸人之文　閱陶文毅奏疏　坐
洋床上小睡二次　本思於初八九日作文　以完常課
緣構思不成　且姑置之　傍夕小睡頗久　核將
紀澤初八所作詩四首批評　二更後閱震川文數

首三更睡

初十日

早飯後清理文件 見客四次 衙門期也 圍棋二局 改復張子青信稿 約改五百字 核科房批稿簿 中飯後閱本日文件 寫家信二件 一由排遞 一由江西家寄 細曾承恩等帶去 渠等至湖南聯宗修譜 求寄一信也 寫對聯二付 扁一方 晡時至園一看 傍夕小睡 夜核各摺件 校對明日摺發 二更後溫古文雜記類 誦離騷一過 三更睡

十一日

早飯後清理文件 坐見之客二次 在洋床小睡 圍棋二局 核科房批稿簿 閱湖南文徵 中飯後閱本日文件 奇熱 汗出不止 改信稿數件 閱閱微草堂筆記 閱湖南文徵 在洋床小睡 酉正在之床一睡 新換竹

簟初一試之因汗多遂不起飯後乃起燈又閱湖南文徵二更後因閱震川古文遂并翻其四書文閱之其渾灝流轉之氣乃更勝於古文也三更睡

十二日

早飯後清理文件坐見之客二次圍棋二局閱湖南文徵坐洋床上屢次小睡蔣益澧來久談薌泉之胞弟也中飯後閱本日文件閱湖南文徵中哀祭一門竹坐洋床小睡至後園一望傍夕久睡燈閱文徵頗多三更睡

十三日

寅初起至關帝廟率屬行誕祭禮禮畢歸早飯後至署西帳棚看箭考驗二員歸清理文件坐見之客五次立見者一次圍棋二局旋作湖南文徵序而久不能下

筆帖科房批稿簽 中飯後閱本日文件 溽熱異
常 迅雷大雨稍靜 歇蒸之氣 作序文約三百字 雨
後微涼 久睡 極 又作序文百餘字 三更睡 每一作文兼
下筆之先若有佳境 既下筆則無一是之處 由於平
日用功浮泛 全無實際故耳

十四日

早飯後清理文件 坐見之客六次 立見者一次 圍棋二局
又作序文百餘字 中飯後閱本日文件 將序文作畢
共六百餘字 再閱一過 全無是處 深為愧悶 又閱湖南
文徵數首 在洋床小睡二次 燈後登床一睡 夜又閱
湖南文徵 閱梅伯言文集 三更睡

十五日

早飯後清理文件 坐見之客二次 立見者一次 圍棋二局 閱
梅伯言文集 核批稿各簽 中飯後閱本日文件 思將

序文一段而久不能下筆再閱伯言文集甚多偏久

小睡後閱姚惜抱文集是夜月蝕余於初虧食甚

三次行禮皆三跪九叩 三更睡

十六日

早飯後清理文件 摺差歸閱京信京報等 坐見之客七次金逸亭洪琴西韓耕起談渭久圍棋二局核科房批稿簿中飯後閱本日文件 閱惜抱文集 閱通鑑輯覽第一本至洋床小睡是日仍思改序文而未能動筆至後園一看傍夕睡夜再閱惜抱集三更睡

十七日

早飯後清理文件 坐見之客三次圍棋二局 閱通鑑輯覽十餘葉又坐見之客三次核科房批稿簿中飯後閱本日文件坐見之客二次 閱理學宗傳中朱子陸子

孫氏所錄朱子之語多取其與陸子相近者蓋偏於陸王之途去洛閩甚遠也剃頭一次至園中一覽傍夕小睡夜閱湖南文徵將十三所作序文改數十字二更五點睡

十八日

早飯後清理文件坐見之客四次圍棋二局閱通鑑八十七卷午刻又見客一次核科房批稿各簿中飯後閱本日文件梅小岩來一談將改復奏片午信稿而久未下筆閱通鑑擇覽至後園一覽傍夕久睡夜閱周保緒所著晉略趙惠甫所寄來者周名濟荊溪人書成於道光十八年亦近世著作者也三更睡

十九日

早飯後清理文件坐見之客三次立見者一次圍棋二局又坐見之客三次閱通鑑八十八卷未刻核批稿各簿中飯

後閱本日文件 於通鑑之卷閱畢 改信稿五件 約改四百餘字 傍夕小睡 極閱姚惜抱梅伯言文集 又閱古文論著類 三更睡

廿日

早飯後清理文件 出見之客二次 衙門期也 閱通鑑八十九卷 圍棋二局 核批稿各件 中飯後清閱本日文件 閱理學宗傳辨正第一本 河南永城縣劉廷詔字雲卿之所著也 吳竹如侍郎為之校訂 即於劉君送余一 閱改信稿十餘件 傍夕小睡 極又改信稿十餘件 閱梅伯言文集 閱古文序跋類 三更睡

廿一日

早飯後清理文件 出見之客五次 荔蓋清送莫如樓詩集略一繙閱 又閱通鑑九十卷 圍棋二局 核科房批稿簽 中飯後閱本日文件 閱理學宗傳中第一本

又程子倦甚至洋床小睡 傍夕坐床一睡 極 閱宗
傳二程子一本畢 二更後溫古文辭雜類 三更睡

二十二日

早飯後清理文件 見客二次 圍棋二局 旋又見客一次
閱通鑑九十一二兩卷 至申正始畢 改信稿一件 核科房
批稿各件 中飯後閱本日文件 酉刻閱理學宗傳
辨正中之二程子 傍夕睡頗久 極 又閱二程子一卷及
朱子十餘葉 三更睡

二十三日

早飯後清理文件 閱通鑑九十三卷 圍棋二局 見客
二次 又閱通鑑九十四卷未畢 核科房批稿簿 中
飯後閱本日文件 將九十四卷閱畢 粗涉一過 不能
細也 梅小岩來 一談 思作武昌張樹程墓志 而良久
不能下筆 張廉卿之父也 傍夕小睡 極 作張君墓志

約二百餘字　三更睡

二十四日

早飯後清理文件　將昨日所閱之九十四卷再閱一遍　圍棋二局　出見之客十次　立見者一次　內曹鏡初袁慶棠坐甚久　疲乏殊甚　核科房批稿簿　中飯後閱本日文件　天氣甚熱　不能治事　將昨日銘志又作三百餘字　傍夕小睡　棋又作百餘字　志文作完　二更後將作銘詞　久思不能下筆　志文亦僅抄錄張廉卿之評　略甚矣　余之陋也　三更睡

二十五日

早飯後清理文件　出見之客五次　作銘詞　苦索不得　勉強湊成十餘句　敷衍成篇　閱通鑑九十五卷　未畢　核批稿各簿　中飯後閱本日文件　又將湖南文徵序改百餘字　至洋床小睡　本日熱甚　下半日得

酉稍涼將九十五卷閱畢傍夕在床一睡旋因曹
鏡初搬入署內與之久談二更後閱伯言文集三
更睡

二十六日

早飯後清理文件坐見之客十次疲乏已甚閱通鑑九十
六卷圍棋二局核科房批稿簿中飯後閱本日文
件閱通鑑九十七卷未畢在洋床小睡改復何子貞
信稿未畢傍夕小睡頗久疲甚念不成寐旋改信
稿畢約四五百餘字又改復張子青信二更後溫古文
奏議類倦甚三更睡

二十七日

早飯後清理文件閱通鑑七十九卷畢坐見之客四次
核科房批稿簿中飯後閱本日文件坐見之客二次
至曹鏡初房內久談閱通鑑九十八卷至夜二更方

午倦夕小睡二更後溫古文贈序類三更睡是
日左膝腫生睡數次困倦殊甚

二十八日

早飯後清理文件閱通鑑九十九卷未畢坐見之客
五次立見者三次圍棋二局核科房批稿簿閱本日
文件未畢未正請曹鏡初張瑩孫羊滬爾等以
宴申末席散將本日文件閱畢將通鑑九十九卷
閱畢傍夕小睡旋溫史記儒林汲鄭酷吏等傳
夜困殊甚三更睡

二十九日

早飯後清理文件閱通鑑第百卷坐見之客三次出
門拜吳竹如與之久談歸核科房批稿簿中飯後
閱本日文件圍棋二局將通鑑百卷再涉覽一過
與曹鏡初至園中一覽旋閱史記自序等篇

疲乏殊甚昏睡二五老年志氣不振故精力益
衰深以為愧

卅日

早飯後清理文件 閱通鑑一百一卷 見客五次 圍
棋二局 午正核科房批稿簿 中飯後閱本日文件 倦
甚 在洋床小睡 閱張皋聞茗柯文編 渠家移刲
板 其曾孫求余作序 蓋係宦已面許之也 傍夕早睡
極 批紀澤所作詩四首 旋溫黃山谷元遺山七言律
詩 三更睡

六月初一日

是日正院謝客 早飯後清理文件 閱通鑑一百二卷 手
復細閱一遍 洪琴西久談 圍棋二局 核科房批稿簿
中飯後閱本日文件 閱張皋聞集 在洋床小睡
改信稿十餘件 傍夕至曹鏡初室中一談 夜又改信

稿。二更後閱史記酷吏傳。三更睡。日來困倦殊甚，想因不勝伏暑，故益覺其衰乎。

初二日

早飯後清理文件，閱通鑑一百三卷一過，旋又閱一過。坐見之客七次。午正核科房批稿簿，未初至吳竹如先生處，自帶酒席，至張霞處同飲，陪客為楊仲乾、陳寬臣、洪琴西，至酉初席散。歸署，閱本日文件偏多。小睡極，又閱酷吏傳。二更五點睡，夜甚困倦殊甚，看書輒渴睡成寐。

初三日

早飯後清理文件，閱通鑑一百四卷，圍棋二局，旋又閱通鑑百四卷一過，昏倦之氣，一閱全未清晰，故須再閱也。坐見之客五次，立見者一次。午正核批稿各簿。中飯後閱本日文件，思作張皋文集之序

屢坐洋床小睡不能下筆將張集頻頻繙閱酉
刻歐陽小岑來一談又同丞鏡裕處一談傍夕小
睡極再閱張集思作之序而不果三更睡

初四日

早飯後清理文件坐見之客三次立見者一次圍棋二局思
作序而仍不果屢坐洋床小睡午正核科房批稿
簽稿中飯後閱本日文件作序約三百餘字傍夕小
睡極又作百餘字將序作畢覆視乃無一字可用甚
愧歉之至閱惜抱軒文集於又溫史記二首眼蒙不復
能看字二更五點睡

初五日

早飯後清理文件見客四次衙門期也圍棋二局坐洋床
小睡天氣極熱閱通鑑百五卷核科房批稿簽稿中
飯後閱本日文件甚熱屢次小睡申正後改摺稿未

件信稿四件 傍夕與曹鏡初至後園一談 極閲姚惜抱集雜 温史記四篇 二更五點睡

初六日

早飯後清理文件 見之客三次 立見者一次 閲通鑑百六卷 天氣酷熱異常 看書全不能入眼 若昏迷不能識一字者 身若燔炙 不可聊賴 通鑑一卷餘看兩遍而忘 一無所解 屢在洋床小睡 核科房批稿簿 中飯後閲本日文件 批紀澤文一首 改覆葉竹生信 見之客一次 傍夕小睡 極温史記大宛傳 游俠傳 二更五點睡

初七日

早飯後清理文件 見之客四次 立見者一次 圍棋二局 閲通鑑百七卷 天氣奇熱 核科房批稿簿 中飯後閲本日文件 見之客二次 畏熱 屢次小睡 剃頭

一次偏夕坐床一睡核核改覆李少泉信 二更後

温史記二首閱惜抱軒詩集 二更五點睡

初八日

早飯後清理文件 見客二次 是日接小岩張集西

往游後湖 辰正出署至太平門城樓 小生同游者

薛尉農山長桂薌亭錢萍翁 出城坐舟 行七里

許 坐岸至蔡湖 湖神廟一看 小坐半時許 午初二

刻返棹 涼風徐來 一敞爽暢之氣 荷香撲鼻 不

以盛暑為苦 由至太平門 升輿進城 至妙相庵 未

初二刻坐席 酒半大雨 席樓荷池 雨盛荷喧 景物

清快 席散 又至廟中游覽 出廟陸行二里許 至通心

橋 坐舟 行八九里許 至大中橋 小泊 點燈 集船張燈八

十二三或盞燈同行之船各張五六千燈及千餘燈不等 行至

下游 逕商民燈船約三四千號 燈最多 與集船

同至喜溪略兒太平景象矣出大子廟出岸回署閱本日文件核批稿各件三更睡

初九日

早飯後清理文件見客五次圍棋二局天氣酷熱汗出不止閱通鑑百八卷僅及一半而昏惰殊甚睡在洋床廣睡核科房批稿各件中飯後閱本日文件畏熱小睡坐見之客一次申正核改信稿十餘件改摺稿二件傍夕小睡夜再改信稿二更後溫史記儒林朝鮮等傳三更睡

初十日

早飯後清理文件坐見之客三次立見者一次衙門期閱通鑑百八卷之後一半旋又將此卷再閱一過頗覺神昏動輒渴睡成誦讀書竟不能入可嘆可愧在洋床小睡睡二次午刻核科房批稿各件中飯後閱

本日文件酷熱不可復耐坐見之客一次在洋床
小睡二次核改信稿四件倦甚小睡旋將前所作
若柯文編序核改一遍三更睡

十日

早飯後清理文件坐見之客六次立見者二次倦甚圍
棋三局閱通鑑百九卷午末核科房批稿簿中
飯後閱本日文件閱懷寧馬徵麟素臣新著
之家禮外紀述刊正近世篤學深思之士也在洋床小
睡二次至曹鏡初處一談倦甚在床一睡旋再閱家
禮外紀終二更後溫大疏信用硃筆圈點未畢三更睡
是日天氣稍涼不似昨二日之酷熱

十二日

早飯後清理文件坐見之客四次閱通鑑百十卷未畢
圍棋二局旋將百十卷閱畢　核科房批稿簿中飯

後閱本日文件 前請李山長閱鍾山書院課卷
薛山長閱尊經書院課卷本日送來 余亦覆
閱十餘卷 旋又校閱明日應發之摺件 又閱通
鑑百十一卷未畢 將作倭中堂挽聯而不果 戌正洋
麻小睡 傍夕至園一看 燈後閱理學宗傳中薛
文清一卷 改倭宅唁信 二更後將大挽信 點畢
三更睡

十三日

早飯後清理文件 擬發萬壽摺件 坐見之客一次
閱通鑑百十一卷畢 旋又閱一編 出門至葉觀察
家弔喪 觀察名寶楨 字晉師 昨日巳刻去世
歸核科房批稿〻信 中飯後閱本日文件 圍棋
二局 將作文而不果 閱理學宗傳中薛王二卷 又閱惜
抱軒九經說及筆記 傍夕小睡 燈後閱九經說 又閱

宗傳中函端文一卷二更五點睡
十四日
早飯後清理文件 坐見之客二次 程穎芝談甚久 圍棋二局 梅小岩來一談 核科房批稿簿 中飯後閱本日文件 朱唐洲來一談 沅弟薦來謂可勝統領之任者也 此二日內擬作先考台洲墓表而久不能下筆遲鈍之至 閱吳南屏柈湖文錄數十首 嘆其少而能文老而不倦為不可及 寫扁三方 寫對聯五付 傍夕小睡 極擬作黎子元墓誌銘 黎篤齋之父也 作二百餘字三更睡
十五日
早起見賀望之客 飯後坐見之客二次 立見者一次 衙門期也 閱通鑑百一十二卷 圍棋二局 旋又閱通鑑前卷一編 核科房批稿簿 中飯後閱本日文件料理

子元茂才志作序約六百餘字傍夕小睡夜作銘
辭廿四句三更始畢文思之鈍精力之衰均可
愧嘆睡後不甚成寐

十六日

早飯後清理文件坐見之客五次閱通鑑百一十三卷
於文又閱一遍齒疼喉疼心火之為病小睡養之
而疼不止核科房批稿簿中飯後閱本日文件
圍棋二局閱南屏文集核復各處信件將改信
稿而不果傍夕至園與鏡初一談夜溫史記游俠佞
幸滑稽日者等傳三更睡不甚成寐四更後齒
疼喉疼殊甚久不能眠

十七日

早飯後清理文件閱通鑑百一十四卷於文又閱一遍見
客二次倦甚小睡核科房批稿簿中飯後閱本

日文件 坐見之客一次 與東國綱談頗久 圍棋二局
閱李勉林所訂江蘇水師條議 又閱南屏文
集 偶夕小睡 核溫史記龜策傳 貨殖傳 酌加
圈批 三更睡

十八日

早飯後清理文件 坐見之客三次 閱通鑑百一十五卷
漸有病 坐則支持不住 屢次小睡 又將通鑑閱一徧
核科房批稿簿 中飯後閱本日文件 又至洋床
上久睡 國綱來久談 客去又睡 兩次身體病困甚
覺難支 改信稿一件 偶夕小睡 核溫史記自序 酌
加圈點 三更睡

十九日

早飯後清理文件 坐見之客二次 閱通鑑百一十六卷未畢
圍棋二局 旋將通鑑一卷閱畢 又續閱一徧 核科

房批稿核信中飯後閱本日文件核甚久睡閱日
知錄久不閱此書因取出一為流覽改信稿二件旁
夕小睡核溫史記朝鮮傳西南夷傳司馬相如
傳酌加圈點三更睡

二十日

早飯後清理文件坐見之客二次堂期也閱通鑑百一十七
卷圍棋二局旋又閱百一十七卷一編核科房批稿各
簿小睡頗久中飯後閱本日文件閱通鑑百一十
八卷未畢出門拜魁將軍富都統各一談拜丞
鏡初處與小岑一談極丞內室一談閱史記淮
南衡山王傳未畢三更睡

二十一日

早飯後清理文件坐見之客四次立見者一次閱通鑑百
一十八卷後半畢旋又重閱一編倦甚累後小睡核科

房批稿簿　申飯後閱本日文件　圍棋二局　張廉卿自家來久談　前作羅伯宜墓誌不妥　又思核改而不果　傍夕小睡　核溫史記淮南衡山王傳　平溫循吏傳　汲鄭傳　三更睡

廿二日

早飯後清理文件　坐見之客二次　立見者二次　閱通鑑百一十九卷　旋又重閱一徧　閱日知錄數葉　核科房批稿各簿　中飯後閱本日文件　閱馬素臣所著家禮外祭述訓　出門拜客　至錢子密家　渠之祖母新喪　故往一唁　旋至薛尉農處久談　歸已日晡矣　傍夕小睡　核溫史記儒林傳　三更睡

廿三日

早飯後清理文件　坐見之客四次　立見者一次　閱通鑑百二十卷　圍棋二局　旋又閱通鑑一徧　核科房批稿

各簽稿中飯後閱本日文件擬作文而不果閱日知
錄在洋床久睡傷夕與鏡初至園亭一談核溫
史記酷吏傳三更睡

廿四日

早飯後清理文件畢見之客四次立見者二次閱通鑑
百廿一卷未畢以將作先考妣墓表故未看畢圍棋
二局核科房批稿簽中飯後閱本日文件擬作
文而久不能下筆在室中徘徊良久或在洋床小
睡傷夕坐床一睡核將作文而竟不能誠遲鈍
可愧二更後作二三行三更睡

廿五日

早飯後清理文件見客二次衙門期也圍棋二局閱
通鑑昨一卷仍未畢蓋亦擬作文故他事皆不暇為而
文終不能就閱日知錄數葉午刻核科房批稿簽

中飯後閱本日文件旋作台洲墓表約七百字至三更止本草兩作全不能表章先人德意深以為愧傷夕小睡極煩渴酣睡

二十六日

早飯後清理文件並見之客六次圍棋二局將通鑑百二十一卷閱草核批稿各簽中飯後閱本日文件又閱通鑑前卷一編寫綵幛一幅對聯五付歐小岑來久坐傷夕小睡極又作墓表二百餘字粗草覆視全不成文愧怵之至三更睡夢殊感寐

二十七日

早飯後清理文件並見之客四次閱通鑑二十二卷圍棋二局雅又閱通鑑前卷一編核科房批稿各簽中飯後閱本日文件題書檢二種將發刻也評點紀澤所作文二首閱桂文燦所著經學博采錄寫沅甫

信約五百餘字至園亭中一覽偏夕小睡核改信稿一件
信稿一件二更後温史記吳王濞傳田竇傳未畢
三更睡

二十八日

早飯後清理文件坐見之客六次閱通鑑百廿三卷
於垂閱一遍核科房批稿簿中飯後閱本日文件
天氣奇熱汗出不止屢在藤椅小坐洋床小睡又
繞屋徐徐行走厚九來一談打辮子一次至園亭一坐
改信稿二件偏夕小睡核又改信稿一件將劉濞
傳田竇傳圈點一過温韓安國傳未畢三更睡
熱甚幸尚成寐

二十九日

早飯後清理文件坐見之客五次閱通鑑百廿四卷圍棋
二局又閱通鑑前卷一遍天氣奇熱汗出不止核科房

批稿件。中飯後閱本日文件，酷熱不能治事，在室中徘徊，或小睡。申正後改信稿五件。小岑來一談。與鋭將孟園亭一坐。夜仍畏熱。溫韓安國、李廣傳，酌加圈點；溫匈奴傳未畢。三更睡。今年未作一字已半年矣。

同治十年七月初一日

早飯後清理文件是日止院未見之客四次覺苦一次閱
通鑑百廿五卷是日閱魏佛貍游至瓜步等事旋又細閱一
編天氣奇熱至於藤椅久坐檢科房批稿信中飯後
閱本日文件未見之客一次酷熱多汗小睡撥次申
酉間天雖陰而仍鬱蒸疲乏之至不能治一事非僅
畏暑亦衰頹甚矣傍夕小睡得大雨稍舒炎歊之氣
抱偶繙經義述聞閱通論十餘葉羽史記匈奴傳
閱本二更睡

初二日

早飯後清理文件出門至署西帳棚考驗箭射歸未見
之客二次閱通鑑百廿六卷圍棋二局於百廿六卷再閱
一編旋又閱通鑑百廿七卷二編檢科房批稿各信中
飯後閱本日文件是日暑熱雖比前三日略輕然歊

蒸之氣出雜文往中飯時因梅方伯送菜四樣邀錢裕仲
識等同食為時較久申酉間在洋床屢睡旋改信稿一
件傍夕至園亭一坐燈後大雨暑氣稍卻溫史記衛
霍傳疲乏之甚目若一無所睹然又改信稿一件二
更五點睡

初三日

早飯後清理文件坐見之客一次閱通鑑百二十八卷
圍棋二局再閱通鑑前卷一遍小睡一次核科房批稿
讀中飯後閱本日文件雜作王考星岡公墓表而
久不能下筆疲乏殊甚屢次在洋床上屢次小睡昨
日出伏又因連雨暑氣已減然尚煩蒸老年畏暑但
覺其困耳酉刻剃頭一次傍夕小睡核閱日知錄
思作文而不果二更四點睡

初四日

早飯後清釐文件 坐見之客五次 立見者一次 鏡初來一談 思作文而不果 屢在洋床小睡 圍棋二局 核科房批稿簿 中飯後閱本日文件 坐見之客二次 擬作文而不能下筆 在室中徘徊 倦甚小睡 困倦若不能自支者 傍夕至園內一覽 旋又小睡 圍棋 閱日知錄 作文約百餘字 日內脾土不旺 食物輒欲作嘔 中氣不足 坐立均覺不寧 二更五點睡

初五日

早飯後清釐文件 坐見之客四次 閱日知錄 屢思作文而不能下筆 在洋床屢次小睡 午正核科房批稿簿 中飯後閱本日文件 坐見之客一次 作文約二百餘字 頗費心血而所作庸淺 甚似 傍夕小睡 枯思再作文而久不能就 繙閱日知錄 二更五點睡

初六日

早飯後清理文件 坐見之客四次 立見者一次 已初出門至
新建總督衙門之處 藩府業已修成頭二門及上房等處
已立架大堂二堂等 尚未興修 旋小坐茶話 即歸 小
睡 核科房批稿簿 中飯後閱本日文件 圍棋二
局 又作墓表文二百餘字 至二更盡 此文尚未畢 而
枯澀殊甚 閒閱張廉卿所圜批史記 又不能盡
意作文 蓋老境與浮雜之心相間耳 傍夕小岑
來坐 言其孫婦被縊鬼纏擾 狀甚怪誕 久談 客
去 小睡 三更睡

初七日

早飯後清理文件 坐見之客三次 圍棋二局 在洋床小
睡 閱當塗夏炘所作述朱質疑一書 旋又作文百餘
字 核科房批稿簿 中飯後閱本日文件 又閱述朱
質疑 作文數行 李健齋來久談 客去 閱沅弟及

筠仙摺畢南雲諸信傍夕小睡燈後又作墓表百餘
字兩年一文作至四日文成視之並一當意之處甚
矣余思之鈍筆之滯而精力之衰也余前有信寄
筠仙云近世達官莫如余之荒陋者須筠仙信
力雪此語之誣余自知甚明豈有誣乎閱古
文類纂數首三更睡不甚成寐

初八日

早飯後清理文件坐見之客三次立見者一次閱通鑑百
廿九卷旋又續閱一篇坐見之客三次李梅生坐甚久核
科房批稿各件寫祭幛一幅對聯四付中飯後閱本日文件倦甚在洋床小睡二
次改信稿二件歐陽小岑來一談傍夕小睡燈後溫史記衛
霍傳末一半渴睡神甚昏本日天氣涼冷已有秋意矣
三更睡

初九日

早飯後清理文件出見之客五次未見者一次茅子儁談甚久
巳刻出門至季君梅處一談旋至吳竹如處一談劉松岩
至張家請竹如備酒席而邀楊仲乾陳虎臣洪琴西三
人作陪余去略與諸人晤皆至好因留余同席飯至未末
刻席散歸署有一守備馬昌明善於道家內功云
能為余治目疾與余對坐張口運氣能移於吾身
五臟云云因與之對坐三刻許旋又見客一次閱李白
文件核科房批稿傍夕至季健齋處一坐張
彩移於吾署佳花園也核改信稿一件溫史記衛
霍傳細加圈批又溫平津侯主父傳未批三更睡

初十日

早飯後清理文件出見之客二次立見者一次閱通鑑百三十
卷圍棋二局將通鑑前卷再閱一卷出見之客三次核科
房批稿各信是日請客小宴未初二刻李世兄來久談

未正二刻終席 酉初客散 馬昌明復來与余對坐為余
醫目 閱本日文件未畢 傍夕小寐 在江遠遊來一談
將本日文件閱畢 溫史記公孫宏傳 疲之殊甚 旋溫韓
文數首 二更五點睡

十一日

早飯後清理文件 閱通鑑百二十一卷 是卷為晉安王子勛
舉兵事 頭緒頗多 旋又閱一編 旋又將四路兵事分条開
比題於眉 由上至巳刻 未始將此卷讀畢 中見之客三次
小睡一次 午刻核科房批稿簿 中飯後閱本日文件
申初馬昌明復來与余對坐約半時許 核改信稿
三件 傍夕小睡 在閱梓湖詩錄 溫書經皋陶謨 用
吳文正公纂言本 二更五點睡

十二日

是日恭逢 慈安皇太后萬壽 未明至貢院率屬行禮

平郎黎明矣帰署早飯後清理文件閱通鑑百三十二卷見客一次圍棋二局又將通鑑前卷復閱一編坐見之客二次在於藤椅談坐核科房批稿各簿中飯後閱本日文件王金七外甥來久談馬昌明復來與余對坐批點紀澤所為文倦甚在洋床小睡傍夕至園亭與鏡翁一談夜溫史記公孫弘傳南越傳閩越傳酌加圈點三更睡久不成寐

十四日

早飯後清理文件坐見之客四次黃軍門自福建來談甚久立見者一次閱通鑑百三十三卷旋又閱一編圍棋二局核科房批稿各簿中飯後閱本日文件出門至魁將軍處道喜渠新調成都將軍也帰與馬昌明對坐是日本擬作文連來無暇十日肇之二日作文一首本日於昨覆吳南屏信擬略加營

度芳之兩久不能成傍夕与鏡如健菴亞園亭一談
極讙雷貢憶琨九卿自滇山以下來華三更睡

十四日

早飯後見之客四次福建程贊李与吞生寂之謨
將自滬進京也五見我一次閱通鑑百三十四卷旋
又閱一編圍棋二局倦甚小睡午正見客一次核科
房批稿各簽中飯後閱本日文件閱皇朝經
世文編遂閱十餘首又閱南屏拜湖文錄馬昌明未
与余對坐傍夕小睡極擬復南屏信薦友先已
擬稿因核改百餘字三更睡

十五日

早飯後見之客二次衙门期也清理文件昨日未寫日
記本日併寫另時鼓之閱通鑑百三十五卷圍棋二局
旋又閱通鑑一編仍昏然若夢兩目甚矣余性之

鈍而心之離馳也核科房批稿各件未正初三刻李與季
來是日余請渠小宴陪客爲富桂卿恕二梅甌庵未
正三刻坐席酉初三刻始散閱本日文件未畢傍
夕小睡極酣夜又閱畢改覆吳南屏信約二百餘
字未畢三更後睡

十六日

早飯後清理文件竟見之客二次立見者一次閱通鑑百三
十六卷圍棋二局旋又閱通鑑前卷一遍午刻見客二次
何鏡海坐甚久核科房批稿簿中飯後閱本日文件
馬昌明來與我對坐旋坐見之客一次未治一事而天已暝
豈中飯較晏耶抑天氣已短耶傍夕小睡極酣南
屏信改畢共不過四百字而已改三夜矣旋閱惜抱軒
文集數十首三更睡

十七日

早飯後清理文件 閱通鑑百三十七卷 旋又閱一遍 倦甚 在藤椅久坐 未能治事 坐見之客一次 立見者二次 錢子密來久談 旋又坐見之客三次 陳虎臣 歐小岑坐均久 中飯後閱本日文件 馬世朋來 又與對坐四刻許 核科房批稿簿 閱日知錄 傍夕小睡 核改信稿數件 約改三百餘字 三更睡

十八日

早飯後清理文件 坐見之客八次 其中孫琴西 張廉卿坐甚久 閱通鑑百三十八卷 旋又閱一遍 核科房批稿簿 中飯後閱本日文件 圍棋二局 立見之客一次 馬昌明來 與之對坐四刻許 寫挽幛三付 倦甚 在室中乘涼頗久 傍夕小睡 核鏡祁等稟一件 閱黃莘農自訂年譜 二更後修改湖南文徵序 三更睡

十九日

早飯後清理文件 坐見之客四次 閱通鑑百三十九卷 旋

子偲來久談旋又閱通鑑前卷一徧核科房批稿各條中飯後王露軒自江西來坐最久約談一時有奇馬昌明來與我對坐刻許閱本日文件倦甚不復能治事天亦暝矣傍夕小睡起再將湖南文徵序羅伯宜墓志核改數處將謄正付去二更後温古文類纂中之碑誌類 三更睡

廿日

早飯後清理文件 畢見之客四次 立見者一次 閱通鑑百四十卷旋又閱一徧歐少岑洪琴西先後來久坐客退而日已晏矣中飯後閱本日文件 何鏡海來久談唐端甫來一談馬昌明來與余對坐三刻許 至是坐下一日矣而目光昏甚致驗將本日文件閱畢核科房批稿簽條二十餘夕小睡起將批稿核畢批紀澤所作詩二首旋温放翁七律 正改信稿三件 三更睡

廿一日

早飯後請理文件 閱通鑑百四十一卷 堂見之客四次 因
挂二扁 堂見之客二次 旋又閱通鑑前卷一篇 未初二刻出
門至忠織造處 派承辦大婚應用之綢貨 請余閱看
後乃起 鋪內有地衣二件 係鋪養心殿之東西暖閣地 共東
間紅哈喇地約見方二丈六尺 西間黄哈喇地約見方一丈
九尺 所繡花龍鳳呈祥圖 蓋人世之華服 又有帏幔門
簾各種 所繡花皆龍鳳呈祥圖 百子千孫圖二種 閱畢
即出席宴飲 同堂者魁將軍 富都統 梅小岩 酉初三刻
散 歸署已暝矣 閱本日文件未畢 夕時小睡 檢將文
件閱畢 李健齋來談 核批稿各稿 二更二點畢 溫
韓文志銘數首 三更睡

廿二日

早飯後請理文件 堂見之客二次 司見者一次 閱通鑑百四

十二卷紀澤之子同兒病甚泄瀉已二十餘日是日變慢驚風之症旋又閱通鑑前卷一編出門拜客會者二家未見者二家來拜歸見客一次核科房批稿簿中飯後閱本日文件李健齋來一談屢視同兒之病閱錢警石年譜將為之作墓表傍夕小睡極歐小岑來久談請渠看同兒病遂留宿也二更後江表弟來一談旋閱古文類纂中傳誌類三更睡

廿三日

早視同兒病則昨夜慢驚風抽掣多次惡症已備自知不可為矣飯後清理文件見客坐見者三次立見者一次閱通鑑百四十三卷圍棋二局涂朗仙來談最久又閱通鑑前卷一編核科房批稿簿中飯後閱本日文件王曉蓮舒濤同通細歸久談馬昌明來對坐三刻屢視同兒病至酉刻殤之以正月十八日生至是六个月零六日矣与小岑鏡將更談

在鏡初等又來一談閱譽石年譜三更睡四更後

同兒始入棺抬出

廿四日

早飯後清理文件閱通鑑百四十四卷圍棋二局旋又閱通鑑前卷一編前後共見之客七次畧同甫戴子高坐甚久核科房批稿簿中飯後閱本日文件馬昌明來對坐三刻思作錢君墓表而久不能下筆在室中徘徊久之傍夕至園亭李佛生來久談在亭思作文而遲鈍殊不能下筆深以為愧閱蘇源生集三更睡

廿五日

早飯後清理文件坐見之客三次頭軒於旋見之後又邀獨見談極久閱通鑑百四十五卷旋又閱一編出門拜畧晰甫一談歸核科房批稿簿中飯後閱本日文件坐見之客一次改信稿數件馬昌明來對坐三刻傍夕至園亭與鏡

初健高等一談 核再改信稿二件 作苑並弟一二行 倦甚
二更五點睡

廿六日

早飯後清理文件 見之客三次 寫家信一件 以同孫兒殤已
百告之兩弟 已正出門至靖毅公祠 之本為黃少崑所修
日久圮毀 今年同芝等議重修 費銀千數百兩 而規模
已煥然矣 文武皆隨同看工 旋歸 著見客三次 涂朗仙坐
甚久 未正請客小宴 吳同甫為賓 梅方伯等為陪 至酉初
方散 閱本日文件 馬昌明來 對坐三刻 晡時至園亭與
鏡初等一談 核作苑並表六七行 三更睡

廿七日

早飯後清理文件 見之客五次 立見者一次 閱通鑑五葉
圍棋二局 核科房批稿各信 中飯 請王霞軒等小宴
未初二刻坐席 酉初散 閱本日文件 傍夕至園亭與

鏡彩等一談 棋又作錢警石君墓表粗畢 全無是
處深以為愧 三更睡

廿六日

早飯後坐見之客三次 立見者一次 閱通鑑百四十六
卷 旋又閱一遍 子密來一談 核科房批稿簿 中飯
後閱本日文件 坐見之客一次 馬昌明來與我對坐三
刻許 又將警石表核改 剃頭一次 傍夕小睡 核將警石
表改畢 溫古文類纂中碑誌類 二更五點睡

廿九日

早飯後閱通鑑百四十七卷 坐見之客四次 立見者一次 清
理文件 又閱通鑑前卷一遍 圍棋二局 午正出門至城
外看莫愁湖新修工程落成也 將軍都統及司道等
共三席 申末始散 酉初二刻歸 閱本日文件 陳朗仙
來一談 馬昌明來與余對坐三刻許 核科房批稿簿盡

園亭小坐 棋鏡裕來一坐 改信稿三件 閱古文類纂跋
首 二更四點睡

三十日

早飯後清理文件 其中如王霞軒梅方伯兩起坐甚久 閱
通鑑百四十八卷 旋又再閱一徧 圍棋二局 核科房批
稿各牘 中飯後閱本日文件 何廉昉來久談 約十刻
許 旋將本日文件閱畢 馬昌明來對坐三刻許 傍夕
至園亭一坐 與鏡裕等一談 棋 又將錢君墓表一改 核信
稿二件 溫古文碑誌類 二更五點睡

八月初一日

早飯後清理文件 見之客三次 立見者一次 閱通鑑百四十
九卷 圍棋二局 旋又閱通鑑前編卷一徧 李勉予來一坐
核科房批稿各牘 中飯後閱本日文件 馬昌明來對坐
三刻許 天氣甚熱 坐室中俯仰未治一事 但以老而德

葉文學稿一篇兩咸稿自熱嘩不已至芝帥府與陳心浦等久談傷多小睡推改信稿一件二更後溫古文論著類三更睡

初二日

早飯後清理文件坐見之客二次立見者二次楊仲乾書勉二子等二次談甚久閱通鑑百五十卷未畢圍棋二局核科房批稿簿中飯後閱本日文件薛尉農來一談馬昌明來對去三刻許自是至二十一日之期已滿而目光直處覺致驗總理衙門有要信二件因將渠來信分條寫出以便細細答覆傷多至園亭與僕高一談推改覆總理衙門信一件二更後又改一件未畢兩信約共改七百餘字三更睡用心稍過不能成寐腳腫愈甚

初三日

早飯後清理文件將覆總署信第二件改畢坐見之客一

後請人診脈 圍棋二局 巳初三刻出門至府學觀新學樂舞 仍
派員照丁祭之例行禮演習樂舞 皆有可觀 約十刻許出拜
何廉昉 至湖南會館一坐 未正二刻歸 中飯後閱本日
文件 於核科房批稿簽 天氣甚熱 與伏天無異 在室
中倦悃良久 倦多小睡 小岑來一談 程鏡初來一談 核信房擬件
二更五點睡

初四日

早飯後清理文件 坐見之客六次 陳六笙及劉蔭甫等兩起 談
甚久 出門至城外送晏同甫 渠船已開矣 歸 黃昌歧來久
談 圍棋二局 核科房批稿簽 中飯後閱本日文件 湯小秋
等來一坐 核改復李小泉信一件 言鹽務者 旋又改復少泉信
未畢 傍夕小睡 燈後閱改畢 又改信稿四件 閱論語正義
係寶應劉寶楠楚楨所著 其子恭冕足成 刊刻本日
新送來者 二更四點睡

初五日

早飯後清理文件　坐見之客三次　圍棋二局　錢子密來久談　核科房批稿簿　中飯後閱本日文件　勒少仲來久坐　天氣奇熱　有似三伏　在室中偃臥　久不能治事　改信稿二件　傍夕小睡　夜又改二信　閱宋元學案中胡康侯一卷　旋又閱史　屈賈傳　老莊傳　二更四點睡

初六日

早飯後清理文件　坐見之客六次　內梅方伯　范崔生　陳六生　三起坐甚久　倦甚　不能治事　因在藤椅上歇坐　度不覺成寐　核科房批稿簿　中飯後清理文件　圍棋二局　天熱　出汗甚多　在室中偃臥三刻許　傍夕小睡　摺差歸　閱京信各件　龍翰臣所著古韻通說　同治年刊刻　其子寄來　粗閱一遍　二更四點睡

初七日

五更起赴關帝廟黎明率屬行禮禮畢歸早飯後清理文件見客四次查藤橋款生談久圍棋二局核科房批稿各件午飯後閱本日文件將通鑑百五十卷粗為閱畢晚未細核吳彤雲來久談約十刻許去時天已黑矣思作金丈輓聯而久不能成極移閱白香山集後閱古文辭類纂論辨類二更　四點睡

初八日

早飯後溫理文件先見之客五次立見者一次勒少仲談甚久圍棋二局核科房批稿各件出門至莫愁湖請客共三席山長三人外來客五人書房七人益以汪梅村父子偲等十七人酉初歸先見之客一次閱本日文件未畢核又閱本日文件汪遠遂來一談二更後溫古文論辨類五點睡

附記

送孔宥禮作序　時若小照題詩
送皓庭禮升信　發川東家 初九已拜三家
寄家信專人送

初九日

五更至文廟祭明聖屬行丁祭禮是日用新習之古樂佾舞頗覺整齊辰初歸早飯後清理文件出見之客二次圍棋二局又出見之客二次（寫祭幛一對聯三）核科房批稿各簿中飯後閱本日文件出門拜客三家惠織造吳竹如李小湖將出省大閱而作別也竹如處坐甚久燈後歸　脚腫愈甚常服之襪已不能入肥而漫硬且似已腫過膝上矣大約作文及看生書但嫌用心太過有損於血而氣不能運化故至於此以後當不作文不看生書是在溫孟子梁惠王上下取其熟也二更四點睡

初十日

早飯後清理文件 坐見之客一次 立見者一次 寫家信一封 出門至北西門河下弔將軍之兄嫂之喪 即常州太守札克丹之嗣母也 旋拜薛尉農一談 又拜將軍副都統 皆未得見 而往返乃有三十里之遠 午正二刻歸 坐見之客二次 核科房批稿簿 中飯後閱本日文件 坐見之客二次 立見者一次 陳筱浦來一談 天氣日短 頃刻已曛黑矣 倦甚小睡 核溫孟子公孫丑上下 滕文公上 二更五點睡

十一日

早飯後清理文件 坐見之客六次 其中吳彤雲 張廉卿兩起坐最久 客散倦甚 圍棋二局 清理各件 以便二日內起行 中飯後閱本日文件未畢 坐見之客五次 立見者一次 內孫琴西 范蜜生 李小湖 薛季懷四起坐甚久 客去已黑矣 燈後將本日文件閱畢 改信稿二件 核科房批稿各簿 改覆總理衙門信 是日見客說話太多 治事亦不少 倦困殊甚 二更

五點睡

十二日

早飯後清理文件 旋出門至中營校場大閱 辰初三刻上座 先看新兵五營 旋看湘勇二營 俱跑隊演陣 旋看標中官弁射箭 余校副參游都守千把射三十九員 午正三刻畢 梅方伯及袁道保慶代校外委額外兵丁射一百四十餘人 未初三刻畢 即在校場中飯 營中備席如酒次 一面議賞 副參至都守賞袍褂料一件者三人 賞馬褂料者二人 千把賞中五矢者賞荷包扇絡而兼一兩重銀牌一面 中四矢者賞荷包扇絡 外額中五矢者賞一兩銀牌 其餘則賞五錢三錢有差 七營各賞錢百千 申初三刻飯畢 歸署閱本日文件 未畢 坐見之客四次 核稿本日文件 閱畢 清理密及信件 料檢明日出門應帶之件 二更五點睡

十三日

早飯後拾掇各件將出門平日毫無收拾遂覺混淆散亂一無頭緒辰正二刻出城將軍副都統織造司道等送至水西門旋開船行至司道又送至下關在舟次清理文件閱通鑑百五十卷未初中飯後在下關坐見之客五次旋又開船行至傍夕至燕子磯巴斗山灣泊在舟次核兩日科房批稿簽倦甚極坐見之客三次溫古文類纂序跋類二更五點睡

十四日

早飯後登岸看船廠工料等事旋歸船看馮竹漁所造錢完洋小划子長不過四丈中艙機器露於外尾後暗艙藏於下餘兩艙及前頭後梢皆上無蓋旁無遮僅有小洋綫布捆數幅遮雨而已試開行里餘旋即歸來上船開行行十餘里風大逆在於黃天蕩上游折回灣泊至未刻風稍定又開行十餘里在於划子口灣泊住宿是日在舟閱通鑑百五

十一、二兩卷，至未末畢。申刻袁篤臣來一談，旋剃頭一次。請人診脈一次。傍夕小睡。夜鏡初來一談。寫紀澤壽信一件。閱書類、囊、傳誌類。二更四點睡。

十五日

早飯後清理文件。是日逆風竟日，不克開船，即在劉子口住泊。閱通鑑百五十三、四兩卷。中飯後又閱百五十五卷。午刻、申刻各見客一次，餘屢次小睡。細雨終日不斷，頗覺愁悶。極溫左傳隱公。鏡初來一談。二更四點睡。腳腫之病似覺略消。

附記

唐森元　儀徵令，廣西人，三十九歲，父母俱存，有弟二人，並子曾署雖寧。儀徵征地丁壹石五千兩，不過收壹萬兩，每兩收二千四百廿文。征漕壹千弍百石，每石收三兩四六分。李台考不派捐費，合郡自泰州捐認。

十六日

早飯請薛耕耘兄弟陳蓉高曹鏡初小宴巳初散是日仍逆風苦雨竟日不能開船閱通鑑百五十六卷未畢午初圍棋二局中飯後始將通鑑前卷第二徧閱畢旋又閱百五十七卷復閱第二徧直至晡時始畢傍夕小睡極鏡初來一談溫左傳桓公一卷二更五點睡

十七日

早飯後清理文件閱通鑑百五十八卷畢巳刻圍棋三局至午正畢又閱通鑑百五十九卷未畢中飯後又閱一徧畢又閱百六十卷旋閱第二徧畢是日上半日仍是逆風細雨未得開船未初以後風略歇始開船用小輪船拖帶行六十里至泗源溝小為灣泊等候後來之船見客坐見者四次立見者二次旋又開船由內河行三十里泊宿植表萬臣李勉亭及鏡初先後來一談閱本日到信書文件寫一營

制及校閱冊式全科房照樣辦冊閱古文類纂中詔令類三更睡

附記

黃仕林　江西豐城人在湖南永綏開油店因在永綏吃粮隨和春出師廣西後至江西又隨勝克齋薛覲堂李少泉幼仲臣現札三汊河　氣靜而精明

十八日

早飯後清理文件開船行三十餘里至三汊河泊又行二十餘里至揚州自巳刻在船上見客起及到揚後在極園見客二十八次坐時刻少停中惟吃飯二次時謝客耳辰刻在船閱通鑑百六十一卷旋又閱一遍核科房批稿簽稿寫家信知歐陽牧雲於八月初一日死於衡州為之哀悼旋核點各件三更睡

十九日

早飯後清理文件畢見客三次旋出門謁客見其八家內張石
卿許次蘇兩家作弔未初至方子箴都轉處一談旋至
大豐盤查運庫盤畢歸何子貞太史渠住運司署內
與之一談旋即赴席唱戲入筵先吃一頓申初二刻即畢
又至子貞前輩室內一談因約渠同出赴席聽戲此第
二頓未畢戌正二刻歸船黎壽竹林來一談寄紀澤信
未畢三更睡

二十日

早飯後見客二次旋即出門約十二里許至揚州西門外校場
看操先看揚州鹽捕兩營操大隊約六百四十餘人旋看揚州
營操洋鎗隊約百五十人演十一陣旋閱壽春兵泰州泰興
三江興化等五營砲隊僅百六十餘人閱畢余少歇息旋閱
步箭自參游至千把四十一人余親閱外委額外六十二人請
方子箴代閱世職兵丁五十三人喬萬臣代閱其鎗砲打

靶者请吴朝杰李勉亭代阅 余未初二刻阅毕即至校
场小宴 申初三刻回船 见客二次 何子贞谈稍久 旋又进城
至厉伯符家赴宴 渠与吴国甫下棋 后见甫为弈也
戌正三刻归船 略一清理公事 三更睡

二十一日

早饭后请见客二次 魏荫亭 杨子春坐稍久 旋出门至校场
看操 辰正二刻始升座 阅吴小轩之淮勇三营 先操庆字
正副两营 后操亲兵营 或演十余阵 二十阵不等 旋看
扬初等八营马箭 共阅一百五十七人 未初二刻阅毕 其庆
字营有操步箭者 请方子箴代阅 鎗炮打靶者 请袁笃
臣 李勉亭代阅 旋入小宴 吴小轩所办席也 申正初二
刻散 酒次一面料理发审各件 审毕进城至何廉昉家赴
宴 直扬同邑公请也 至戌正二刻回船 清理文件 坐见之客
三次 曾善长 罗竹林坐稍久 阮家送许周生集 略一翻阅

三更睡

廿二日

未黎明即開船挽人紛紛致送也行十里許方子箴郡都轉及各
道員已趕來即送停船少候出見之客四次旋又行數里風
逆而到水逆而湍雖有輪船拖帶而仍不能速行至灣頭地方
吳家橋落水良久乃起又走數里至觀音堂地方泊宿是日僅
行二十里蓋淮舟雖有輪船拖帶而隨從各舟則難動也
在船閱通鑑百六十二卷於又閱一編申刻曹鏡初來一談旋
又坐見之客二次酉正疲倦殊甚小睡旋核改覆李少泉信
約改五百餘字閱許周生文集二更五點睡

廿三日

早飯後開船（因等候□一九已刻）行走逆風逆水仍與昨日相同行數里即行停泊至
未刻乃再開行二十餘里至邵伯鎮泊宿是日只僅行二十里而
華友書稿各船尚未趕到上半日閱通鑑百六十三卷下半

日痰甚似有感冒之象屢次小睡寫紀澤等信一件見
客二次燈後屢次小睡未治一事二更五點睡

廿四日

是日風仍逆因隨從之船未到在邵伯久候之至申刻始行
開船用小輪舟拖帶行三十五里一更四點始至露筋祠泊
宿上半日閱通鑑百六十四卷旋又閱一編中見之客三次又閱百六十五卷
未畢中飯後圍棋三局開船後改信稿三件傍夕小睡在
核科房批稿各簿温左傳莊公至十五年止是日精神
較勝於昨日二更五點睡五更又開船不能成寐矣

附記　程敬之草書手摺

一　新堤工用器具各物清單　計七十五種均用舊者
一　新堤之底修理情形圖
一　新堤對河陳家堤等處估修西隄單　共工九段計長三百十一丈五
　　二万三千一百零三万有奇
　　用錢一万二千零廿五千有奇

一新堤舊門還做直堤兩頭蟠盤做裹頭估單　共需錢三千二百千

八千有奇

一新堤前做新舊越以起除估冊　需錢五百九十九千有奇

一新堤存廠料物　滙一　存蘆柴八百六十八秖　存石灰二百廿担

一錄　御碑一道　乾隆二十二年十一月初七日　旨

何性泉所呈各摺

一揚軍廳河務情形略　車邏堤　南關堤　車邏開閘　南關開閘　大姚閘　高郵頭閘

※修堤生意外之險

一高廿二汛本年三廂搶辦理工段單

一寶汜二汛本年年加廂段落單

廿五日

五更開船行十九里至車邏壩　余甫起早飯後望東岸兔

車邏開閘對岸即程敬之所觀察隨同閱看餘官伺

應者頗多閱畢渡河舟行六里至新堤即程敬之令

年所修之工長六十六丈寬六丈正月廿四日興工七月廿五日告竣
其西橋之排於海漫石以下者不可得見其得見之橋三層每
層二排三排不等釘法甚堅海漫石亦堅實兩頭埋牆亦穩
旋又看南關平閘至監工棚內一坐三次獻茶果又至工廠內一坐即程致任
廠也談二刻許即行回船程留吃飯時僅午初因其送至程劉二人來余舟共飯之後
船上同吃舟行七里許至高郵頭閘上岸一看今年八月
初四曾經轉洞之水鬥至決堤者看畢開船行至王瑞
臣外甥來久談渠生瘡瘤兩月未痊形瘦可憂是日
上半日閱通鑑百六十五年又閱一卷申正以後將各處
所送手摺細閱略記其目生見之客二次傷夕小睡在生見
之客二次飯小山談甚久核科房批稿各件寫紀澤信一
件溫古文類纂論今類傳記類三更睡

廿六日

黎明開船用輪舟拖帶早飯後清理文件瑞臣甥來久

飯閱通鑑百六十六卷，旋又閱一編，於閱百六十七卷未平。午正靜坐片刻，又小睡三刻許。中飯後核改信稿三十餘件。酉初至寶應城外泊宿。是日凡行百里。坐見之客二次，旋又見客二次。瑞臣錫來久談。核科房批稿，各信。溫左傳莊公十五年至二十五年。二更五點睡。

附記

李顯發（王） 李世忠義子 英發諳練 壽陽人 歷在李營保舉 漕標中軍副將

牛世英 天津人 勇銳而頗渾 壬辰進士大門侍 九年八月部選漕標右營游擊

陳順超 東湖人 明白而勝頗滑 歷在胡、吳仲仙等處保舉 現署鹽城營游擊

徐彬 清河人 明而穩 歷在吳仲仙等處保舉參將 本年七月補東海營都司

陸占魁 六合人 了亮而浮 歷在六合及揚營出力保舉 七年七月補漕標中軍都司

于國靖 臨桂人 老練 歷經怡、何、鄭都、李保舉都司 現任鹽城營守備

樊國均 山陽人 歷在揚營以下各河隸需差 現署右營守備

馬祺華 江寧人 明暢而小巧 歷在金陵大營李考試前茅 補淮安城守守備

恩祿　公事頗明　弓馬亦好　浮滑　現任海州參將

程廷傑　精明幹練　在淮軍保至記名提督　現署中營游擊

廿七日

黎明開船是日共行八十里酉初至淮安泊宿早飯後溫經文
件閱通鑑百六十七卷畢於又閱一編又閱百六十八卷至
未正而未畢上半日見之客三次下半日見客八次張友
山漕帥坐甚久淸江之官來接者數起將官大安履歷略一
寓記柏間袁篤臣曹鏡初先後來談於溫古文類纂詞賦
類三更睡

附記　鄭小山所交條

田恩來　山西陽曲人　保副將加總兵兩江督標　甚好

張文標　儘先都司

廿八日

未明開船行十五里至淮關登岸拜監督舒麟於埽船又行

十五里至清江浦舟次見客多起到清江停泊後又見客十餘起次午正中飯較平日稍早出門拜客張友山鄭小山錢楞仙三處坐俱久又拜兩家酉初歸又見客三起燈後有人送古帖三種名蹟一種略一展閱即行璧還見客四次是日校通鑑百六十八卷閱畢未經寫識佳甚二更三點即睡

廿九日

黎明早飯後坐見之客三次清理文件旋至校場大閱請張友山漕帥與余同坐同閱先閱漕標七營大隊閱畢退坐少息旋閱鎮標九營大隊漕七營謂中左右城守四營及漣卯鹽城東海三營鎮九營謂中左右城守四營及宿遷蔣垻廟灣佃湖洪湖五營也尚有草蕩左右兩營不能與操過操者漕標鎮標各九百餘人漕標馬隊七十人鎮標馬隊九十餘人旋又看歐陽鎮所練新兵五百人操十八陣午初三刻返署小宴未初又坐臺閱看馬射漕標由副將閱畫郵頗

止鎮標至千把止申初二刻散至友山處赴宴同飲若芳錢
楞仙同年飲至酉後三刻許散歸船閱本日文件 二更後
核批稿各簿 改信稿一件 三更睡

九月初一日

黎明早飯後清理文件見客二次 辰正至校場看漕標之兵丁
鎮標之外額及兵丁馬箭看畢 旋閱漕標之洋鎗隊至午
正止 返坐歇息旋又閱看步箭漕標自副將至千 把閱畢
鎮標自副將至守備至世職止 閱畢約有千把未閱時已
申初即行停止其外額兵丁步箭則派袁道李道淮揚
劉道在淮關吳鎮分閱兵丁亦未閱畢 至校場中飯小宴畢
歸船已酉初矣閱本日文件 剃頭一次 又見客二次寫家
信四葉 核科房批稿各簿 二更後袁道李道來 斟酌賞
項開單 四點始畢 核改信稿一件 三更後睡

初二日

黎明早飯後清理文件 坐見之客二次 出門至校場 閱看鎮標千把步箭三十名 畢 旋閱漕標三疊鎗 由四百餘人 鎮標三疊鎗二百餘人 已正閱畢 將各營將備弁兵之盃賞畢 閱一連單 是日吳鎮文代閱兵丁步箭四十餘人 袁廷劉道代閱鎗砲打靶百餘人 午初二刻 將賞項發畢 即行回船 坐見之客四次 王壬秋自京來此 與之久談 申初出門至鄧小山處辭別 旋至歐陽健飛寓赴宴 渠與劉道戢王道翬翎公請晉等也 申正坐席 至亥初一刻回船 閱本日文件 坐見之客三次 將書翰等料檢一番 明日將起行矣 核料房批稿 三更睡 未五更已醒

初三日

早起點燈吃飯 飯後坐見之客二次 立見者二次 旋料理瑣事 即行起程 由陸路赴徐 張漕帥率屬在公所送行 小坐片刻行 四十里至楠溝打尖 見客四次 飯後又行四十里 申正至仲興集

住宿見客五次是日在轎中閱通鑑百六十九餘卷又重閱
一編又閱王壬秋所著桂陽州記前四卷酉初清理文件
將鑑之大略考題識極倦甚屢次小睡見客二次三
更睡

初四日

五更二點起飯後行五里許天始明行五十里巳正三刻至
仰化集打尖坐見之客四次立見者二次飯後行五十五里
至宿遷縣鍾吾書院住宿在轎中閱通鑑百七十卷
稍又閱一編又閱百七十一卷未畢閱桂陽州志官師
名傳酉初倦甚屢睡坐見之客五次立見者三次核
壬秋鏡初來久談寫紀澤信約二百餘字二更三點
睡似有感冒之象

初五日

早飯後黎明起行二四十里至阜河打尖中飯後又行五十里至

邳州住宿。此地頗陋，借民房為公館。坐見之客四次。是日覺有濕病，似初三日至清江浦程時冒風所襲，脊疼頭痛，口絕無味。屢次小睡。是日轎中將通鑑百七十一卷閱畢。旋又閱一遍，粗將百七十、百七十一兩卷大旨略加識錄。王秋蓴來一談。病中困疲殊甚。二更四點睡。

初六日

早黎明起。飯後行三十里至石碑村尖，係睢寧所轄境，因程途太近，未經飲食。旋又開行四十里，未正二刻至雙溝住宿。病勢頗增，口渴出汗，不愛進飯。坐見之客四次。王秋蓴來一談。是日在轎閱通鑑百七十二卷，因病未能看畢。屢次小睡。二更即大睡矣。至近半夜寐平安。

初七日

早飯後黎明行四十里至楊家窪子打尖。吃飯甫半碗許，即大嘔，吐盡。二日內每飯皆作嘔，強忍而未發，而極不愛飯

至是不復能忍矣。旋又起行，五十里至徐州府住宿。是日
日程途皆鑿，上半日三四十里，鑿如五十；下半日三五十
里亦有所贏也。在轎中將《通鑑》百七十二卷閱畢，又閱一編
到徐後，見之客二次，小睡頗久，夜吃蒸豆、稀飯一碗
半。手秋等來久談，清理文件，二更二點睡

初白

因病未愈，歇息一日，不看操。辰初二點刻方起，近年皆如此之
晏。早飯後見之客四次，清理文件。王秋鏡初來，因病久
談。旋小睡二次。因病困難於支持，申正始吃中飯。是
日只吃兩頓，每頓乾飯、稀粥各半碗，蒸豆粥一碗止。此
已覺甚多，平日自貪饕乎？申末方子舸來一談，因約王
秋鏡初來與之久談，渠三人旋又至幕中聚談。余則小睡
頗久。燈後溫《小雅》，旋核批房稿各簿。二更二點睡。是日
睡時太多，極輒不能成寐。四更大便一次，日內泄瀉未

庚午

初九日

早飯後至校場閱大操凡係卿中軍城守前營三營其宿
卿營錢隸係鎮標下而地屬安徽去年已經英中丞大閱
矣大隊仍止中城蒲三營約共九百人跑隊跑畢又就中
抽出數百人跑籐牌隊又數百人為三疊鎗隊又數百人
為抬鎗隊閱畢又有各兵中另操之隊曰新兵左右
兩營又有勇丁曰鳳字左右兩營就四營中抽出約八
百人跑洋鎗隊閱畢旋閱官弁兵丁之馬箭至未初
一刻閱畢凡九十餘人回署餘倦睏因再閱清理文件申
初中飯飯後坐見之客三次方元徵來因與王秋樵共談
閱本日文件頗多酉刻剃頭一次燈後與王秋樵至院中
一談旋寫紀澤信三葉核批稿各簿又寫澄沅弟信一葉
未畢眼蒙不敢多視是日家信中知筱澄姪婦於八月十九

日生子考〻大喜二更四點睡

初十日

早飯後至校場看視步箭余看官員將聲五千 把止僅二十五人其餘外額及候補之員廿職兵丁等請吳子梅吳小軒二人代考看箭外兵丁有鎗砲打靶者請袁篤臣歐陽健飛李雲龍山代為閱看箭畢余閱看宿衛營兵三疊鎗僅四十五人即英中丞所未閱者也 閱畢即賞畢細考斟酌午初三刻散回寓清理文件小睡片刻未正中飯〻後出門拜客數家惟吳子梅劉蔭民兩處得見餘一拜而已傍夕拜在李秋来久談將從前信寫畢檢批稿各信二更四點睡

附記 吳子梅所稿

郭金魁 新兵左營管帶 另 紀律不明

劉鶴年 宿遲營游擊 優 贊其整多

馬聯彪 優

十一日

早飯後黎明起行〻五十里至楊家窪子打尖時尚未至午初余即未吃飯少坐半時許午初二刻又起行四〻十里至雙溝住宿道甚艱前初七兩記錢如五十千也清理文件坐見之客三次酉初中飯是日在轎上半日閱通鑑百七十三卷旋又閱一遍下半日閱百七十四卷旋又閱一遍傍夕將大字略為題識鐙後小睡片刻李秋鏡禾等來一談旋核科房批稿改覆李少泉等信稿二件拒送客時目一睡昇輒已跌落在地信稿核完時又覺昏眩不自持時二更五點急上床睡歇

十二日

黎明起飯後起行〻四十里至石牌地方打尖為時太早余未吃飯小坐三刻許又行三十里至舊邳州住宿清理文件在轎中閱通鑑七十五卷旋又閱一遍午後閱百七十六卷旋又

閱一徧 並將大事略一題識 坐見之客三次 中飯後 袁篤臣等來一談 傍夕王秋來久談 小睡片刻 添寫兩弟信一葉 寫紀澤信一葉 核科房批稿 倦甚 眼蒙殊甚 二更四點睡

十三日

黎明早飯後起行 行五十里至皂河 對岸至大王廟小駐 以時僅巳正 余未吃飯 見客二次 停半時許 旋又起行 行四十里至宿遷縣住宿 仍住鍾吾書院 未正三刻已到 申初二刻中飯 是日在轎 午前閱通鑑百七十七卷 旋再閱一徧 午後閱百八十一卷 旋再閱一徧 其百七十八、九卷 百八十卷 存署中 未帶來 漏帶一冊也 坐見之客二次 清理文件 將鑑中大事略一題識 傍夕小睡 程吳小軒 友曹鏡初等先後來久談 旋核批稿 清改信稿二件 二更四點睡 將睡時 魏蔭亭來一談

十四日

黎明早飯後起行 行三十里許 至運河邊 坐舟 一拜蔭亭 與談

卯刻渠猶由天津進京余後起行行五十里至順仰化集打
尖余以時太早未吃飯旋又起行行五十里至仲興集住
宿是日在轎閱通鑑百八十二卷百八十三卷得閱二篇
尖時生見之客二次申刻生見之客二次於鑑中大可略
一題識錄後核科房批稿詳改信稿一件細雨不止
類以道塗泥濘為慮二更四點睡

附記

董鳳高號梧軒所指標下優缺
趙光宗　守備署游擊　新兵營管帶
朱先廷彪　千總

十五日

是日下雨竟日幸不甚大路已爛矣黎明早飯後起行行四十里
至午初二刻至榆溝打尖余未吃飯午正二刻又起行行四十里
申正至清江住宿是日在轎閱古文類纂序跋類張亥山
迎至王家營与之一同見渠旋又至余船上一談又生見之

客一次。中飯後，壬秋來坐，旋坐見之客二次。傍夕小睡。核寫紀澤信，約三百字。核批稿簿。閱《左傳》僖公十餘葉。二更五點睡。

十六日

黎明起。早飯後坐見之客二次，旋出門拜客。張漕帥、歐陽健飛兩處會晤，餘未得見。歸即開船。至船清理文件。作詩酬壬秋，僅作八句。已行三十里，至淮安矣。泊船登岸，拜丁柘唐談，因留吃麪，談讌一時有餘。散，又拜客二處。歸舟，張漕帥送至此間一敘，旋又開船，行十里許。約壬秋、鏡初來便飯，因與久談。客散已二更矣。旋坐見之客三次。壬秋將近年所箸《周易燕說》、《尚書大傳補注》、《禹貢箋》、《穀梁申義》、《莊子七篇注》、《湘綺樓文》等編見示，因泛覽翻閱，不能細也。二更五點睡。是日舟行至山陽以下四十里平橋泊宿。

十七日

黎明開船。王瑞亭甥已至船上，因與同飯，久談。甥去後清理文件。閱作卿壬秋詩，直至未正始畢。巳初甥又來一談，旋渠返寶應鹽局。未末中飯，飯後閱壬秋所箸禹貢箋。申正至馬棚灣，登岸看隄工，即同治七年所修者，當時冒雨興工議築不固，今面上碎石已多搬卸，石下之土亦被水齧，卸入湖中矣。急須修補，而估計需五萬二千串之多，又難於籌款也。旋又行十餘里，至高郵州泊宿。壬秋來久談，又見之客。後王子勇、白通州來久談。三次閱壬秋所箸易說，核批稿各信。二更五點睡。

十八日

黎明開船，清理文件。閱壬秋禹貢箋，倦甚小睡。錢楞仙來拜，一談。余旋至楞仙船上回拜，別去。行六十里至邵伯，見之客三次，皆自揚州來接者也。未正請壬秋、鏡初來，略具酒肴，與之一飯。飯後即至揚州，見之客四次。余旋登岸，至梅花嶺展謁史忠正公墓，其後人史恩霖在彼迎候，方子箴在彼備席三桌

請余宴飲余閱看工程即返未及坐席旋拜客五家食點
三更燈後歸船坐見之客六次何子永閻善長黎竹林坐甚久旋
核批稿各簿未畢三更睡

十九日

黎明起飯後開船行三里許至南門外和鄭小山尚書談引
病後自清江回籍因船壞尚泊此也與之久談歸船後清理文
件旋核批稿各簿舟行四十里至依湖、稍一停泊見客坐見
者三次立見者二次應敏齋談甚久申刻過江至金山看新修山
寺絕高者為留雲亭餘亦游歷周徧旋坐席係方子箴
沈仲復薛世香吳朝傑師竹庵暨京口副都統恒澤民
惠六人為主也酉初坐席戌正二刻方散歸舟後見客三次小睡
片刻核批稿各簿核改信稿二件三更睡

附記

樊國鈞　應補二營守備一缺　漕標　王殿茂呈

二十日

早飯後清理文件未畢 出見之客二次 時黎明自金山開船行六里許至鎮江西門外灣泊 旋登岸至校場大閱人數甚少 鎮江營僅三百六七人 淞北營僅九十八人 淞南營僅一百六十人 通共五（六）百廿餘人 所閱鎮江營大陣 旋砲陣畢 安營 看三營藤牌隊 又看三營九龍鎗 五子砲 畢 看馬射 官兵八十餘人畢 遂至小亭再出升座 看步箭 余自看四十四員 請方子箴袁篤臣代看五十二人 請沈仲復歐陽健飛代看鎗砲打靶八十人 自巳初二刻起至未正看畢 即在校場中飯小宴 飯後犒賞畢 歸路拜客三家 會晤一人 本日看操人數少而技亦劣 直如兒戲 歸船 紀澤自江寧來鎮省視 與之一談 旋坐見之客四次 燈後李質堂歐健飛來久談 壬秋來一談 將早間文件清畢 二更後至壬秋船一談 渠明日歸去也 核批稿各件 三更睡

二十一日

早起紀澤來船共飯飯後見之客三次旋即開船由鎮江
口入南運河赴常州清理文件李軍門來久坐申初又來
久坐是日舟行共一百四十里燈時至呂城泊宿在舟接見
地方官四次餘皆閱通鑑一百七十八九兩卷各閱二遍未
作他事而一日已畢甚矣余目光之鈍精力之衰也二更
後溫左傳昭公十餘葉三更睡

附記

許先傳江陰守備似有癮

富安常州游擊似有嗜好

二十二日

早起李軍門來因留與共飯一面開船且行五十里至常
州甫過午稍坐見之客六次立見者三次舟行時閱通鑑
百八十卷二遍清理文件未正中飯後上岸拜客六家拜

吏士良同年暢談最久渠自寧紹道罷官歸來心靜
而體腴晚景甚佳酉初歸舟見客二次旋李質堂來
談書鏡初來談二更後李勉林來談核批稿各簿三
更睡近來睡後不甚成寐一更許輒須小解一次或須小
便二次或三次蓋血虧而神氣皆衰象也

附記

寄蔭甫書檢畫跋數語　核孫方與信稿

核耕耘信稿　酬王秋詩

無錫 蔡欽熙　浙江附生指捐江蘇　李相保二次　馬丁保二次

十年委世錫係稍任　人尚明白

金匱 張佑璧　湖北舉人 黃陂 考教習學正輕謄錄議敘知縣下

卯庚午兩次分房擬海運一次　有書卷氣穩練

同鄉 魏晴先 上海　魏臨先 查街　曾廣熙 以上皆衡陽　劉元金 湘潭

吳朝龍 鳳凰廳人　趙楷椅 芷江人　嚴其政 湘陰

廿三日

早飯後立見之客二次即至教場看操常例孟河兩營合
操僅二百二十四人江陰靖江兩營合操僅七十人旋看九龍
鎗常孟共十一隊江靖共六隊　大隊閱畢即看馬箭官
兵共五十六人退署小息旋閱步箭余自考四十七員書萬臣
代看兵五十五人李勉亭吳朝傑代看鎗砲打靶共六十名
未初閱畢即在教場中飯宴畢回船坐見之客二次申正
開船行三十里至七子莊地方泊宿舟中閱通鑑百八十四
卷兩遍燈後坐見之客三次核科房批稿清二更四點睡

廿四日

未明開船行六十里午初至無錫清理文件沿途有客來見
自辰正起直至無錫客未嘗斷至錫又見客三次楊濱石
坐甚久旋登岸至黃浦墩寺內樓上一覽又坐舢板至惠
山下登山遊寺吃惠泉茶歸至座船許信臣中丞來坐

附記　許信翁託
許恒身　求壽署　許慶身　求楹差
卞長松　求補崇將

談余旋至渠船上面拜一談歸船巳申正矣中飯開船行走
行二十里已黑燈後又行五里至彰安泊宿酉刻核秋稿合
計桂李勉亭黎蒓齋來久坐又核稿一件二鼓困倦甚二
更五點睡

二十五日

黎明開船行二十里至望亭見客二次清理文件李軍門函
次來談坐皆甚久行六十三里至紅塔李君梅來迎久談張李
眉生自蘇州來迎坐談甚久申正後與之共飯飯後即至帚艭
是日凡行百一十三里自望亭而南四十五里至蘇州自蘇至亭
而蘇九十三里至常熟余擬先看福山鎮之楊坂先來常熟
也因廿七日忌辰故於廿六日繞楊坂達虞趕赴福山自補接

小舟煙後開行行三十五里三更四點至福山余夜已閒思
作一詩題俞蔭甫經子平議久未下筆枕上小舟作二韻
白未竿三更即睡因行船喧譁竟夕不能成寐

二十六日

早飯後至校場看操先看狼山鎮標大隊三百名旋看狼
標三疊鎗藤牌一百六十一名旋看福山鎮標三疊鎗及
藤牌共一百七十二名旋看福左狼右通海四營水師操洋
鎗隊一百八十名旋看馬箭一百一十名旋送堂小息又出
余看步箭三十九名袁萬臣代看步箭六十一名滕茂廷
代看步箭五十名吳朝傑代看打靶兵五十名又鳥鎗官
二十員百華小宴飯後申初出校場登福山望內洋及對岸
之狼山山頂有碑臥地係因土人誤傳高峯為嚴山其下
小阜為福山特立碑以辨其失言高於實福山也酉刻回
船申正二刻開船行圭直至三更二點始抵常熟仍搬

歸大船而移剃頭一次燈下作詩二十二句移昨夕之詩作草
三點睡較之昨夕差能成寐

二十七日

早飯後出見之客三次清理文件未畢已初進城至季君
梅楊濱石二家一談旋謁言游之墓虞仲之墓碑凡四皆
題曰商逸民虞仲周公之墓常熟虞山約長十七八里八
分在城外二分在城內此二墓即在城內山麓旋出城約六里
許至興福寺小憩即常建所題曲徑通幽處禪房花木
深之寺也點心後又行四里餘至三峯寺周覽廟中各
處季楊及府縣在此設席未正二刻坐席申末始散歸
至船上起更已久矣開行二十餘里二更五點至湖塘泊宿
粗核批稿各件四點睡

二十八日

早開船行走早飯後出見之客三次曹鏡初來久坐留飯

蔭甫所著書署檢李質堂及鏡涵又來久坐吳彤雲自上海來久坐省中兩司八道來接約離省二十里許張子青中丞來接約離省十七八里許又見客四次皆來接者旋至蘇州城外由胥門閶門以抵胥門中丞以下皆在官廳迎候茶話片時即進城約行十里許至吳園行館張中丞坐談頗久行七里許至湖南會館官借此為余行臺也旋見客二次談個久首縣送席留眉生彤雲共飯二更四點方散三更睡

二十九日

是日天雨竟夜竟日不能看操早飯後見客四次俞蔭甫何子貞坐較以久巳初出門拜客至酉初二止會晤者十二家未見者八家晡時至張子青中丞處赴宴燈後出席二更四點坐見之客四次閱新到文件 三更四睡下半日雨甚大明日恐不能看操因改期候晴霽再看

附記

○送鄒信匯程儀　○文魏曾條与青

王子蕃二万須議定　○船炷不得 海塘ろ　○海塘工須 張芸逵擬　○鄒二署ろ

○報莊問文署稿戟ろ　○王鼎丞文代午二百串ろ

卅日

早飯後見客九次許信臣殷譜經呂廷芷三起坐較久清理文件申刻出門至織造衙門織造德靜山与李質堂李眉生潘季玉四人公請戲酒共四席申初二刻入座至亥初飲畢余即歸寓閱本日文件核批札稿數件　三更睡

十月初一日

早見客賀朔之客飯後清理文件並見之客二次辰正二刻至惲小山家為其父次山題主陪客有潘季玉黃芳云　俞蔭甫諸人題主禮畢小宴余吃菜四樣即歸寓

因昼日訂与候補鄉紳接見也旋見候補同通鄉紳共見十四班兵丁廿人又末班鄉紳四人外客二人又另見客三次織造吳較久申初三刻吃飯二碗即出門赴宴張中丞寧司藩首府鄒公請仍在織造衙門演戲也共六席申正二刻坐席亥初散歸寓後劉眉生賀蓮舫亨甫藐高又久談旋閱本日文件二更二點睡

初二日

早飯後清理文件見客一次旋出門至校場閱操諸驍營吉同閱先看撫標左右營兵及親兵營勇大陣共九百八十八名原額三營共一千三百人今來應操者約八成彊有奇計凡演廿餘陣洋鎗甚爲整齊又看雜技兵三十三名又看太湖平望兩營九營鎗兵三十六名可駿看慶字營洋鎗大陣四百名即淮軍吳長慶之勇撥駐蘇州者也午正二刻還營小息旋看官兵馬箭六十人旋看步

前余親看將備千把四十七人又飭恩方伯与袁萬臣看外頭
兵丁四十人應泉同看太湖水師之放鎗共二十九人賈芝雅
勝鎮看打靶之兵六十人申初二刻看畢即至校場小宴
午刻小雨旋止至申初三刻則大風雨矣申末散回公館
見客二次矣子儁應常坐較久燈時同鄉文士公請即至
本館音樽三更先逞歸房潘季玉李眉生來一談涂朗
軒等自上海來接一談略看本日文件二點未睡

初三日

早飯後見客二次潘順之談頗久旋出門至張子青中丞處
辭行談頗久出胥門城移赴松江中丞及司道以下皆在城
外相送登舟時見客二次開船行七八里許至梅渡橋停泊司道八人來見一
次應敏齋獨見一次府縣等見一次客退已申正矣吃中飯
時一面開船行二十四五里燈後至南北莊泊宿是日潘順
之送其祖奕儁父世璜所著居易金箴等編冊在輿中舟中

小憩一緒閱直隸閱本日文件閱王霞九文集其子其隆

本日所送也讀寄日記即常日所稱清理文件者也傷夕

小睡權李賀重來久談二更後閱朱彬所著禮記訓

纂係座師朱文定公之父本日朱男伯所送也三點睡

日來眼光尤蒙坎略早睡

附記

復何子貞信　并其弟婦書之文

〇復何廉昉信　言吳乃不能為力

〇令札四署三局令將三年出入款係應存實款開摺呈

武營總數覆奏摺

朱郁甫文集序

王霞九文集序

〇季綸全求海運省局　〇評謹身求署藩官

初四日

黎明開船行 壹行六十里至崑山縣 繞城約十餘里經過又行六十餘里至四江口泊宿 在舟中上半日清理文件 核批稿各件 小睡 辰久下半日見客二次 閱通鑑百八十五卷六編 旋閱百八十六卷未竟 傍夕小睡 夜見之客二次 將前寄總理衙門信再一核改 李芋仙寄來道蘊編一本 皆言養生修道之法 本日午刻閱數葉 二更後又閱數葉 四點睡

附記

華亭 張澤仁 直隸豐潤人 指捐江蘇知縣 署婁縣 茵栢林通判 補華亭縣 善言語 微有煙氣

婁縣 汪坤厚 大興人 祖籍浙江蕭山 捐縣丞保知縣 四浙灘園 署江陰 署丹徒任 准補婁縣 穩練

金山 汪祖綬 盱眙人 乙卯比榜 丙辰庶常改知縣 選郃陽縣 丁憂後來留補金山縣 署常熟 川沙二任 明白穩實

李賢 王起仁 浙江湯溪人 附貢捐輸議敘訓導加捐知
縣又捐分缺先五年補本班縣 人尚老實
南匯 葉廷春 廣東香山人 捐縣丞 係華知縣送任
五知府署上海補南匯與丁雨生密 言路明晰才具
開展
前上海 朱鳳梯 大興人祖籍浙江 捐從九薦山西再
捐同知薦江蘇署上海了三年
涂朗仙所進手摺
一各國在滬人數 二千國共二千七百餘名
一抄志旅西星使 還丁雨生函稿
一上海各國領事官姓名
一赫德歷引條約除京都不准貿易外其餘天下各處洋商均
可自通商口岸載貨前往因余不以為然請由總署核辦
朗仙呈進赫德三些全三章程
常熟呈減賦狀五紙
初五日

黎明開船行二十七里至青浦縣又行四十五里至松江府署日
河多灣曲而風勢橫斜動輒吹靠一岸至未末始抵西門
上半日在船閱通鑑百八十六卷清理文件坐見之客一
次抵郡後坐見之客五次立見者兩次燈後坐見之客二次
又閱賈鏡於勉亭等先後來見均久談核批稿各簿
三更睡

初六日

早飯後登岸行十里許至教場看操初看提中提左提
前營提後城守金山柘林青村八營大陣兵七百八十名此八
營中有抽出之五百人練為新兵者也歸此七百八十名之內合
操大陣跪拜畢後看滕牌小陣六十名撤營後演九子鎗一百
三十名收隊後新兵營又跪大陣四百三十名閱畢退營小息
旋升臺閱鳳凰山之洋鎗隊三營本千四百人而未應操
者僅千名凡演八營皆不如吳長慶部伍之整齊閱畢

樓看馬步箭，余看將官都守千把共三十名，先馬而後步，派孫朗仙看外額步箭五十九名，目外額選兵馬箭一百一十二名，先步而後馬，又派袁萬臣、熊岳峯看步箭六十三名，派滕茂廷看打靶兵四十五名，申正演畢看畢，即在教場小宴，一面寫獎賞之單，傍夕下駿，燈後回船。李勉亭、孫閬仙先後來久坐，二更後質重來坐，清理文件。閱日本國人所著新論四點，睡近來無極，小便甚數，二次三次不等，是極鍾亦二次而已，候稍遲，因思養生之道，視息眠食四字最為要緊。息必歸海，視必垂簾，食必淡節，眠必虛恬。歸海謂藏息於丹田氣海也，垂簾謂半視不全開，不苦用也，虛謂心虛而無營，腹虛而不滯也，謹此四字，雖無醫藥丹訣，而足以卻病矣。

初七日

早飯後開船，至松江附近，河內小水尚淺，不能暢行，行行甲五六里許

至黃浦江大河則水闊且深又行四十餘里至二刻行抵丹雲派大輪
船二號前來迎接又行六十里申正至上海登舟中隨（達覆文件）通譯一
員六十七卷二編查閱行見客三次到滬後登岸住於機器局
即盛同治七年閏四月所住之室如前泊舟時坐見之客三次
主見者一次至公館後坐見之客七次主見者五次疲困極矣飯後
閱軒馮卓如備酒席小宴席散已二更後矣閱本日文件清
理各處所呈手摺五點睡

附記

鳳凰山歸李轄

初八日

早飯後清理文件旋見縣翰臣等一次見徐潤等七八次閱
機器局圖歷一編約步行二里許第五號輪船將次造成長
二十八丈高四丈許偉觀也午刻看筆中飯後張中丞到與
余同居與之一談李勉甫坐來久談王子蕃來久談李質堂

來一談 擬書鏡初等來久談 閱華日文件 稽核稿答諸 二更
四點睡
初九日
早飯後馮卓如等來談甚久 劉子迎來談亦久 又出見之客
三次巴西日本國領事官忠吉曰延長來見一談 總稅務司赫
德來見一談 午刻同鄉緬僚李郁華來見一談 英國護
領事達文波 護副領事法禮士 繙譯馬夏禮 協辦官
馬戈利 奧斯馬加國領事施利克 繙譯夏士六人同來見一
談 法國總領事梅讓及其副阿蘇來見一談 稅務司秋
安瑪來見一談 未刻美國領事西華 付領事晏瑪太 德
兵官墨格鑾 水師提督金百鑾 丹國領事雍純 比德意志副
布國正領事溫策楞 繙譯法朗真 西班牙即日斯巴尼亞國正
領事官英班蘭先後六人同來見一談 皆余與張中丞同出接
見 午飯後出門拜客七家 鄭慕徐 劉融齋 西雲 要

皆会孟滌翁仙震赴宴凡二席 燈時入座二更散 到公館
見客四次 閱本日文件 三更後睡

初十日

是日恭逢慈禧皇太后萬壽 早起黎明行三跪九叩禮 穆
台与程台蒲台皆行裝叩祝 地方官亦高集於此 禮畢飯
後清理文件 見客五次 巳正出門拜客 孫田村 昨日洋人来
見者共拜十家 所有一家未会 總稅務司赫德已開船回京
稅務司秋妥瑪賢鄉也 其餘会者九家皆設酒果點心殷勤
禮接 張子青 滌翁仙与余同行 申初乃歸 進城赴宴 翻軒
与吳彤雲 劉芝田 馮卓儒及松江太倉府縣各官二十人
公請 在查姓家 音尊 申正坐席 至亥正始散 至署已三更
矣 与李勉亭 訂明日生日款客 乃開一清單 三點睡

十一日

是日為余六十一生日 早 劉沐甫年 李眉生贊堂等 即来祝賀

以後各官紛來皆相見一揖州縣及在營武弁一請安均不行禮

旋留吃麵 內廳二席 藩臬糧道山長等 外廳八席 府廳

州縣委員等 西廳二席 幕府及機器局員紳等 廂

房四席 武職水陸營官等 餘僕從人等散席 共廿二席

客散後料理各事 至中丞處一談 旋即上船開行 移開時

見客三次 孫家穀坐最久 渠出使外洋諸國三年 故與談

詢洋務 客散始成行 晡時至吳淞口 見客 坐見者六次 擬

寫紀澤信一件 閱中外古今年表 係上海新繙之書

二更五點睡

附記 李軍門所關心之事

劉河營應歸蘇松標 不歸狼山標

泰綱游擊應移駐通州 作為狼山中軍 泰與都司

孟耕熙泰綱

又秦大茂請補一缺

十二日

早飯後登行至戎教場，約五里許。辰正二刻入坐閱吳淞、(川沙)南匯、拓港、蘇松中左右、握右八營陸操大陣兵五百二十名，旋閱藤牌雜技一百三十四名，收隊後閱九子鎗一百八十八名，旋閱馬隊官兵一百五十餘名。其官弁之半，水師砲船兵二十人未來至操，旋出至港上欄內，因水師被輪船攙入隊內，不便遠操，遂至上游三里許閱布國人操鋼砲一靶，東向打大子十二出，開花子十出，一(外海)靶西向打群子，均已中的。旋又回至堤上欄內閱看水操，先看艇船十二號，每船四十人，凡演六陣，將弁張中丞因查閱海塘逕北六來欄內同閱。旋看(刀牌)八國舢板五十號，每船二十人，亦演旋陣。蘇松等三鎮總戎兵備道席，且飲且觀水師旋操輪船三號，至吳淞雲所統帶操至西康座船，又至恬吉輪船看操演鎗砲，及上艙放蓬水龍舢板，放煙後操至四船，見客四次，收信積一件，清理文件，二更三點睡。

十三日

早飯後天尚未明點燈出門祭明所至教場補看馬箭二十名旋看步箭分三靶余自看五十三名並千把正派吳飛靈看額外六十六名袁篤臣看額外世職候補兵丁共七十八名吳朝傑看鎗砲打靶六十名巳正了後　王子蕃備席宴飲涇關張中丞來同時飯畢發賞後歸船因看艇船各水兵操上桅下水等技旋坐威靖輪船將乘之以返金陵午正三刻開船行一百○六十三里至陽邏泊宿是日頂風頂水頂潮故行走甚遲也未刻剃頭一次申刻清理文件酉刻核批稿各件校閱通鑑百八十八卷二更三點睡

附記

李軍門代送魏承熙廿四金　應還

賞艇船下水坐桅者各四元待查明再付

三次賞戲四十八千　二次賞行燒烤人四元應還局員

上海生日用庫費五十四元交送馮卓如

又託

。江南奎營全局摺

。將弁舉劾摺

江南水師續陳事宜摺 馬二十五條

札勉亭赴機器局

核孫信稿一束

覆郭劉李丁等信

十四日

早間因等候梧吉輪船辰初始開船行至直行五四更二點始（辰刻看船中操演鎗炮上桅放達水龍等事一面行船）至划子口泊宿二更末在七濠口稍為停車餘未少息也共行五四百里許以福山之下即由北岸行去較南岸近數十里矣在舟不能治他事閱通鑑百八十九卷百九十卷百九十一卷各二編餘皆偃息而已二更五點睡

十五日

黎明起飯後由威靖輪船移至測海輪船一面看操演鎗砲上艙放蓬水龍等事一面行走行六十里許至下關停泊約午初許刻旋换小輪舟入内河行二十里許至水西門登岸將軍織造副都統司道等皆至官廳迎接司道先至下關登舟迎接至廳小坐即進城未正入署見客三次中飯後又見客三次閱本日文件 在閱唐家渠所寄之湖南陽秋王霞軒所寄之王少鶴詩櫵湖十子詩等書 二更四點睡

十六日

早起較遲飯後清理文件 見之客八次立見者三次午刻出城至水西門外送魁將軍 玉赴四川新任也旋至莫愁湖弔喪莫子偲以九月十四死於興化樞傳說處觀其子之悲痛不勝感愴旋進城拜織造申初歸飯後見之客二次 本署錢子密書鏡初薛叔耘等來談 天已瞑矣植

稽竹林來談因与〻圍棋一局本日來文極多較常增至三
倍草〻於閱一過而看內〻客珍來江龍三李健高劉康侯各來
先後一談閱文至三更後乃畢其科房〻批稿〻則不能閱
核矣三更一點睡至四更二點成寐

附記

強汝詢 庚亭

強汝諶 彥吉五 舉人韻榆〻教

強汝誘 星源七 溧陽康

十七日

早飯後清理文件坐見之客三次已末出門拜客会晤者七家
吴竹如處談最久渠新有姪孫之喪老懷淒涼如申初歸飯
後坐見之客三次閱本日文件天黑甫畢〻在清理改写批
稿〻簿叢積成林因眼蒙竟不敢閱核閉目背誦詩經
改信稿二件二更四點睡

十八日

早飯後清理文件 坐見之客六次 立見者一次 韓(耕)起雲最久 午刻核科房批稿簽 未畢 申刻中飯後續閱核(未)畢 張廉卿來久坐 已天黑矣 極核昨日以前批稿簽 畢 閱本日文件 核本日批稿簽 二更四點睡

十九日

早飯後清理文件 劉錦棠來最久 旋見客二次 圍棋二局 午刻洪琴西來 久坐 未正見客 小宴劉錦棠 首座 餘皆官親 江龍三 元甫 紀姪三人 王嵩八 元甫郎舅三人 王瑞臣 李健齋 劉康侯 歐陽仲諧等 席散 已天黑矣 極閱本日文件 核批稿各簽 二更後閱霞仙近年所作詩文 閎懿暢達 較昔年 已大進 五點睡

二十日

早飯後清理文件 坐見之客六次 圍棋二局 核批稿各簽 中

飯後閱本日文件昨夜受寒本日腹瀉三次常恐當廁
而雨下晝多閱陶篁村兩輯浙江詩話江龍王來一談
傍夕靜坐片刻燈核改信稿三件李健齋劉康侯熊竹林
先後來談二更五點睡多蓋衣被全極暖差得安眠益老
年陽衰之象也

廿一日

早飯後清理文件書見之客十一次疲困極矣核科房批稿簿
正中飯後閱本日文件梅方伯平府劉來讞獄談頗久閱柳
興恩穀梁大義述江震三來一坐余旋同孟震之寓內一談燈
核咨稿一件信稿一件共改五百許字二更五點睡夢中小
解竟遺被褥甚矣老年衰弱乃至此極

廿二日

早飯後清理文件書見之客四次日晷極短巳午初矣出門拜
客四家黃昌期薛慰農二處談頗久歸署中飯後會客

一次錢子密來一談寫對聯六付壽扁一方江氏見三日男母九十壽辰以白板綾求寫扁匹一壽也閱本日文件未畢傍夕小睡燈下又看文件半時許核科房批稿簿旋閱漢書司馬相如傳張安世傳三更睡

廿三日

早飯後清理文件見客二次吳小軒談甚久改信稿二件圍棋二局午刻見客二次中飯因梅小岩送某請藩府梅任陳等小酌申初散見客二次唐協和坐頗久閱本日文件傍夕小睡圍棋核批稿簿寫澄沅兩弟信約六百餘字近日接弟信甚密而余之去函稀疏深為歉然紀鴻作文一首送閱全無精采擬就國初名家及墨選觀止中各選文數首授之因閱觀止文二十餘篇三更睡

廿四日

早飯後清理文件坐見之客三次至內室一談又坐見之客四

決之見共一次核科房批稿簽清未畢未正出門至織造慶
雲峯林處赴宴同席者穆瑞亭將軍騰阿黃昌
期富桂卿酉初歸見客一次傍夕小睡夜閱本日文件將
批稿簽清核畢改摺稿二件約共改四百字日短客多竟不
能治一事夜間差能料理一兩件劍南詩云貼補工夫有短長
信矣而又于目疾大有妨礙何以善之三更睡

廿五日

早飯後清理文件見客三次衙門期也旋又見唐協和談
甚久張自京面述及京中士大夫多言湖南哥老会係沅
弟之舊部沅弟有庇護之說聽之殊堪詫異沅弟歸里
已閱四年閉門自飭不與公事乃有此等謠言相汚耶旋
請人診脈一次圍棋二局核科房批稿簽中飯後閱本日
文件至内室一坐傍夕小睡夜曹鏡初來久談改信稿三件
二更五點睡

廿六日

早飯後清理文件 曹鏡初本日回籍來此一談 余亦至渠房
一談 旋出門至南門拜吳小軒長慶 渠住李忠勇公祠 即
李承典也 談及渠昔年戕子 旋至老湘左營 又至中營韋
合千處一談 六營營哨官皆至 旋至礮廠 拜劉佐禹 馬格
里 渠備洋酒點心小飲刻許 閱新作之礮三十六筒 可以齊
放 則三十六子同出如雨〔循環〕 可以連環放 則各子繼出 如擂急鼓
又閱放火箭 每箭筒長尺許 圓徑寸餘 遠約三里許 又閱放
開花礮 未正三刻歸署 中飯後閱本日文件 未末 張嘯
山 歐陽曉岑先後來談 傍夕至內室一坐 旋閱本日文件畢
李健齋 劉毅齋來談 核批稿各簿 三更睡

二十七日

早飯後清理文件 坐見之客五〔六〕次 立見者一次 圍棋二局 核科
房批稿各簿 中飯後閱本日文件 張廉卿來一談 錢子密來一

談上海定章中抄內地稅單不准出海口復入內地一案頗多
膠葛細閱一徧未畢巳天黑矣至藩府任様香處一坐旋將
前海口案閱畢核改一批旋改信稿九件三更睡神氣
昏憊如將眩暈之象睡久不成寐略寐即醒蓋衰象迭
見也

廿八日

早飯後清理文件坐見之客五次立見者二次圍棋二局將藩司所呈稍為摺細批核科房
批稿簿中飯後閱本日文件未畢李小湖洪琴西先後來久談
天已黑矣核澄沅兩弟信至內室一坐燈後將本日文件閱
畢核摺稿一件信稿五件約改三百字溫古詩選中李東川
李太白等七古三更睡

廿九日

早飯後清理文件坐見之客四次立見者二次將應保應劾
之道員開一清單以便交筱帥友加考繕單旋改摺稿一

件片稿一件　核科房批稿簿未畢　子密来一坐　中飯後將批稿簿核畢　閱本日文件　王當樓来一談　傍夕至内室一談　旋叶亭来一坐　核華劾加考單　又改片稿一件　清理零件頗多　温韓歐七古　三更睡

十一月初一日

早出院　不見諸客　飯後坐見之客一次　清理文件　巳初出城　至上新河新觀設木釐局　司道府縣皆至　小坐片刻　旋同至江邊看木簰　步行里餘　回至局中　湯小秋等備酒席小宴　宴畢歸　申初至署　往返約四十里　閱本日文件　校對未畢本日所發摺件　九摺二片　又查應發京信四件　傍夕至内室一坐　歐陽小岑来一談　夜將文件閱畢　核科房批稿簿　二更後畢　閱萬首絕句選　三更睡

初二日

早飯後清理文件　坐見之客一次　立見者二次　核改信稿一件　圍棋

二局核科房批稿簽中飯後閱本日文件來見之客一次天
氣甚寒寫祭幛二付作莫子偲挽聯一付傍夕至内室
一坐核改莫子偲挽聯又作劉壽卿挽聯一付核改覆李
少泉信稿約改三百字旋閱萬首絕句選又閱東坡
七古疲乏殊甚若不克支持者二更四點睡

初三日

是日為　先妣江太夫人八十有七冥壽卯刻備祭席率兒
輩行禮早飯後見客四次清理文件圍棋二局劉毅齋
來久談中飯後閱本日文件寫挽聯二付又寫對五付日
晷極短天已暝矣至内室小坐良核李健齋劉康侯來
一談核科房批稿簽二更後溫香山七古昌黎七古疲
困之至四點睡五更醒醒時腹脹經泄急起大舒而
精已先泄矣近來前溲之數後溲之溏皆氣不固之徵也

初四日

早飯後清理文件 坐見之客七次 黃昌農吳子序坐談頗
久 午正靜坐調息 中飯後閱本日文件 核科房批稿
各件 清寫對聯五付 孫聞青來一談 織辮髮一次 倦
夕至內室一坐 在再靜坐數息 因日來眼蒙益甚 或謂
調息養神尚可補救 因試為之 捧土而塞孟津 深恐
其無當也 二更五點睡

初五日

早飯後清理文件 坐見之客二次 立見者一次 衙門書期也
閱通鑑百九十二卷 又閱百九十三卷 未畢 十二葉未畢
圍棋二局 靜坐調息三刻許 王雷樵錫來久坐 中飯後核科房批稿簿
甚多 寫對聯六付 梅勁庵來一談 倦 夕靜坐片刻 在
閱本日文件 溫左傳成公十餘葉 二更五點睡

初六日

早飯後清理文件 坐見之客七次 出門拜黃昌農一談 旋至莫

慈湖荐子德非是日閒事也歸中飯後閱本日文件孫竹林
来一談核科房批稿〃信未畢傍夕靜坐調息旋將批稿
核畢核改信稿十餘件二更二點後閱周易傳義音訓
序例等五點睡

附記

戶部主事陳達　　選用知縣陳地熙　　勅書一正一副　廿　十六

初七日

早飯後作歐陽牧雲輓聯一付清理文件見客三次陽小
秋談頗久劉養素同年于壽自江西來暢談尤久又見之客
二次閱通鑑百九十三卷未畢未初靜坐調息中飯後將百九
十三卷閱畢旋再閱一徧略識大略寫祭幛一幅輓聯一付
唐端甫來一談閱本日文件未畢傍夕靜坐調息旋將本
日文件閱畢核科房批稿〃信旋温周易傳義音訓乾
坤二卦二十葉又閱李氏集解二卦四十五葉二更五點

睡

初八日

早飯後清理文件，坐見之客五次，立見者一次。圍棋二局。寫澄、沅兩弟信一封。中飯後閱本日文件，核科房批稿簿。出門拜客，至龐省三、竹如兩處一談，歸來已燈初矣。閱吳子序所著書。〔不〕核改信稿二件。未二平。三更睡。

初九日

早飯後清理文件，坐見之客六次，王少岩、善徵坐頗久，立見者二次。閱通鑑百九十四卷，未畢。中飯後將百九十四卷閱畢。稍又閱一編，略識大意。閱本日文件，核科房批稿簿。坐見之客二次，又見女客一次。吳子序之妻韓夫人自南豐二千里而來，言子序陣亡之後，曾奏請建立專祠，至今未建，特來商辦，再三拜懇。核泰州長牧稟務批一片。小畢。傍夕至內室一坐。燈後將批核畢。又核信稿四件。其

中霞仙一件即取擬來核草畢也溫周易傳蒙音訓也
蒙二卦二更五點睡

初十日

早飯後清理文件坐見之客二次圍棋二局午刻坐見之客
二次楊仲乾坐頗久改復霞仙信稿未畢未正請客劉
養素等小宴至酉初席始散至內室一坐極倦本日文
件核科房批稿信稿將霞仙信稿改畢溫周易傳蒙音
訓需訟二卦二更五點睡

十一日

早起至文廟之明倫堂祭明寧廟行香並拜牌禮禮畢歸
署僚從人等稟賀早飯後清理文件將霞仙之文稿酌改吳
竹如一談圍棋二局見之客二次閱通鑑百九十五卷旋又
閱稿中飯後閱本日文件核科房批稿信稿傍夕小睡極
核本營批二件查核良久尚未清晰核改霞仙屏等信

稿四件　二更五點睡

十二日

早飯後清理文件　坐見之客四次　立見者一次　低徊室中久未治事

午刻核信稿兩件　中飯後始手閱本日文件　核科房批稿簿

至內室一談　至後園亭中一覽　與紀澤談家事頗久　擬將周

易之象及常用之字分為條類　別而錄之　庶幾取象於

天文地理　取象於身　於物者　一目了然　少壯不學　老年始為

此塞淺之學　抑何陋也　三更睡　幸得酣眠

十三日

早飯後清理文件　坐見之客一次　立見者一次　圍棋二局　閱通鑑

百九十六卷　坐見之客二次　馮竹如坐頗久　中飯後再閱通

鑑百九十六卷一編　閱本日文件　核科房批稿簿　剃

頭一次　植核改信稿二件　約改五百許字　又核一件

二更四點睡

十四日

早飯後清理文件，坐見之客九次，立見者一次，中如李勉林、馮卓如、汪梅村三起，談俱甚久。客退，倦甚，不能治事。中飯後閱本日文件，陳荔秋來一談，歐陽小岑、錢子密各來一談。傍夕小睡。核科房批稿簿。溫周易傳蒙需訟中師比二卦。思溫集錄，將象類分條記錄。二更四點睡。前曾以四語自儆，曰慎獨則心安，曰主敬則身強，曰求仁則人悅，曰習勞則神欽。近日又添四語，曰內訟以去惡，曰日新以希天，曰宏獎以育才，曰貞勝以蒙難，與前此四語互相表裏，而下手工夫各有切要。第不知垂老尚能實踐一二否。

十五日

早飯後清理文件，坐見之客三次，立見者一次，圍棋二局，閱通鑑百九十七卷。中飯後又閱一編，略識大意。李小湖來久談。閱本日文件，未畢。傍夕小睡。夜將文件閱畢，核科房

批稿簿至二更二點畢疲乏殊甚怠於治事閱理學宗傳中朱陸薛王四家語五點睡

十六日

早飯後清理文件出門至朝陽門城外送穆將軍之行渠赴京口看操也送客後至新總督衙門一看新衙門規模甚宏房屋極多司道亦同往觀覽午正三刻歸署核信稿四件中飯後閱本日文件見客三次莘峯看脈坐甚久傍夕判牘筱來一談核科房批稿簿溫周易傳義音訓及小畜履二卦將象類分記二更五點睡

十七日

早飯後清理文件見客四次閱通鑑百九十八卷寫沅甫信專人送家信及八九十月日記中飯後將通鑑百九十八卷閱畢閱本日文件見客二次吳子序之夫人來辭行又至上房與之相見倏忽已睡罷矣傍夕至上

房一生在核科房批稿簿旋核改信稿五件約改七百
餘字三更一點睡

十八日

早飯後清理文件 坐見之客四次 立見者三次 核改信稿一束中
秋應復之賀信久未能核今時已過矣只得改為臘底賀
年之信内有復龐省三信改三百餘字復陳小帆信改五
百餘字至申刻始改畢 閱本日文件偏多 至内室一坐 在
核科房批稿簿 温周易傳義音訓泰否二卦 將彖類
分條錄記 又温同人大有二卦 三更睡

十九日

早飯後清理文件 坐見之客四次 立見者二次 閱通鑑百九十九
卷未畢 圍棋二局 須臾已中飯時矣 飯後閱通鑑百九十九
卷畢 再閱一徧 略識大旨 閱本日文件 本日有蘇員外杓
示書十五種 為余購買 因請閱數種 傍夕與劉康侯

一談 復核科房批稿牘 改信稿四件 約改四百字 閱王漁洋精華錄 三更睡

二十日

早飯後清理文件 閱吳文正公集中諸經敘錄等一卷 坐見之客四次 立見者二次 改信稿一件 約改三百字 中飯後閱本日文件 核科房批稿牘 閱吳文正集中字說等篇 傍夕小睡 復溫周易傳義音訓謙豫二卦 將同人大有等四卦象類分條錄記 閱瞿塘來知德矣鮮氏省覺錄 此二日翻閱之書數種 皆蘇員外攜來購置者也 三更睡

二十一日

早飯後清理文件 坐見之客五次 立見者一次 閱通鑑二百卷 圍棋二局 將二百卷再閱一徧 中飯後將通鑑大可略識 閱本日文件 核科房批稿牘 閱來矣鮮省可錄 傍夕至衙門上下一看 明日

將移新署先將舊署一切檢點恐有損失也亥正小睡片刻
燈閱朱矣鮮醒學功夫字亦核改信稿一件約改四百字
又閱醒學字象二更五點睡

廿二日

是日移居新衙門即百餘年江督舊署亂後洪逆據為偽
宮者也本年重新修造自三月興工至是粗竣惟西邊花園
工尚未畢雖未能別出邱壑而已備極宏壯矣早飯後移
居至新署儀門行禮大堂行拜牌禮旋至各處觀覽坐
見之客十次立見者十四次至申刻見客始畢巳刻清理文件
申刻閱本日文件閱鄒子纂集傍夕小睡燈溫周
易傳義音訓隨盡二卦象類分條錄記二更四點睡是
夜咳嗽不甚成寐

廿三日

早飯後清理文件　坐見之客四次立見者一次出門拜穆瑞亭

将軍帰黄昌岐来一談中飯後坐見之客二次閲本日文件倦甚在椅上坐而假寐核批稿各簿至内室観匠人改作屋霤因房黑而思拆去一層以取光也傍夕小睡在竹床上閉目紀澤自京帰閲京報多本閲潘伯寅所刻鄭位西詩葉閲[illegible]文雜記旋改摺稿一件未畢三更睡

廿四日

早飯後清理文件坐見之客七次改信稿一件将昨日摺稿改畢中飯後見客一次李小湖談頗久出門拜客三家水西門外拜馮展雲往返二十餘里燈後始帰閲本日文件核科房批稿簿二更後温周易傳義音訓臨観二卦象類分條録記三更睡

廿五日

早飯後清理文件坐見之客三次衙門期也寫對聯六付圍

棋二局閱本日文件一束未末請客馮展雲小宴陪客爲小岑篤臣勉亭三人席散已黑矣鐙後閱本日文件核科房批稿簿二更後閱宋元學案中百源學案於邵子言數之說一無所解愧恨之至三更睡 夜深天氣燥熱屢次擁翻衣被不能成寐

廿六日

早飯後清理文件復閱百源學案圍棋二局坐見之客二次改摺稿一件未正中飯後改畢閱本日文件核科房批稿簿沈仲復來久談旋改摺稿一件約改三百餘字二更後溫周易傳義音訓噬嗑賁二卦於象類分條錄記二更五點睡

廿七日

早飯後清理文件坐見之客四次立見者一次圍棋二局旋改信稿而客來間斷久不能成中飯後坐見之客二次又小岑

未久後改信稿二件 摧又改二件 閱本日文件 核科房
批稿各繕 又改信稿一件 閱陶詩數首 三更睡 天氣
極短 精神散漫 每日所作了極少 深以為愧

附記

王山 查兵科卯冊

廿八日

早飯後清理文件 晤見之客七次 李琳彥 沈仲濩等 及李勉
亭 談均甚久 客散倦甚 圍棋二局 料理信件 疏稍善進康
中飯後晤見之客一次 並見其一次 閱本日文件 指甲反裂
出血頗多 疼不可忍 至花園一覽 園在署西 現在修工 未
畢 正值提孺之時 僅一觀玩 深愧屋宇太崇亭閣太
過 植核科房批稿繕 溫周易傳象音訓中剝復二卦
將象類分條錄記 三更睡

廿九日

早飯後清理文件 坐見之客二次 立見者一次 閱宋元學案 圍棋二局 將本日應發之摺八件片三件校對一遍 復閱宋元學案 中飯後閱本日文件 核科房批稿簿 倦甚 小坐 至內室一坐 旋閱陶詩全部 取其尤閑適者記出 將抄一冊 合之杜韋白蘇陸五家之閑適詩 纂成一集 以備朝夕諷誦 洗滌名利爭勝之心 三更睡

十二月初一日

早飯後清理文件 坐見之客五次 立見者一次 其中新擬六班府歷細細無月綸今六次來見者 本日共見八人 與語頗久 閱宋元學案序錄一卷 胡安定百源學案 中飯後閱本日文件甚多 首直隸來久談 核科房批稿簿 未畢 傍夕小睡 夜核科房批稿簿 閱史通削繁數首 溫周易傳義音訓 至家人睽二卦 將象類分條錄記 三更睡

初二日

早飯後清理文件 坐見之客二次 立見之客二次 閱宋元學案胡安定一卷畢 又閱孫泰山一卷未畢 圍棋二局 未刻請初軍副都統程普誠進四人小宴 酉初乃散 李輔堂來久坐 夜閱本日文件 核科房批稿各〃 閱韋蘇州詩四十葉選其尤閒適者以便諷誦 三更睡

初三日

早飯後清理文件 坐見之客二次 立見客一次 閱宋元學案中泰山學案十餘葉仍未畢 改信稿一件 午刻勒少仲來久談 中飯後閱本日文件 未畢 李輔堂來久談 傍夕小睡起 核本日文件閱畢 核批稿各〃 溫周易傳蒙音訓頤大過二卦 將蒙類分條録記 閱集解二卦 三更睡

初四日

早飯後清理文件 出門回拜客六家 會晤五家 竹如處談頗久未正歸 見客一次 中飯後 閱本日文件 圍棋二局 靜看三

來久談。傍夕小睡。核科房批稿簿。閱韋蘇州詩選其尤
閱適者，約閱五十葉，倦甚，不復能得詩中深處。二更五點
睡。日來衰頹殊甚，全無作新氣象。

初五日

早飯後清理文件。坐見之客四次，立見者二次。閱宋元學案中泰
山一卷畢。閱高平學案，未畢。金眉生來一談。未刻請李
輔堂小宴，龐省三、勒少仲、淩筱嵐、陽小秋諸人同席。客散
已上燈矣。閱本日文件，核科房批稿簿。二更後溫周易傳
家音訓，坎離二卦，將象類分條錄記。三更睡。

初六日

早飯後清理文件。坐見之客三次。閱高平學案畢。又閱廬
陵學案八葉，未畢。圍棋二局。中飯後閱本日文件，核科房
批稿簿。傍夕小睡。至上房一坐。夜摺差歸，閱邸抄、京信
等件。將韋蘇州詩閱畢。又閱杜詩選，其間適者，兩杜

言五七古中絕少閒適一種僅就其自然者擇取一二渠
固知道之君子有德之言故余抄閒適詩不能祧杜氏
而不錄也三更睡

初七日

早飯後清理文件閱廬陵筆叢十餘葉圍棋二局將作
何子敬之夫人遺事狀而久不下筆在室中徘徊偃仰心思
鈍澀至矣中飯後又閱本日文件坐見之客二次李笏
生坐頗久核科房批稿信稿未畢傍夕小睡核將批
稿信稿核畢溫周易傳蒙音訓咸恒二卦將象類分
條錄記二更後剃頭匠李姓忽發病細詢則吾鄉生
鴉片烟急在呼吸殊為慮三更睡

初八日

早飯後清理文件坐見之客三次立見者一次閱廬陵筆
叢圍棋二局談善徵來久談攜其亡子偲詩來請

余淡宣去取昨日摺差自京歸龢世兄中有函寄其翰臣父詩文集請余作序兩集共十冊余深以不能細閱為愧中飯後閱本日文件陳小浦來一談核科房批稿讀至內室一坐傍夕小睡復核江蘇水師續議章程廿二條尚有三條未核畢 三更睡

初九日

早飯後清理文件 出見之客四次洪琹西坐頗久 閱花子偲彙龢翰臣文外集圍棋三局老年尚貪游戲愧赧孰甚中飯後閱本日文件 出見之客一次核科房批稿讀歐陽宗侍來久談傍夕小睡復將江蘇水師續章末二條核畢又核摺稿一件 二更後溫周易傳家音訓遯大壯二卦將象類分條錄記閱周易集解 三更睡

初十日

早飯後清理文件 出見之客五次談均久客散已午刻矣

圍棋二局中飯後閱本日文件核科房批稿簿至內室一坐傍夕小睡夜改信稿十餘件改摺稿片稿二件二更後閱杜詩五七古二卷選閒適一種竟不可多得閱龍翰臣詩集及外集三更睡是日會客時右腳麻木不仁幸送客時尚能行走近日手掌皴皮粗澀而尤癢痒蓋血虛已極全不腴潤矣

十一日

早飯後清理文件閱莫子偲已刻詩集坐見之客三次英茂文談頗久將作書何蒸人之文而久不下筆倦甚在椅睡中飯後剃頭一次閱本日文件屢看三次久談核科房批稿簿未畢傍夕小睡夜作書何蒸人之文未畢二更後溫周易將蒙音訓晉明夷二卦將象類分條錄記閱周易集解二卦未畢三更睡

十二日

早飯後清理文件 坐見之客三次 孫琴西吳小軒談甚久 竟
與二次 桂香亭來久談 署東趄一高樓 因与同登 四面皆見
但不見大江及元武湖耳 圍棋二局 作書何蓀人百文 數行未
畢 中飯後閱本日文件 薛慰農來久談 子密來一談
擬科房批稿簿 未畢 傍夕小睡 擬將作文 而久不能
下筆 王生沈吟 心如枯木了無生機 二更後閱杜詩 五七
古四十五葉 三更睡

十三日

早飯後清理文件 坐見之客三次 改信稿二件 圍棋二局 穆將
軍來一談 中飯後閱本日文件 未畢 梅小巖張廉卿李季
泉應敏齋四人皆久談 燈後許久始逕 將本日文件閱畢
核科房批稿簿 二更後温周易傳家青刊家人睽二卦
將家類分條錄記 三更睡 是日將作文又久不能下筆 衰
竭如此 豈復能有所成耶

同治十一年歲次壬申

正月初一日

五更起至貢院率屬拜牌黎明行禮畢歸署至祖宗神位前行禮於接見賀年之客十點起遲而早飯又出見客七次未見者二次出門至江寧府學聖廟拈香拜客三家黃昌期薛慰農處一談午正歸未見之客三次立見者一次清理文件中飯後閱通鑑二百九卷於又閱福編倦甚坐而假寐傍夕至內室一坐查溫周易傳義音訓震艮二卦將象類分條錄記二更後与兒輩講孟子牛山之木嘗美矣章三更睡

初二日

早飯後清理文件未見之客二次出門賀年將軍副都統李山長吳竹如梅方伯王糧道六處皆会餘則親拜未正歸著坐見之客二次中飯請幕友小宴凡十一人孫方與華

會張埏昭暉垣二人因已叙辭不入坐入坐者錢子密任棣承陳筱浦薛林耘孫澂之李竹岩周小雲程柳堂及叶亭甥共九人兩席酉初散閱本日文件一二來已昏黑矣桓將文件閱畢核科房批稿二件疲倦殊甚二更与兒輩講孟子不仁者可与言哉章 將昨日所閱通鑑二百九卷大可略一錄識將二百十卷粗閱數葉三更睡

初三日

早飯後清理文件 素見之客四次圍棋三局 又坐見之客三次將二百十卷通鑑略閱數葉中飯後閱本日文件未畢素見之客二次蒲廬泉煥唐看脈開方談甚久倦多不睡植將本日文件閱畢核科房批稿二件洪槩酉刻書請署檢五可二更後与兒輩講孟子伊尹割烹要湯章溫周易傳家音訓漸歸妹二卦將象類分條錄記未畢 三更睡

初四日

早飯後清理文件 見客 客九次 立見者三次 閱通鑑二百十卷畢 旋又閱一編 將大事略一題識 閱本日文件二東 未正出門 至梅方伯處小宴 係與糧鹽公請也 席散歸署 又閱本日文件 二東未畢 倦甚小睡 核批本日文件 閱畢 核科房批稿簿 未畢 二更後與兒輩講孟子以善服人者章 核將批稿核畢 將作劉壽卿墓志而未下筆 三更睡

初五日

早飯後清理文件 見客 客九次 立見者一次 疲乏殊甚 不能治事 因圍棋二局以資消遣 中飯後閱本日文件 不出門 補拜客 道新喜數家 燈後歸 核科房批稿簿 溫易豐旅二卦 二更與兒輩講孟子四端擴充章 旋將易二卦溫畢 將家類分條錄訖 三更睡

初六日

早飯後清理文件 晤見之客七次 李仲彥方子箴二起談甚久 日內因見客過多 無暇之不能治事 圍棋二局 未初至黃昌岐家赴宴 凡三席 申末散 順道拜客數家歸 略閱本日文件 傍夕小睡 核科房批稿簿 二更後與兒輩講孟子好辯章 前作劉武壯墓志銘僅成二行許 三更睡

初七日

早飯後清理文件 晤見之客五次 立見者一次 圍棋二局 未刻請歐陽健飛等五總兵小宴 酉初散 晤見之客一次 閱本日文件 傍夕小睡 核科房批稿簿 溫周易傳義巽兌二卦 二更後與兒輩講孟子必有名世章 將易二卦象類分條錄記 三更睡

初八日

是日恭逢王考星岡公九十大冥壽 早間備席 率屬行

禮飯後清理文件 坐見之客十次 三見者一次 疲極矣 未正至富桂卿都護處赴宴 渠演戲 張飲共三席 未正二刻坐席 酉正二刻散 鐙後歸 閱本日文件 未筆叶亭甥來一談 渠將以明日坐舟回籍 旋將本日文件閱畢 与兒輩講孟子 閱知見知章 核科房批稿簿 倦甚 坐而成寐 三更睡

初九日

早飯後清理文件 坐見之客六次 三見者二次 核信稿二件 未正請同邑小宴二席 十二客 經年 梅方伯 王臬 二觀察 對席 渠亦於是日請將軍 小宴也 酉初客散 又坐見之客一次 閱本日文件 傍夕小睡 核稿件 房批稿簿二更後与兒輩講當語於將軍 溫周易 復蒙渙節二卦 倦甚 坐而成寐 二更五點睡

初十日

早飯後清理文件 坐見之客十二次 疲乏之極矣 李眉生坐甚久 中飯後坐見之客一次 閱本日文件 核科房批稿簿 傍夕小睡 棋 閱劉伯山所撰王船山年譜 二更後與兒輩講孟子墦閒乞食章 將作劉壽卿墓志而疲倦殊不能支 三更睡

十一日

早飯後清理文件 坐見之客三次 閱通鑑二百十一卷 圍棋三局 將通鑑大可略一錄識 未正請客李眉生黃昌岐等小宴 酉初散 坐見之客一次 立見者二次 閱本日文件 傍夕小睡 棋 核科房批稿簿 核改信稿二件 二更與兒輩講富歲子弟多賴章 將易渙節二卦象類分條錄訖 又改信稿一件 三更睡

十二日

早飯後清理文件 坐見之客三次 立見者一次 閱通鑑二百十

二卷十餘葉圍棋二局未初先門丞織遠慶雲峯處小
宴同席者爲將軍提督副都統商將敬歸署方子
箴等來宇霑一談是日摺差自京歸接閱京報京
信等件閱本日文件稿科房批稿各讀與兒輩
講孟子一章則得之章并下章旋將通鑑二百十二章
閱畢三更睡

十三日

早飯後清理文件惟見之客五次程尚書雨生甚久圍棋二局
未正至合肥會館赴宴主賓各堂公請共六席余辭讓
戲而仍有戲聚會之不行可愧已傍夕歸署接閱本
日文件稿科房批稿讀二更後與兒輩講孟子枉
擢鄉原章溫周易中孚小過二卦三更睡

十四日

是日爲宣宗成皇帝忌辰悵道光三十年龍馭上升之日

余閱之文宗為皇太子之信方於赴圓明園途如意行至南
海邊乃得升遐之確耗當皇慈慟今忽忽已二十三年往日高
而今日遐德日識閑望日積回首但增慚悚早飯後清
理文件貴兒之客二次於通鑑二百十二卷大略錄識圓框二
局至內室一談中飯後閱本日文件核科房批稿發核
改信稿十餘件傍夕至署東樓上一覽極又改信稿三件
與日兒輩講孟子喬木世臣章作劉壽卿墓志百餘字
三更睡

十五日

早飯後清理文件貴兒之客次三兒甚二次疲之殊甚圓框二
局至上房一坐中飯後閱本日文件核科房批稿發貴兒之
之客一次夏樣生談頗久夏趕亭之子織縣等局傍佃
久之傍夕小睡極溫易既濟未濟二卦於中孚小過既濟
三卦象類分條錄訖與兒輩講孟子有不合之臣章

温韓文數首　用儲選十家本　三更睡

十六日

早飯後清理文件　閱通鑑二百十三卷　坐見之客七次　立見者一次　圍棋二局　中飯後閱本日文件　將通鑑二百十三卷大略看　錄識於格　料房批稿簿　至內室一談　傍夕小睡　燈後與兒輩講孟子滕文公篇畢　核改復總理衙門信稿　三件　三更睡

十七日

早飯後清理文件　坐見之客七次　閱通鑑二百十四卷　旋又閱一遍　將大者略一錄識　圍棋二局　中飯後閱本日文件　核批稿各簿　織辯等　至內室一坐　傍夕小睡　燈後核改摺稿一件　與湖北會奏鹽務也　二更　與兒輩講孟子二章　求文章　温韓文數首　三更睡

十八日

早飯後坐見之客八次立見者一次閱通鑑二百十五卷
程尚齋來久談與之看花園東偏等處中飯後又看
通鑑二百十五卷將大字略為標識圍棋二局傍夕小睡
核閱本日文件核科房批稿簿二更後與兒輩
講孟子首章閱龐作人送所作神化反身錄
諸書三更睡

十九日

早飯後清理文件坐見之客五次立見者一次閱通鑑二百十
六卷旋又閱一徧將大字略為標識閱本日文件中飯後核
科房批稿簿戴子高來久坐剃頭一次傍夕小睡核
閱來芑鮮日錄二更與兒輩講孟子靈臺靈沼章
作劉壽卿墓志百餘字三更睡

二十日

早飯後清理文件坐見之客七次立見者一次圍棋二局未正

請客小宴王子專蒯子範程尚齋張石卿等酉初散
閱本日文件天已黑不能治事矣在部本日文件閱
畢核科房批稿簿二更後與紀澤講孟子移民移
粟章 疲困殊甚不能治事三更睡

二十一日

早飯後清理文件 坐見之客二次立見者一次 午初開印行禮
僚佐人等來賀見客六次改信稿二件圍棋二局改摺稿
一件中飯後子密來一談閱本日文件 酣息閒天已
黑不能治事矣 傍夕睡頗思久在核科房批稿簿
核覆丁稺璜信稿 二更與紀澤講孟子始作備
筆 旋將未濟卦象類分條錄記溫繫辭上傳六
章 三更睡

二十二日

早飯後清理文件出門至校場考守備三缺歸署坐見之客

六次閱通鑑二百一十七卷，旋又閱二百一十八卷。中飯後將二
百十七卷大字錄識一二。閱本日文件，圍棋二局，傍夕小睡。核
科房批稿簿，將二百十八卷大字錄識一二。二更後與兒輩
講孟子仁政章，核年終密考單三分之一。三更
睡，眼蒙殊甚。

廿三日

早飯後清理文件，閱通鑑二百十九卷，旋又閱一遍，將大
字錄識一二。將年終密考單一核。中飯後閱本日文件，
錢子密來一談，語次余右腳麻木不仁，旋即發顫若抽
掣動風然，良久乃止。劉省三來一談。閱通鑑二百廿
卷。傍夕小睡，接閱宋元學案呂東萊一卷。二更後與
兒輩講孟子定於一章，又閱呂氏學案。三更睡。

廿四日

早飯後清理文件，坐見之客八次，核科房批稿，年終密

考單 閱宗元等案 張嵩垣 巳正中飯後閱本日文件 韓琳起 周士煃先後來久坐 核科房批稿簿 至內室一坐 傍夕小睡 核擬年終密考單 核單 二更後與兒紀澤講孟子桓文之事章至一半而止 旋閱二程全書二十餘葉 三更睡

附記

李鑄對 蘇挽對挽幛 蕭挽聯對

廿五日

早飯後清理文件 坐見之客二次 圍棋二局 中飯後閱本日文件 題康臣幽詢來談甚久 將武職提鎮密考 酉正至內室一坐 傍夕小睡 核擬作政密考片 閱二程全書本日屬次 閱十餘葉 核又閱十餘葉 二更後與兒紀澤講孟子桓文之事章後一半章 更閱二程語錄 三更睡 核改信稿二件 約改三百餘字

廿六日

入飯後清理文件 坐見之客五次 黃昌岐 易笏山談均久 閱二程
全書 中飯後劉仲良來久談 閱本日文件 申刻出門至
城外迎接蘇賡堂河帥 在途已覺疲乏 心中若昏昧不明者
欲與轎旁之戈什哈說話而久說不出 至水西門官廳欲
與梅小岩方伯說話 又許久說不出 如欲動風者然 等
候蘇賡翁久而蘇賡翁不至 又欲說話而久說不出 眾人因
勸余先歸 到署後與紀澤說話 又許久說不出 似
將動風抽掣者 小坐半時 二更三點早睡

廿七日

早飯後清理文件 黃昌岐來看病一談 請醫診脈二次 閱
二程外書 圍棋二局 小睡頗久 中飯後閱本日文件 核科
房兩日批稿簿 至內室一坐 與子密一談 偏夕小睡 頗閱
二程外書 是日服藥二劑 時時防將眩暈 夜與紀澤
略言身世多 二更四點睡

廿六日

早飯後見客診脈一次 清理文件 閱二程遺書 出門至北西門拜蘇賡堂久談 歸署 坐見之客三次 剃頭 [illegible]坐較久 未正蘇賡堂來久坐 客去 中飯後坐見之客一次 立見者一次 閱本日文件 核科房批稿簿 申刻拜發摺件 圍棋 閱二程遺書 二更四點睡

廿九日

早診脈二次 開方良久 早飯後清理文件 坐見之客五次 圍棋二局 閱二程遺書 張真人仁晸來見一談 中飯後閱本日文件 坐見之客一次 核科房批稿簿 至上房一談 傍夕小睡 夜核改信稿五件 約共改五百餘字 是日肝風之病已全愈 仍服藥一帖 余病患不能用心 昔道光二十六七年間每思作詩文 則身上癬疾大作 徹夜不能成寐 近年或欲作文 亦覺心中恍惚不能自主 故眩暈目疾

肝風等症皆心肝血虧之所致也不能溘先朝露速歸於盡又不能振作精神稍治應盡之職而苟活人間慙悚何極二更五點睡

二月初一日

早飯後清理文件 坐見之客五次 立見者二次 圍棋二局 閱二程遺書 中飯後坐見之客二次 閱本日文件 小睡片刻 核科房批稿簿 是日劉康侯搭輪船歸蜀 傍夕小睡頗久 核改信稿二十餘件 余精神散漫已久 凡遇應了結之件 久不能完 應收拾之件 久不能檢 如敗葉滿山 全無歸宿 通籍三十餘年 官至極品 而學業一無所成 德行一無可許 老大徒傷 不勝悚惶慙赧 二更五點睡

附記

書不複批單　寄件存另一匣 餘俱燒之

雜稿箱一隻　收人寄信

初二日

早飯後清理文件 坐見之客三次 坐而假寐 憊甚 若不堪治一事者 圍棋二局 至內室一坐 中飯後坐見之客三次 歷伯符談頗久 閱本日文件 核科房批稿 內有一稿略費思慮 又發病 如正月某日在城外官廳之狀 手執筆而如顫 口欲言而不能出聲 因停止不復閱核公事 旋床小睡 請幼旭亭診脈開方 極又請蔣蕭二大令先後診視 旋將批稿簽稿核畢 閱二程遺書 二更四點睡 尚能成寐

初三日

早起 蔣蕭兩大令來診脈 談久去 早飯後清理文件 閱理學宗傳 圍棋二局 至上房一坐 又閱理學宗傳 中飯後閱本日文件 李筱生來一坐 歷次小睡 核科房批稿簽稿 傷多久睡 又有手顫心搖之象 起吃點心後 又在洋床久坐

睡閱理学宗傳中張子一卷二更四點睡

十四日

早飯後清理文件 坐見之客三次 閱通鑑二百一卷 中飯後閱本日文件 核科房批稿簿 酉刻至署東樓上一望 傍夕小睡 核批書何恭人首文作草 約七百餘字 而作至數日之久 真可愧可笑耳 溫古文辭類纂中序跋類數首 恬吟密詠 三更睡

十五日

早飯後出門至水西門官廳迎接蘇雲階鳳文渠由淮安來此商公事也 旋至船上拜之 歸 著清理文件 坐見之客二次 蘇雲階來久坐 又坐見之客二次 有石琢堂之曾孫名師鑄字似梅者 自湖南來 筠仙有書薦之 盛稱其才 眾俊士也 中飯後閱本日文件 極多 隸筆擾率 遂寄二道 及批摺等件 傍夕至內室一坐 核本日文件 閱畢 核科房批稿簿 二更三點畢 二更後疲乏殊常 目光昏滯不

不復能親遊不治一事矣四點睡

十六日

早飯後出門聞何小宋已至昨夕住黃軍門處前往迎候行至半途則聞漲臣出門至余署矣仍至黃家一拜旋即歸署与小宋久談客去清理文件坐見之客三次立見者一次圍棋二局閱本日文件三分之一申末請蘇漕帥何中丞小宴陪客為应敏齋王曉蓮燈後席散將本日文件閱畢核科房批稿簿二更三點後溫古文識度之屬三更睡

十七日

早飯後清理文件坐見之客四次核信稿二件蘇漕帥來辭行一談核摺稿一件中飯後出門送蘇何二帥而皆不遇拜薛慰農一談歸聞何小宋至余署辭行因速回与之暢談燈後去閱本日文件核科房批稿簿在慰農處借得所抄對聯一本逐一繙閱三更睡

十八日

早飯後清理文件，坐見之客二次，上員衙門期也。閱通鑑二百二卷，圍棋二局，旋將二百二卷閱畢，略識大字。中飯後閱本日文件，龐省三來久坐，又閱本日文件畢，核科房批稿簿，未畢。錢子密來一談，至署東高樓一眺，倦甚。夕小睡，復核批稿簿畢，核改信稿三件。閱杜詩二十餘首。三更睡。

十九日

早飯後清理文件，應敏齋等來一談，坐見之客二次，立見者一次。方小東來一談，渠有深碑二種，潘伯寅有書向余索取，余因轉乞于小東而與之。改信稿一件。中飯後閱本日文件，核科房批稿簿，至上房一坐，倦甚。夕小睡，復溫周易楊敬音訓蹇解二卦，將象類分條錄記。閱集解雜覽、鄧資山詩集。三更睡。

二十日

早飯後清理文件畢見之客三次閱通鑑二百三卷午刻封印行九叩禮畢偶繙人薛終道書旋圍棋二局再閱鑑二百三卷中飯後閱畢將大兒略一錄訛識閱本日文件核科房批稿各稿識辯等又至花園一覽倦夕以睡極將作王子懷侍郎墓志而久不能下筆瞑坐已成寐矣蓋心血全枯無水可汲故作文艱窘異常耳

二十一日

早飯後清理文件已刻見客一次談頗久將核改信稿等件而久不下筆至午初始下筆旋之改應酬信下餘件公事信四件中飯後閱本日文件歐陽者人來見一談至蓋府與錢子密一談燈下核科房批稿簽溫周易傳義音訓損益二卦將象類分條錄記二更三點後疲困殊甚屢坐瞑成寐矣三更睡

二十二日

早飯後清理文件 立見之客一次 坐見者二次 易笏山佩紳說蔡自湖南來 與之久談 閱通鑑二百四卷 中飯後寫略識大字 閱本日文件 周學洙來一談 纓雲之弟也 圍棋二局 傍夕小睡 燈核科房批稿簿 將作王子懷墓志 仍久不能下筆 因繙閱孟子朔補數十章 三更睡

二十三日

早飯後至小營考武弁四人 定一游擊缺 以輔堂臨補旗 閱新兵五營操洋鎗隊 至午初二刻閱畢 歸署 清理文件 小坐俄寐 旋改信稿二件 中飯後閱本日文件 彪眉三來久談 又閱本日文件 未畢 晡時寫署東高梅 傍夕小睡 燈將本日文件閱畢 核科房批稿簿 二更二點後溫周易傳家音訓 夬姤二卦 三更睡

二十四日

早飯後清理文件 生見之客二次 熟見者一次 出門拜客至
麗者三張嘯山處 坐均久 歸 生見之客三次 楊仲乾等
談頗久 閱通鑑二百五卷中 飯後請易芴山小宴 陪客考
書芴生 楊商農 客散已酉初矣 閱本日文件未畢
傍夕至內室一坐 始將本日文件閱畢 核科房批稿
簽 二更後將通鑑二百五卷大字略識一二 將夬姤二卦象
類分條錄記 將黃左田詩集繙閱 三更睡

廿五日

早飯後清理文件 生見之客六次 衙門期也 內有貴州原常李
端談頗久 圍棋二局 吳小軒來一談 中飯後閱本日文件 出門
至吳竹如處 看渠之病 今年竹翁七十九歲 日內咳嗽多痰
神氣尚好 歸署已燈初矣 核科房批稿簽 閱周易傳
義音訓萃升二卦 將象類分條錄記 疲困殊甚 二更五
點睡

廿六日

早飯後清理文件 閱通鑑二百六卷 易笏山談甚久 吳小軒來一談 又坐見之客一次 立見者二次 吳小軒帶來老湘營八十名新操洋鎗隊者 來此大堂下操演 小隊約一時許畢 又坐見之客一次 再閱二百六卷一遍 申初畢（將大意識錄一二） 閱本日文件 核批稿各簿 夜閱來知德之弄圓蒂諸物諸圖 二更三點 核信稿一件 三更睡

廿七日

早飯後清理文件 出門至小營看老湘營操演 二營操洋鎗隊 四營操湘軍舊隊 午正操畢 回署 坐見之客一次 中飯後 淩曉嵐來一談 又坐見之客一次 閱本日文件未畢 圍棋二局 傍夕至內室與羅親家母一談 核閱本日文件 閱畢 核科房批稿簿 與二子陳婿一談 講孟子 君子所以異於人者一章 溫周易傳義音訓困井二卦

抄家類分條錄訖三更睡

二十八日

早飯後清理文件 坐見之客四次 吳小軒談甚久 閱通鑑二百七卷一編旋又閱一編未畢 圍棋二局 中飯後將第二編閱畢 略識大意 閱本日文件 麾省三來久坐 錢子密來一談 傍夕至內室與羅親母一談 極將本日文件閱畢 核科房批稿信稿 二更後與兒輩講孟子魚我所欲章 摘閱來知德省覺錄 三更睡

二十九日

早飯後清理文件 閱來知德日錄 出門至梅小岩家道喜 張新取兒婦也 又至何祥垣家弔喪 歸署 坐見之客一次 將改信稿而久未下筆 中飯後閱本日文件 核科房批稿信 剃頭一次 晡時至內室與羅親家母一談 極溫周易傳 六爻首訓 革鼎二卦 抄象類分條錄訖 與兒輩講孟

予彝茂於畎畝之中一筆 三更睡

三十日

早飯後清理文件 閱通鑑百八卷推又閱一編略識大多倦
甚坐而假寐核信稿十餘件中飯与兒子陳婿及孫
友等同食下半日閱本日文件 核科房批稿簽閱
通鑑百九卷數葉晡時至內室一談 桓閱宋元學
案張橫浦一卷 二更後与兒輩講離婁之明一章 至
祖先前行辭年 禮眷屬亦皆來行禮 三更睡